本书受到湖南省农林经济管理重点学科、湖南省农村发展研究基地和"三农"问题研究基地的资助

湖南农业大学经济学院学术文库

期货投资理论与实操

Futures Investment Theory and Practice

隆宗佐◎著

经济管理出版社

ECONOMY & MANAGEMENT PUBLISHING HOUSE

图书在版编目（CIP）数据

期货投资理论与实操/隆宗佐著．—北京：经济管理出版社，2020.8
ISBN 978 - 7 - 5096 - 7453 - 6

Ⅰ.①期…　Ⅱ.①隆…　Ⅲ.①期货交易—基本知识　Ⅳ.①F830.9

中国版本图书馆 CIP 数据核字（2020）第 162536 号

组稿编辑：曹　靖
责任编辑：曹　靖　郭　飞
责任印制：黄章平
责任校对：王淑卿

出版发行：经济管理出版社
　　　　　（北京市海淀区北蜂窝 8 号中雅大厦 A 座 11 层　100038）
网　　址：www. E - mp. com. cn
电　　话：（010）51915602
印　　刷：唐山昊达印刷有限公司
经　　销：新华书店
开　　本：720mm×1000mm/16
印　　张：18
字　　数：343 千字
版　　次：2020 年 11 月第 1 版　　2020 年 11 月第 1 次印刷
书　　号：ISBN 978 - 7 - 5096 - 7453 - 6
定　　价：88.00 元

前　言

随着我国市场经济的不断发展，我国的金融改革取得了举世瞩目的成就，金融体制改革迈出了重要步伐，金融业对外开放不断扩大，改进金融服务，取得了明显成效，金融市场出现了前所未有的发展，尤其是最近 20 多年来，期货市场在国内得到了充分发展和长足进步，上市交易的期货品种不断增加，进入期货市场的资金规模不断扩大，从事期货投资的人越来越多，期货的功能和作用发挥得越来越好，期货市场已经成为我国金融市场的重要组成部分。

在这种条件下，对期货投资问题进行探讨无疑具有理论和实践上的双重意义。研究期货投资问题不仅要研究期货投资的理论，而且要探索并运用控制、处置期货投资风险的各种有用方法和技术。基于这个视角，笔者撰写了本书，目的就是为我国期货市场的进一步发展和期货投资者规避投资风险，获取投资收益做点工作，尽一分力量。

本书是笔者多年潜心研究期货投资问题的阶段性成果，也是笔者多年进行期货交易的一个阶段性总结。本书以现代经济学理论为指导、以全球金融一体化和我国市场经济建设为背景、以我国金融改革和发展的具体实践为主线、以金融法规和文件为依据，比较全面地论述了期货投资的一系列理论、方法和具体操作方面的技术问题，并提出了防范、控制、处置期货投资风险和促进我国期货市场不断发展的对策建议。本书较好地做到了以下几个"相结合"：

（1）理论与实践相结合。研究期货投资不仅要研究期货投资的理论，而且要研究并运用期货投资的各种策略和方法，掌握期货交易的核心技术，控制交易风险。笔者本着理论指导实践，为实践服务并在实践中检验理论、丰富理论的宗旨，在期货投资理论与期货交易实践相结合方面做了大量工作。

（2）专题性与系统性相结合。全书共十七章，每一章都是一个期货投资方面的专题，但各章节之间又是相互联系的，共同构成了一个完整的系统。

（3）定量分析和定性分析相结合，在定量分析方面使用了数学模型、公式、图表和数据，有较强的科学性、实用性和可操作性。

此外，对本书的图表、数据等资料来源有必要在前言部分做一个总体说明：

（1）除已标明出处的图表之外，没有标明出处的图表均来自真实的期货交易软件的截图或截表，如博弈大师、通达信期货通、文华财经赢顺云行情交易软件 WH6，行家和从事期货交易的人一看就明白。直接截图、截表的目的主要是为了使图表更加真实可靠，更有说服力，从真实的期货交易软件截下来的图表才是真真切切的行情留下的真实轨迹，而不是笔者的主观绘图或杜撰。之所以没有在每一张截图或截表的下面标明图表的来源，也未在行文中修改图中所体现彩图颜色，一则是因为行家和从事期货交易的人一看就知道它们的出处及对应的颜色；二则是为了避免不必要的重复和啰唆。同时，也不再在截图或截表上补加标注数量单位等。

（2）图表序数的排列以章为单位进行排序，各章内若有图表，均从图 1 或表 1 开始往后排列。

由于期货投资问题涉及的题材较为广泛，而且有些问题尚处于变化、发展与探索之中，加之写作的时间比较仓促，本书疏漏和欠妥之处在所难免，敬请专家、读者不吝赐教。

目　录

第一章　期货交易账户的历史回顾

为了总结期货投资的经验，吸取期货交易失败造成亏损的教训，使读者尤其是准备从事期货投资的读者受到一些启发，少走弯路，尽量回避期货投资的风险，尽早实现期货投资的盈利。同时，也为了进一步提高大学金融学专业，尤其是投资学专业、期货专业的教学水平，培养学生将来从事期货投资的能力，提高学生将来从事期货投资的技术水平，使学生学有所悟、学有所得、学有所成、学有所用。为此，有必要把笔者的几个期货账户一段时间内的交易数据下载下来，进行研究、总结、对比和分析。

一、对五矿期货账户 2018 年 11 月至 2019 年 3 月操作情况的纵向总结分析

（一）五矿期货账户 2018 年 11 月的操作情况总结分析

本月共操作了 47 笔，盈利 18 笔，亏损 6 笔，盈亏相抵后仍亏损 840 元，交易手续费为 728.60 元，盈亏比为 −0.2298%，结果如图 1 − 1、表 1 − 1 所示。

1. 亏损原因分析

从图 1 − 1、表 1 − 1 来看，五矿账户 2018 年 11 月总体是亏损的，主要亏损品种集中在 TA905 合约，在其他的合约上亏损占的比重不大。亏损的主要原因是品种做得太杂，对各期货品种的基本面不够熟悉，对各品种价格的走势判断不准；再则就是 TA905 是上个月做多留下来的合约，在本月进行了平仓操作，持仓时间过长，没有及时止损，导致的亏损。

2. 教训与启示

（1）选择操作自己熟悉的品种。造成 TA905 合约亏损的原因是对价格走势判断不准确，方向做反，根本原因还是对 TA905 合约的基本面不够熟悉，也没有仔细研究分析影响这个品种价格的因素，所以才导致了亏损。

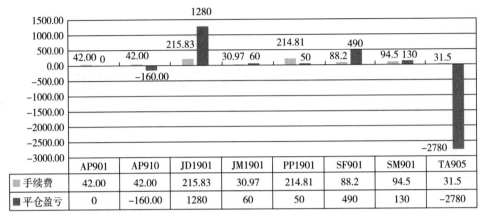

	AP901	AP910	JD1901	JM1901	PP1901	SF901	SM901	TA905
手续费	42.00	42.00	215.83	30.97	214.81	88.2	94.5	31.5
平仓盈亏	0	−160.00	1280	60	50	490	130	−2780

■ 手续费　■ 平仓盈亏

图 1－1　2018 年 11 月五矿期货账户交易盈亏及手续费

资料来源：根据笔者操作的账户数据整理制作而成。

表 1－1　2018 年 11 月五矿期货账户交易成交明细一览

交易日期	合约	买/卖	投机/套保	成交价	手数	成交额	开/平	手续费	平仓盈亏
2018－11－02	AP910	买	投机	8275.000	1	82750.00	开	21.00	—
2018－11－02	AP910	卖	投机	8259.000	1	82590.00	平	21.00	−160.00
2018－11－02	PP1901	买	投机	9811.000	10	490550.00	平	16.19	300.00
2018－11－02	PP1901	卖	投机	9817.000	10	490850.00	开	16.20	—
2018－11－05	PP1901	买	投机	9876.000	10	493800.00	开	16.30	—
2018－11－05	PP1901	卖	投机	9878.000	10	493900.00	平	16.30	100.00
2018－11－07	JD1901	卖	投机	4249.000	2	84980.00	开	13.38	—
2018－11－07	JD1901	买	投机	4241.000	2	84820.00	平	13.36	160.00
2018－11－07	PP1901	卖	投机	9746.000	6	292380.00	平	9.65	120.00
2018－11－07	PP1901	卖	投机	9745.000	5	243625.00	开	8.04	—
2018－11－07	PP1901	买	投机	9772.000	5	244300.00	平	8.05	325.00
2018－11－07	PP1901	买	投机	9742.000	5	243550.00	平	8.04	75.00
2018－11－07	PP1901	卖	投机	9745.000	4	194900.00	平	6.43	60.00
2018－11－07	PP1901	卖	投机	9785.000	5	244625.00	开	8.07	—
2018－11－07	PP1901	买	投机	9742.000	10	487100.00	开	16.07	—
2018－11－08	SM901	卖	投机	8496.000	2	84960.00	开	6.30	—
2018－11－08	SM901	买	投机	8500.000	5	212500.00	平	31.50	−70.00

续表

交易日期	合约	买/卖	投机/套保	成交价	手数	成交额	开/平	手续费	平仓盈亏
2018 - 11 - 08	SM901	卖	投机	8498.000	3	127470.00	开	9.45	—
2018 - 11 - 08	PP1901	买	投机	9816.000	10	490800.00	平	16.20	300.00
2018 - 11 - 08	PP1901	卖	投机	9845.000	2	98450.00	开	3.25	—
2018 - 11 - 08	PP1901	买	投机	9838.000	6	295140.00	平	9.73	230.00
2018 - 11 - 08	PP1901	卖	投机	9867.000	5	246675.00	开	8.14	—
2018 - 11 - 08	PP1901	卖	投机	9822.000	10	491100.00	开	16.20	—
2018 - 11 - 08	PP1901	卖	投机	9846.000	4	196920.00	开	6.50	—
2018 - 11 - 08	PP1901	买	投机	9866.000	5	246650.00	平	8.14	25.00
2018 - 11 - 16	SM901	卖	投机	8720.000	5	218000.00	开	15.75	—
2018 - 11 - 16	SM901	买	投机	8712.000	5	217800.00	平	31.50	200.00
2018 - 11 - 16	TA905	卖	投机	6372.000	8	254880.00	平	0.00	-2240.00
2018 - 11 - 16	TA905	卖	投机	6374.000	2	63740.00	平	0.00	-540.00
2018 - 11 - 16	TA905	买	投机	6428.000	10	321400.00	开	31.50	—
2018 - 11 - 20	JD1901	买	投机	4364.000	3	130920.00	平	20.62	90.00
2018 - 11 - 20	JD1901	卖	投机	4367.000	3	131010.00	开	20.64	—
2018 - 11 - 21	AP901	卖	投机	11815.000	1	118150.00	开	21.00	—
2018 - 11 - 21	AP901	买	投机	11806.000	1	118060.00	平	21.00	90.00
2018 - 11 - 21	JM1901	买	投机	1365.000	1	81900.00	平	15.48	60.00
2018 - 11 - 21	JM1901	卖	投机	1366.000	1	81960.00	开	15.49	—
2018 - 11 - 27	JD1901	买	投机	4156.000	2	83120.00	平	13.09	200.00
2018 - 11 - 27	JD1901	卖	投机	4166.000	2	83320.00	开	13.12	—
2018 - 11 - 28	JD1901	买	投机	4101.000	1	41010.00	平	6.46	50.00
2018 - 11 - 28	JD1901	卖	投机	4106.000	7	287420.00	开	45.27	—
2018 - 11 - 28	JD1901	买	投机	4093.000	6	245580.00	平	38.68	780.00
2018 - 11 - 28	PP1901	卖	投机	8724.000	3	130860.00	开	4.32	—
2018 - 11 - 28	PP1901	买	投机	8781.000	3	131715.00	平	4.35	-1125.00
2018 - 11 - 28	PP1901	卖	投机	8706.000	3	130590.00	开	4.31	—
2018 - 11 - 28	PP1901	买	投机	8748.000	3	131220.00	平	4.33	-360.00
2018 - 11 - 30	SF901	买	投机	6188.000	7	216580.00	平	66.15	490.00
2018 - 11 - 30	SF901	卖	投机	6202.000	7	217070.00	开	22.05	—
合计	—	—	—	—	222	10181690.00	—	728.60	-840.00

资料来源：根据笔者操作的账户数据整理制作而成。

（2）持仓时间应该与自己的操作习惯保持一致。每个人的操作习惯不一样，有人喜欢短线操作，有人喜欢长线操作。从图表记录的交易情况可知，笔者属于短线操作者，而 TA905 合约的持仓时间违反了短线操作原则，从 2018 年 10 月持有到 2018 年 11 月中旬平仓，持有的时间相对过长。

（3）学会及时止损。没有及时止损也是导致 TA905 合约亏损的一个重要因素，在长达半个月的持仓时间当中，笔者其实是有机会及时止损观察价格走势的，但是笔者对自己的判断过于自信，不愿减仓持有或者及时止损平仓，结果造成亏损。因此，当发现自己的操作失误、方向做反的时候应该学会及时止损、退出市场，仔细分析行情后再进行操作。

（二）五矿期货账户 2018 年 12 月操作情况总结分析

本月操作 51 笔，盈利 18 笔，亏损 6 笔，盈亏金额相抵后仍亏损 12685 元，交易手续费为 1089.46 元，盈亏比率为 -2.319%，结果如图 1-2、表 1-2 所示。

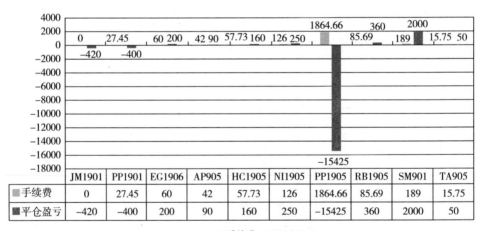

	JM1901	PP1901	EG1906	AP905	HC1905	NI1905	PP1905	RB1905	SM901	TA905
手续费	0	27.45	60	42	57.73	126	1864.66	85.69	189	15.75
平仓盈亏	-420	-400	200	90	160	250	-15425	360	2000	50

■手续费 ■平仓盈亏

图 1-2　2018 年 12 月五矿期货账户交易盈亏及手续费

资料来源：根据笔者操作的账户数据整理制作而成。

表 1-2　2018 年 12 月五矿期货账户交易情况一览

交易日期	合约	买/卖	投机/套保	成交价	手数	成交额	开/平	手续费	平仓盈亏
2018-12-03	JM1901	卖	投机	1360.000	1	81600.00	开	15.42	—
2018-12-03	JM1901	买	投机	1367.000	1	82020.00	平	15.50	-420.00

续表

交易日期	合约	买/卖	投机/套保	成交价	手数	成交额	开/平	手续费	平仓盈亏
2018 – 12 – 05	PP1901	卖	投机	9122.000	10	456100.00	开	15.05	—
2018 – 12 – 05	PP1901	买	投机	9113.000	10	455650.00	平	15.03	450.00
2018 – 12 – 11	PP1905	买	投机	8324.000	10	416200.00	平	13.73	– 400.00
2018 – 12 – 11	PP1905	卖	投机	8316.000	10	415800.00	开	13.72	—
2018 – 12 – 12	TA905	卖	投机	6134.000	5	153350.00	开	15.75	—
2018 – 12 – 12	TA905	买	投机	6132.000	5	153300.00	平	0.00	50.00
2018 – 12 – 13	SM901	买	投机	8366.000	10	418300.00	平	63.00	500.00
2018 – 12 – 13	SM901	卖	投机	8376.000	10	418800.00	开	31.50	—
2018 – 12 – 14	EG1906	买	投机	5616.000	5	280800.00	平	0.00	200.00
2018 – 12 – 14	EG1906	卖	投机	5620.000	5	281000.00	开	60.00	—
2018 – 12 – 17	SM901	买	投机	8174.000	10	408700.00	平	63.00	1500.00
2018 – 12 – 17	SM901	卖	投机	8204.000	10	410200.00	开	31.50	—
2018 – 12 – 19	NI1905	买	投机	89380.000	1	89380.00	开	6.30	—
2018 – 12 – 19	NI1905	卖	投机	89420.000	2	178840.00	平	12.60	70.00
2018 – 12 – 19	NI1905	买	投机	91110.000	3	273330.00	平	18.90	180.00
2018 – 12 – 19	NI1905	卖	投机	91170.000	3	273510.00	开	18.90	—
2018 – 12 – 19	NI1905	买	投机	89390.000	1	89390.00	开	6.30	—
2018 – 12 – 24	HC1905	卖	投机	3468.000	4	138720.00	开	14.56	—
2018 – 12 – 24	HC1905	买	投机	3465.000	4	138600.00	平	14.55	120.00
2018 – 12 – 24	PP1905	买	投机	8399.000	7	293965.00	平	9.70	105.00
2018 – 12 – 24	PP1905	卖	投机	8437.000	7	295295.00	开	9.74	—
2018 – 12 – 24	PP1905	买	投机	8431.000	7	295085.00	平	9.74	210.00
2018 – 12 – 24	PP1905	卖	投机	8402.000	7	294070.00	开	9.70	—
2018 – 12 – 24	PP1905	买	投机	8411.000	7	294385.00	平	9.71	210.00
2018 – 12 – 24	PP1905	卖	投机	8417.000	7	294595.00	开	9.73	—
2018 – 12 – 25	HC1905	卖	投机	3406.000	4	136240.00	开	14.31	—
2018 – 12 – 25	HC1905	买	投机	3405.000	4	136200.00	平	14.31	40.00
2018 – 12 – 25	RB1905	卖	投机	3401.000	4	136040.00	开	14.28	—
2018 – 12 – 25	RB1905	卖	投机	3398.000	4	135920.00	开	14.27	—

交易日期	合约	买/卖	投机/套保	成交价	手数	成交额	开/平	手续费	平仓盈亏
2018-12-25	RB1905	买	投机	3404.000	4	136160.00	平	14.30	80.00
2018-12-25	RB1905	卖	投机	3406.000	4	136240.00	开	14.31	—
2018-12-25	RB1905	买	投机	3396.000	8	271680.00	平	28.53	280.00
2018-12-25	AP905	买	投机	11028.000	1	110280.00	开	21.00	
2018-12-25	AP905	卖	投机	11037.000	1	110370.00	平	21.00	90.00
2018-12-25	PP1905	卖	投机	8266.000	10	413300.00	开	13.64	—
2018-12-25	PP1905	买	投机	8262.000	10	413100.00	平	13.63	200.00
2018-12-26	PP1905	卖	投机	8385.000	7	293475.00	开	18.49	
2018-12-26	PP1905	卖	投机	8404.000	7	294140.00	开	18.54	
2018-12-26	PP1905	卖	投机	8393.000	7	293755.00	开	18.50	
2018-12-27	PP1905	卖	投机	8548.000	1	42740.00	平	1.41	-110.00
2018-12-27	PP1905	买	投机	8544.000	21	897120.00	开	29.61	—
2018-12-27	PP1905	买	投机	8570.000	21	899850.00	开	29.69	—
2018-12-27	PP1905	卖	投机	8545.000	21	897225.00	平	29.61	105.00
2018-12-27	PP1905	卖	投机	8546.000	18	769140.00	平	25.38	1080.00
2018-12-27	PP1905	卖	投机	8551.000	21	897855.00	开	56.54	—
2018-12-27	PP1905	买	投机	8534.000	21	896070.00	开	29.57	—
2018-12-27	PP1905	卖	投机	8547.000	23	982905.00	平	32.43	-2105.00
2018-12-28	PP1905	买	投机	8496.000	21	892080.00	平	56.20	-10710.00
2018-12-28	PP1905	卖	投机	8509.000	21	893445.00	平	56.28	-4410.00
合计	—	—	—	—	426	18466315.00	—	1089.46	-12685.00

资料来源：根据笔者操作的账户数据整理制作而成。

1. 亏损原因分析

2018年12月，亏损12685元，亏损主要集中在12月27~28日，交易的期货品种为PP1905合约。因判断失误导致合约价格向反方向运行，造成比较大的亏损。并由于频繁操作，导致交易手续费增加。此外，操作时的心理恐慌也是导致此次交易亏损的重要原因。

2. 教训与启示

（1）不要盲目重仓操作。在PP1905合约的交易中，在12月25~28日出现价格剧烈波动，因重仓操作，持仓比例太高，以至于市场出现反方向运行时出现比较大的亏损。

（2）不要频繁操作。频繁操作所导致的结果就是手续费增加，PP1905合约一个月的交易手续费达到1865.66元，频繁操作也会导致对价格的判断不准，难以把握价格走势，出现情绪化的交易。

（3）不要逆势加仓。当市场行情出现反方向运行的时候，不要妄想逆势加仓摊平成本。要永远记得期货行业是个高风险的行业，谨慎、理性是关键。

（4）要及时止损。由于期货有杠杆，短时间内就可能导致巨额亏损。因此，当发现方向不对时，要及时止损。

（三）五矿期货账户2019年1月操作情况总结分析

本月操作35笔，盈利8笔，亏损8笔，盈亏相抵仍亏损1365元，交易手续费为531.71元，盈亏比率为－1.4145%，结果如图1－3、表1－3所示。

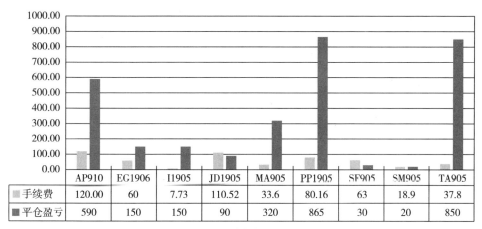

	AP910	EG1906	I1905	JD1905	MA905	PP1905	SF905	SM905	TA905
手续费	120.00	60	7.73	110.52	33.6	80.16	63	18.9	37.8
平仓盈亏	590	150	150	90	320	865	30	20	850

■ 手续费 ■ 平仓盈亏

图1－3 2019年1月五矿期货账户交易盈亏及手续费

资料来源：根据笔者操作的账户数据整理制作而成。

表1－3 2019年1月五矿期货账户交易情况一览

交易日期	合约	买/卖	投机/套保	成交价	手数	成交额	开/平	手续费	平仓盈亏
2019－01－04	PP1905	买	投机	8519.000	1	42595.00	开	1.41	——
2019－01－04	PP1905	卖	投机	8520.000	1	42600.00	平	1.41	5.00
2019－01－07	TA905	买	投机	5848.000	10	292400.00	平	0.00	－900.00
2019－01－07	TA905	卖	投机	5830.000	10	291500.00	开	31.50	——

续表

交易日期	合约	买/卖	投机/套保	成交价	手数	成交额	开/平	手续费	平仓盈亏
2019－01－08	JD1905	买	投机	3525.000	8	282000.00	开	44.41	—
2019－01－08	JD1905	卖	投机	3527.000	8	282160.00	平	44.44	160.00
2019－01－09	AP910	卖	投机	7853.000	10	785300.00	开	60.00	—
2019－01－09	AP910	买	投机	7839.000	1	78390.00	平	6.00	140.00
2019－01－09	AP910	买	投机	7848.000	9	706320.00	平	54.00	450.00
2019－01－10	PP1905	买	投机	8677.000	18	780930.00	平	25.76	－240.00
2019－01－10	PP1905	卖	投机	8648.000	6	259440.00	开	8.56	—
2019－01－10	PP1905	买	投机	8670.000	6	260100.00	开	8.58	—
2019－01－10	PP1905	买	投机	8678.000	6	260340.00	开	8.59	—
2019－01－10	PP1905	卖	投机	8697.000	6	260910.00	开	8.61	—
2019－01－10	PP1905	卖	投机	8650.000	6	259500.00	平	8.56	－600.00
2019－01－11	PP1905	卖	投机	8711.000	1	43555.00	平	1.44	－10.00
2019－01－11	PP1905	买	投机	8713.000	1	43565.00	开	1.44	—
2019－01－15	JD1905	卖	投机	3439.000	1	34390.00	开	5.42	—
2019－01－15	JD1905	卖	投机	3434.000	1	34340.00	开	5.41	—
2019－01－15	JD1905	买	投机	3440.000	2	68800.00	平	10.84	－70.00
2019－01－16	TA905	买	投机	6104.000	2	61040.00	平	0.00	－40.00
2019－01－16	TA905	卖	投机	6100.000	2	61000.00	开	6.30	—
2019－01－21	MA905	卖	投机	2551.000	4	102040.00	平	25.20	－320.00
2019－01－21	MA905	买	投机	2559.000	4	102360.00	开	8.40	—
2019－01－22	EG1906	买	投机	5298.000	5	264900.00	开	60.00	—
2019－01－22	EG1906	卖	投机	5301.000	5	265050.00	平	0.00	150.00
2019－01－23	PP1905	卖	投机	8784.000	2	87840.00	平	2.90	30.00
2019－01－23	PP1905	买	投机	8781.000	2	87810.00	开	2.90	—
2019－01－29	SF905	卖	投机	5970.000	4	119400.00	开	12.60	—
2019－01－29	SF905	卖	投机	5972.000	1	29860.00	开	3.15	—
2019－01－29	SF905	买	投机	5970.000	5	149250.00	平	47.25	10.00
2019－01－31	SM905	卖	投机	7412.000	2	74120.00	平	12.60	20.00
2019－01－31	SM905	买	投机	7410.000	2	74100.00	开	6.30	—
2019－01－31	I1905	买	投机	586.000	1	58600.00	平	3.87	－150.00
2019－01－31	I1905	卖	投机	584.500	1	58450.00	开	3.86	—
合计	—	—	—	—	154	6704955.00	—	531.71	－1365.00

资料来源：根据笔者操作的账户数据整理制作而成。

1. 亏损原因分析

2019 年 1 月，总体仍然处于亏损状态，其中操作的期货品种中，只有 AP910 是盈利的，其余的 8 个品种都是亏损的，总体操作手法比较稳健，没有出现 2018 年 12 月重仓操作的情况，但是还是出现了一定量的亏损，原因与市场的震荡有关，由于市场进入一段时间的震荡期，价格跌宕起伏，处于上下波动的阶段，因操作难度加大造成亏损。

2. 教训与启示

学会适时退市观望。当市场处于震荡期，这个时候各期货品种价格波动不会太过剧烈，可以适当减仓观望，甚至不入市操作，因为这个时候的期货价格走势往往是没有规律的，有可能上涨也有可能下跌，所以这个时候可以等一等，等待出现确定的操作时机再进行操作。

（四）五矿期货账户 2019 年 2 月操作情况总结分析

本月操作 12 笔，盈利 4 笔，亏损 2 笔，盈亏相抵后亏损 520 元，交易手续费为 95.65 元，盈亏比率为 －1.79%，结果如图 1－4、表 1－4 所示。

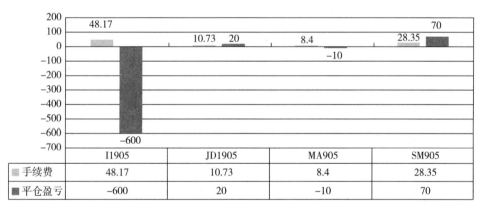

	I1905	JD1905	MA905	SM905
▨ 手续费	48.17	10.73	8.4	28.35
▪ 平仓盈亏	-600	20	-10	70

▨ 手续费　▪ 平仓盈亏

图 1－4　2019 年 2 月五矿期货账户交易盈亏及手续费

资料来源：根据笔者操作的账户数据整理制作而成。

表 1－4　2019 年 2 月五矿期货账户交易情况一览

交易日期	合约	买/卖	投机/套保	成交价	手数	成交额	开/平	手续费	平仓盈亏
2019－02－01	SM905	卖	投机	7466.000	3	111990.00	开	9.45	—
2019－02－01	SM905	买	投机	7462.000	2	74620.00	平	12.60	40.00

交易日期	合约	买/卖	投机/套保	成交价	手数	成交额	开/平	手续费	平仓盈亏
2019-02-01	SM905	买	投机	7460.000	1	37300.00	平	6.30	30.00
2019-02-21	MA905	买	投机	2527.000	1	25270.00	平	6.30	-10.00
2019-02-21	MA905	卖	投机	2526.000	1	25260.00	开	2.10	—
2019-02-21	I1905	买	投机	617.500	4	247000.00	平	16.30	200.00
2019-02-21	I1905	卖	投机	618.000	4	247200.00	开	16.32	—
2019-02-22	I1905	卖	投机	615.500	1	61550.00	开	3.88	—
2019-02-22	I1905	卖	投机	614.500	1	61450.00	开	3.87	—
2019-02-22	JD1905	买	投机	3405.000	1	34050.00	平	5.36	20.00
2019-02-22	JD1905	卖	投机	3407.000	1	34070.00	开	5.37	—
2019-02-25	I1905	买	投机	619.000	2	123800.00	平	7.80	-800.00
合计	—	—	—	—	22	1083560.00	12	95.65	-520.00

资料来源：根据笔者操作的账户数据整理制作而成。

1. 亏损原因分析

本月期货交易的亏损集中在 I1905 期货合约。因预判此期货品种可能将会大跌，因此一直持有。但是，从结果来看，该品种期货合约在 25 日反而大涨，导致操作方向失误。在操作方法上，没有及时设置止损，导致了亏损。在 2 月 22 日，买入平仓四笔 I1905 合约，因稍有盈利，又卖出开仓 6 笔该品种期货合约，从而增加了风险，导致了在该品种期货合约反弹时亏损。

2. 教训与启示

首先，期货交易需要及时设置止损，控制风险。其次，期货交易需要有一种平和的心态，不论亏损盈利，都需要把握自己的交易原则，不可随意操作。最后，要看准大趋势，跟随大趋势操作，不要逆势操作。

（五）五矿期货账户 2019 年 3 月操作情况总结分析

本月操作 17 笔，盈利 5 笔，亏损 1 笔，盈利 60 元，交易手续费为 228.12 元，盈亏比率为 0.16%（如考虑手续费，实际是亏损的）。结果如图 1-5、表 1-5 所示。

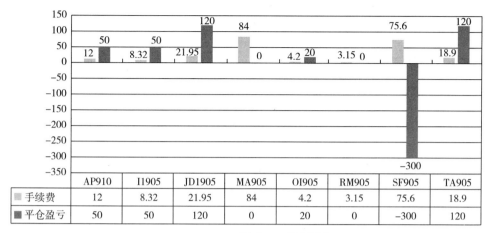

	AP910	I1905	JD1905	MA905	OI905	RM905	SF905	TA905
手续费	12	8.32	21.95	84	4.2	3.15	75.6	18.9
平仓盈亏	50	50	120	0	20	0	−300	120

手续费　平仓盈亏

图 1 - 5　2019 年 3 月五矿期货交易盈亏及手续费

资料来源：根据笔者操作的账户数据整理制作而成。

表 1 - 5　2019 年 3 月五矿期货交易情况一览

交易日期	合约	买/卖	投机/套保	成交价	手数	成交额	开/平	手续费	平仓盈亏
2019 - 03 - 01	MA905	卖	投机	2631.000	10	263100.00	平	63.00	0.00
2019 - 03 - 01	MA905	买	投机	2631.000	10	263100.00	开	21.00	—
2019 - 03 - 04	RM905	买	投机	2150.000	2	43000.00	开	3.15	—
2019 - 03 - 04	RM905	卖	投机	2150.000	2	43000.00	平	0.00	0.00
2019 - 03 - 04	I1905	卖	投机	631.000	1	63100.00	平	4.16	50.00
2019 - 03 - 04	I1905	买	投机	630.500	1	63050.00	开	4.16	—
2019 - 03 - 05	SF905	卖	投机	6120.000	6	183600.00	平	56.70	− 300.00
2019 - 03 - 05	SF905	买	投机	6130.000	6	183900.00	开	18.90	—
2019 - 03 - 12	JD1905	买	投机	3481.000	2	69620.00	平	10.97	120.00
2019 - 03 - 12	JD1905	卖	投机	3487.000	2	69740.00	开	10.98	—
2019 - 03 - 18	TA905	卖	投机	6408.000	3	96120.00	开	9.45	—
2019 - 03 - 18	TA905	买	投机	6408.000	6	192240.00	平	0.00	120.00
2019 - 03 - 18	TA905	卖	投机	6416.000	3	96240.00	开	9.45	—
2019 - 03 - 22	AP910	卖	投机	8048.000	1	80480.00	平	6.00	50.00
2019 - 03 - 22	AP910	买	投机	8043.000	1	80430.00	开	6.00	—
2019 - 03 - 28	OI905	买	投机	7121.000	2	142420.00	平	0.00	20.00
2019 - 03 - 28	OI905	卖	投机	7122.000	2	142440.00	开	4.20	—
合计	—	—	—	—	60	2075580.00	—	228.12	60.00

资料来源：根据笔者操作的账户数据整理制作而成。

1. 亏损原因分析

本月在对 SF905 期货合约进行交易时，亏损 300 元。另外，在对 MA905 合约交易中，开仓平仓价格相同，并无盈利，但有手续费支出，因此处于亏损状态。总体来看，开仓时机没有把握好，交易过于频繁。心态不稳，有恐惧情绪。

2. 教训与启示

首先，期货交易不宜过于频繁操作，即使从中获得盈利，大量的手续费也会导致整体亏损。其次，交易手续费也需要注意。最后，账户开仓与持仓的比例过高。

（六）对整个五矿期货账户交易情况的总结分析

2018 年 11 月至 2019 年 3 月，该账户连续交易 5 个月，共交易 162 笔，亏损 15350 元，交易手续费为 2641.83 元，连同手续费亏损金额合计 17991.83 元。

1. 亏损原因分析

（1）没有建立起经过实践检验的可以稳定盈利的交易系统，或者参考的交易系统太多，反而弄得六神无主。

（2）操作涉及的品种过多。五矿账户在这几个月内的买卖品种多达 21 个，在对不熟悉的多品种进行操作时往往会增大风险。所以，建议选择自己熟悉的期货品种进行操作，最好选择 1~2 个品种，对自己熟悉品种的价格走势和变动规律的把握比较准确，能够减少亏损的风险。

（3）操作过于频繁，存在恐惧心理。从操作笔数来看，五矿账户存在操作过于频繁的问题。在严重亏损的 2018 年 11 月、12 月和 2019 年 1 月，操作笔数都在 35 笔以上，其中在 2018 年 11 月和 12 月操作笔数分别达到了 47 笔和 51 笔。从以上数据来看，操作时心里没把握，情绪受市场的影响很大，属于侥幸冲动型交易并存在比较严重的恐惧心理，这也是亏损的根本原因。

（4）重仓操作。从成交额来看，在 2018 年 11 月、12 月和 2019 年 1 月这三个月之中成交额相对较大，说明存在重仓操作的问题。而重仓操作就会存在极大的不确定性风险，期货的行情波动很大，如果看不准时机进行频繁的重仓操作，一旦方向做反，结果就会亏损较大。因此，没有把握绝对不能重仓操作。

（5）存在侥幸心理、赌博心理、急于扭亏心理和急于致富的心理，而在判断失误时，又没有及时止损，反而逆势加仓，妄想摊薄交易成本。在期货行情中，一旦出现方向做反或者行情预测错误的情况，一定要学会及时止损。2018 年 12 月，在对五矿账户 PP1905 品种交易的过程中，出现了预测错误、方向做反的情况，但是并没有在第一时间及时止损，而是抱有侥幸心理，选择继续加仓，到最后被迫平仓的时候，亏损巨大，光这一个品种的亏损就达到 15425 元，成为这个小账户最大的一笔亏损。

（6）盈利一点儿急于平仓，大幅亏损后犹豫不决，不果断平仓。跟众多散户一样，犯了期货交易的大忌，与期货交易的本质要求适得其反。这是造成总体亏损的重要原因之一。

2. 教训与启示

（1）必须建立经过实践检验且适合自己的稳定的期货交易系统，并严格按照系统的提示进行建仓和平仓，在系统没有发出指令之前，一定要管住自己的手，不可以随意交易。

（2）尽量做到交易 1~2 个自己熟悉、顺手的期货品种，要对准备交易的品种的基本面、技术面了如指掌，要坚决拒绝其他期货品种的诱惑。

（3）要克服恐惧心理，不要频繁操作。同时，还要克服赌博心理、侥幸心理、暴富心理，没有十足的把握，坚决不要重仓操作。一旦发现判断失误，操作失败，一定要及时止损，不能犹豫不决，更不能逆势加仓。

（4）要眼光远大，要做大趋势、大波段，在做对的情况下，要及时根据现货价格及其他情况，对相应的期货品种未来的价位做出大致的判断，该盈利加仓时一定要及时大胆盈利加仓，果断盈利加仓；相反，一旦判断失误，就要果断止损出局或果断反方向进行交易。

二、对中辉期货账户 2018 年 10~11 月操作情况的纵向总结分析及与五矿期货交易账户的横向对比分析

（一）对中辉期货账户 2018 年 10~11 月操作情况的纵向总结分析

2018 年 10~11 月，中辉期货账户总共操作 5 笔，盈利 4 笔，亏损 1 笔，盈亏收益 1900 元，交易手续费 599.45 元，盈亏比率为 12.67%，结果如表 1-6 和表 1-7 所示。

表 1-6　2018 年 10 月中辉期货交易盈亏及手续费一览

合约	买/卖	投机/套保	成交价	手数	成交额	开/平	手续费	平仓盈亏
AP910	卖	投机	8267.000	12	992040.00	平	241.17	1200.00
AP910	卖	投机	8270.000	1	82700.00	平	20.10	150.00
AP910	买	投机	8257.000	12	990840.00	开	240.61	—
AP910	买	投机	8255.000	1	82550.00	开	20.05	—
合计	—	—	—	26	2148130.00	—	521.93	1350.00

资料来源：根据笔者操作的账户数据整理制作而成。

表 1 – 7 2018 年 11 月中辉期货交易盈亏及手续费一览

交易日期	合约	买/卖	投机/套保	成交价	手数	成交额	开/平	手续费	平仓盈亏
2018 – 11 – 01	RU1901	卖	投机	11275.000	1	112750.00	平	5.54	– 150.00
2018 – 11 – 01	RU1901	买	投机	11290.000	1	112900.00	开	5.55	—
2018 – 11 – 01	PP1901	买	投机	9861.000	10	493050.00	开	32.30	—
2018 – 11 – 01	PP1901	卖	投机	9865.000	10	493250.00	平	32.29	200.00
2018 – 11 – 01	V1901	买	投机	6310.000	10	315500.00	平	0.02	500.00
2018 – 11 – 01	V1901	卖	投机	6320.000	10	316000.00	开	21.82	—
合计	—			—	42	1843450.00	—	97.52	550.00

资料来源：根据笔者操作的账户数据整理制作而成。

1. 盈利原因分析

中辉期货账户交易集中在 10 月 25 日和 11 月 1 日，10 月 25 日期货交易品种为 AP910，11 月 1 日期货交易品种为 RU1901、PP1901、V1901。从该账户总体交易情况来看，结果是盈利的。10 月 25 日的 AP1910 期货合约做空盈利 1350 元。11 月 1 日交易结果最终盈利 550 元，相比较 10 月 25 日，盈利和投入资金都不及前一次。盈利的原因主要是减少了操作品种，同时对所操作品种判断准确，操作比较顺手。

2. 经验与启示

做商品期货投资最好只交易一个品种，交易的品种合约必须是自己研究得比较深的，并感觉做起来比较顺手的期货合约，这样更有利于判断并跟随合约的价格走势，抓住盈利机会。什么品种都做的人一般是亏损的，很难盈利，这是一般规律。

（二）中辉期货交易账户与五矿期货交易账户的横向对比分析

从中辉期货交易账户与五矿期货交易账户的横向对比来看，中辉期货交易账户最终是盈利的，虽然盈利不大；而五矿期货交易账户最终是亏损的，且亏损金额占该账户的本金比例比较大。这 2 个账户的操作结果之所以截然不同，主要是笔者在后期操作中辉期货交易账户时，对造成前期五矿期货交易账户的亏损进行了比较深刻的反思，并吸取了前期操作失败的教训，改变了交易理念和交易方法。

（1）在中辉期货交易账户交易的品种合约比较少，由于对品种合约研究得比较深入，因此，操作起来风险有限。从中辉期货 11 月的交易同五矿期货 11 月的交易对比中，可以看出，中辉期货账户交易品种只有 3 个，分别是 RU1901、PP1901、V1901。但是五矿期货交易账户同期交易的品种较多，由于对这些品种没有深入研究，操作风险也较大。因此，中辉期货的交易账户处于盈利状态，而五矿期货的交易账户出现亏损。

（2）在中辉期货交易账户中对交易比较谨慎，减少了交易次数和持仓比重。而在五矿期货的交易账户中，随意交易，投机心理严重，操作次数较多，持仓比重较大，导致无法及时对所操作的众多期货品种的涨跌进行及时判断，因此大部分时间处于亏大于盈状态，尤其是最后一笔交易由于行情判断错误而没有及时平仓导致大额亏损。

（3）在中辉期货交易账户，善于轻仓操作，亏损时敢于及时止损，并不再继续操作亏损的品种，心态比较稳、比较好。而在五矿期货交易账户则恰恰相反。

如果说在操作五矿期货交易账户和中辉期货交易账户的阶段总体来说是失败的话；那么在不断反思前期失败的原因和不断吸取前期失败的教训的基础上，笔者之后的操作则是成功的。如果把前期的操作作为一个案例，则是失败的案例；相反，如果把后期的操作也作为一个案例的话，则是成功的案例。至此，笔者的商品期货操作理念和操作水平、操作技术发生了很大的变化，有了质的提升和飞跃。

三、对经过认真反思后的期货操作情况的纵向总结分析

（一）2019 年 3 月的操作情况总结分析

本月总共做了 109 单，止盈 89 单，止损 20 单。盈亏相抵后总收益为 29510 元，盈利率为 82%。结果如图 1－6、表 1－8 所示。

1. 盈利原因分析

在 2019 年 3 月的期货做单交易中，交易品种多，交易金额大，涉及白天和夜晚交易。从图 1－6、表 1－8 中看出，交易盈利的主要品种在焦煤、焦炭、橡胶、沪镍、沪铜、螺纹、热卷、棉花、纸浆和白糖，总盈利率 82%。

2. 经验与启示

由于交易的技术水平有了较大提高，这个月的交易总体来说没有犯方向性的错误，且进出的点位把握得比较好，也就是说开仓与平仓的点位把握得比较好，做得比较顺，心态比较平稳。

（二）2019 年 4 月的操作情况总结分析

本月总共做了 74 单，止盈 57 单，止损 17 单。盈亏相抵后总收益 12800 元，总盈利率为 77%。结果如图 1－7、表 1－9 所示。

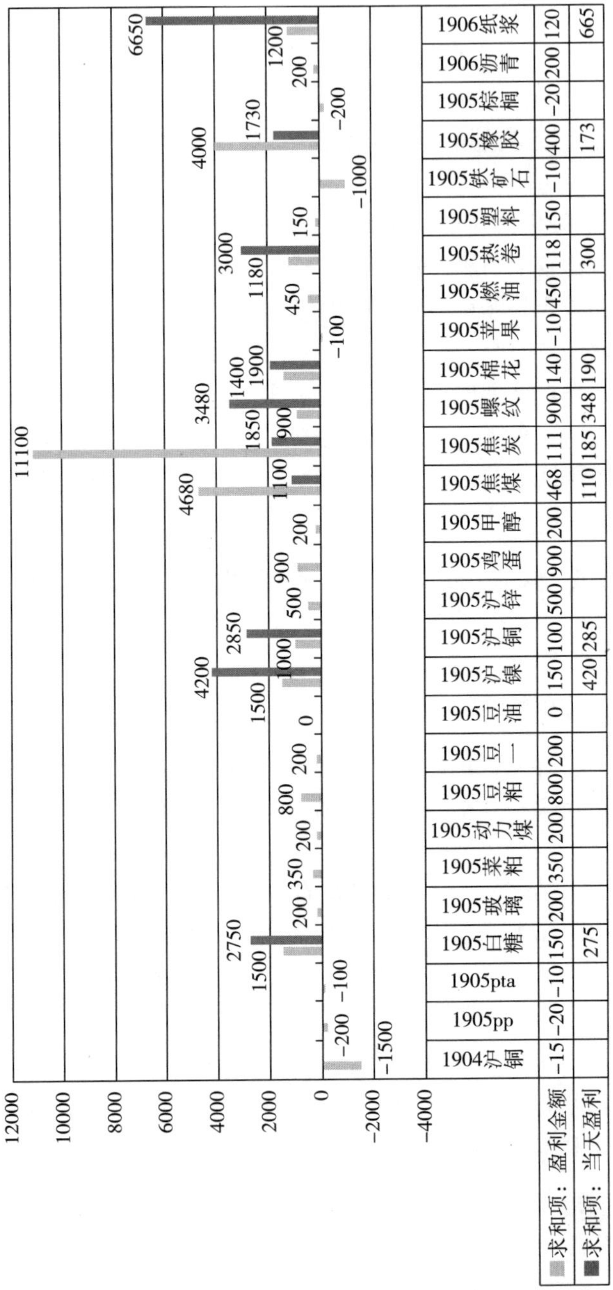

	1904沪铜	1905pp	1905pta	1905白糖	1905玻璃	1905菜粕	1905动力煤	1905豆粕	1905豆一	1905豆油	1905沪镍	1905沪铜	1905沪锌	1905鸡蛋	1905甲醇	1905焦煤	1905焦炭	1905螺纹	1905棉花	1905苹果	1905燃油	1905热卷	1905塑料	1905铁矿石	1905橡胶	1905棕榈	1906沥青	1906纸浆
求和项：盈利金额	-15	-20	-10	150	200	350	200	800	200	0	150	100	500	900	200	468	111	900	140	-10	450	118	150	-10	400	-20	200	120
求和项：当天盈利				275							420	285				110	185	348	190			300			173			665

求和项：盈利金额　求和项：当天盈利

图 1-6　2019 年 3 月做单盈亏

资料来源：根据笔者操作的账户数据整理制作而成。

表1-8　2019年3月交易情况一览

时间	品种	方向	开仓点位	平仓点位	盈利情况/点	盈利金额/元	当天盈利	备注
			2019年3月做单交易明细（每单按1手统计）					
3.4 周一	1905 棉花	多	15350－15250	15400	50	250	－1150	
	1905 燃油	空	2940－2955	2920	20	200		
	1905 焦煤	多	1290－1280	1275	－10	－600		
	1905 豆一	空	3410－3420	3390	20	200		
	1905 白糖	多	5130－5100	5170	30	300		
	1904 沪铜	多	50100－49800	49700	－300	－1500		
3.4 夜盘	1905 焦炭	空	2100－2110	2080	20	2000	2750	
	1905 豆油	多	5750－5710	5790	20	200		
	1906 纸浆	多	5550－5510	5570	20	200		
	1905 豆粕	空	2500－2530	2480	20	200		
	1905 白糖	多	5120－5100	5130	15	150		
3.5 夜盘	1905 沪铜	多	49500－49400	49600	100	500	450	做单30 止盈 25 止损5
	1905 棉花	多	15250－15150	15300	50	250		
	1905 豆油	多	5800－5780	5820	20	200		
	1905 螺纹	多	3780－3760	3800	20	200		
	1905 白糖	多	5110－5090	5130	30	300		
3.6 周三	1905 苹果	空	11100－11150	11200	－100	－1000	4350	
3.6 夜盘	1906 纸浆	多	5530－5560	5560	30	300		
	1905 豆油	多	5810－5790	5780	－20	－200		
	1905 棕榈	多	4620－4600	4590	－20	－200		
	1905 白糖	多	5110－5060	5080	15	150		
3.7 周四	1905 橡胶	多	12000－12100	12300	100	1000		
	1905 焦炭	空	2080－2095	2050	30	3000		
	1905 苹果	空	11310	10280	30	300		
3.7 夜盘	1905 沪镍	空	103080	102500	500	500	4200	
3.8 周五	1905 橡胶	多	12020－11960	12100	100	1000		
	1906 纸浆	多	5400－5360	5430	20	200		
	1905 焦炭	多	2035	2045	10	1000		
	1905 鸡蛋	多	3420－3390	3500	50	500		
	1905 橡胶	多	12150－12050	12200	100	1000		

续表

时间	品种	方向	开仓点位	平仓点位	盈利情况/点	盈利金额/元	当天盈利	备注
2019年3月做单交易明细（每单按1手统计）								
3.11 周一	1905 螺纹	多	3720－3690	3750	30	300	1780	
	1906 沥青	多	3270－3230	3300	20	200		
	1905 pta	多	6620－6550	6640	20	100		
	1905 豆油	多	5720－5700	5690	－20	－200		
	1905 棕榈	多	4620－4590	4570	－30	－300		
	1905 白糖	空	5110－5130	5100	20	200		
	1905 焦煤	多	1220－1210	1235	8	480		
	1905 焦炭	多	1985－1975	1995	10	1000		
3.11 夜盘	1905 橡胶	多	12150－12050	12250	100	1000	1730	
	1905 热卷	空	3740－3760	3750	8	80		
	1905 沪锌	空	21450－21550	21350	100	500		
3.12 周二	1905 塑料	多	8700－8670	8730	30	150		
3.13 周三	1905 热卷	多	3750－3700	3770	15	150	2350	做单29 止盈21 止损8
	1905 焦炭	空	2005－2015	1985	15	1500		
	1906 纸浆	多	5450－5430	5420	－20	－200		
	1905 白糖	空	5100－5130	5140	－20	－200		
	1905 焦煤	空	1240－1250	1225	10	600		
	1905 橡胶	多	12000－11900	12050	50	500		
3.13 夜盘	1905 螺纹	空	3780－3800	3810	－20	－200		
3.14 周四	1905 燃油	空	2965－2990	2940	25	250	1050	
	1905 焦炭	多	2000	2010	10	1000		
3.14 夜盘	1905 焦煤	多	1235－1225	1245	10	600		
	1905 白糖	多	5140－5120	5110	－20	－200		
3.15 周五	1905 焦炭	多	1985	1995	10	1000	1100	
	1905 螺纹	多	3750－3720	3775	20	200		
	1905 沪镍	多	100300	100800	500	500		
	1905 pp	空	8690	8729	－40	－200		
	1905 铁矿石	空	620－630	635	－10	－1000		
	1905 热卷	多	3670－3650	3790	20	200		

续表

2019 年 3 月做单交易明细（每单按 1 手统计）

时间	品种	方向	开仓点位	平仓点位	盈利情况/点	盈利金额/元	当天盈利	备注
3.18 周一	1905 沪铜	空	49100－49500	49200	100	500	2400	
	1905 热卷	多	3690－3650	3720	30	300		
	1905 螺纹	多	3770－3740	3800	30	300		
	1905 焦煤	多	1230－1220	1240	10	600		
	1905 棕榈	多	4470－4430	4480	30	300		
	1905 豆粕	多	2540－2520	2560	20	200		
	1905 苹果	空	11363	11340	20	200		
3.18 夜盘	1905 棉花	空	15250－15300	15250	50	250	2250	
	1905 沪镍	多	100500－10000	101080	500	500		
3.19 周二	1905 焦煤	空	1240－1250	1230	10	600		
	1905 橡胶	多	12000－11900	12010	50	500		
	1905PTA	多	6340－6300	6280	－40	－200		
	1905 焦煤	多	1230－1220	1240	10	600		
3.19 夜盘	1905 白糖	多	5120－5090	5150	20	200	1250	做单 28 止盈 25 止损 3
	1905 焦炭	空	1970－1980	1960	8	800		
3.20 周三	1905 白糖	多	5120－5100	5130	20	200		
	1905 焦炭	多	1968	1958	－10	－1000		
	1905 棉花	多	15300－15250	19350	50	250		
	1905 豆粕	多	2530－2510	2540	20	200		
	1905 焦煤	多	1220－1210	1230	10	600		
3.20 夜盘	1906 纸浆	多	5340－5310	5300	－20	－200	1300	
3.21 周四	1905 苹果	空	11350－11400	11260	100	1000		
	1905 菜粕	多	2200－2170	2210	20	200		
	1905 热卷	空	3720－3740	3680	30	300		
3.21 夜盘	1905 棉花	多	15280－25250	15370	80	400	800	
	1905 豆粕	多	2530－2510	2560	20	200		
3.22 周五	1905 螺纹	多	3770－3750	3770	10	100		
	1906 纸浆	多	5330－5300	5344	10	100		
3.25 周一	1905 螺纹	多	3750－3730	3720	－20	－200	650	做单 22 止盈 18 止损 4
	1905 鸡蛋	空	3510－3530	3780	30	300		

续表

2019 年 3 月做单交易明细（每单按 1 手统计）

时间	品种	方向	开仓点位	平仓点位	盈利情况/点	盈利金额/元	当天盈利	备注
3.25 周一	1905 白糖	多	5030－5000	5050	20	200	650	
	1905 菜粕	多	2215－2195	2230	15	150		
	1905 玻璃	多	1290－1280	1290	20	200		
3.26 周二	1905 热卷	多	3670－3650	3675	15	150	650	
	1905 螺纹	多	3710－3680	3716	20	200		
	1905 动力煤	空	597	595	2	200		
	1905 鸡蛋	空	3450－3470	3440	10	100		
3.26 夜盘	1905 焦炭	多	1970－1960	1973	5	500		
3.27 周三	1905 橡胶	多	11500－11400	11350	－100	－1000	－900	做单 22 止盈 18 止损 4
	1905 白糖	空	5050－5070	5040	10	100		
	1905 焦炭	多	1970－1960	1955	－9	－900		
	1905 苹果	空	11370	11330	40	400		
3.28 周四	1905 白糖	多	5030－5010	5040	10	100	1500	
	1906 纸浆	空	5330－5350	5270	60	600		
	1905 焦炭	多	1950－1542	1968	12	1200		
	1905 焦煤	空	1240－1250	1230	10	600		
	1905 苹果	空	11364	11450	－100	－1000		
3.28 夜盘	1906 纸浆	多	5230－5220	5250	20	200	1000	
3.29 周五	1905 甲醇	多	2380－2360	2400	20	200		
	1905 焦煤	多	1230－1220	1235	10	600		
						总盈利	29510	

本月总做单	止盈	止损	盈利率	
109	89	20	82%	

资料来源：根据笔者操作的账户数据整理制作而成。

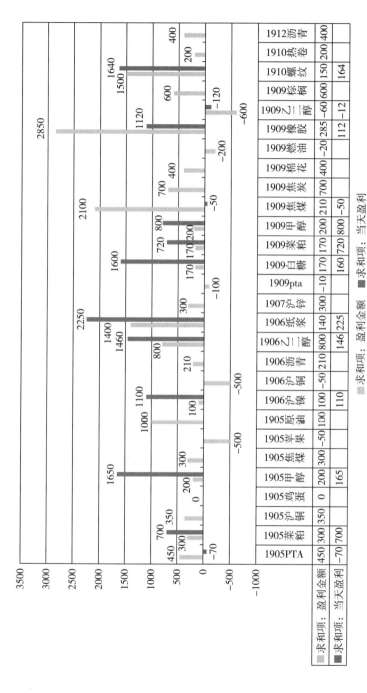

图 1-7　2019 年 4 月做单盈亏

资料来源：根据笔者操作的账户数据整理制作而成。

时间	品种	方向	开仓点位	平仓点位	盈利情况/点	盈利金额/元	当天盈利	备注
4.1 周一	1906 纸浆	空	5330－5350	5360	－25	－250	250	
	1909 棕榈	多	4600－4560	4620	20	200		
	1906 乙二醇	多	4830－4810	4870	30	300		
4.1 夜盘	1906 纸浆	空	5340－5370	5336	20	200	2050	
	1905 焦煤	多	1240－1230	1246	5	300		
4.2 周二	1905 PTA	多	6550－6510	6590	40	200		做单15 止盈 12 止损3
	1905 沪铜	多	49130－49030	49230	70	350		
	1905 原油	空	469－470	468.3	1	1000		
4.2 夜盘	1905 PTA	多	6430－6410	6450	20	100		
4.3 周三	1905 苹果	空	11630－11680	11710	－50	－500	－70	
	1905 鸡蛋	空	4140－4160	4140	0	0		
	1910 热卷	空	3520－3530	3502	15	150		
	1909 焦煤	多	1325－1315	1332	3	180		
4.4 周四	1910 螺纹	空	3590－3610	3570	15	150	－350	
	1909 焦炭	空	2025	2030	－5	－500		
4.9 周二	1905 菜粕	空	2200－2230	2170	30	300	700	
	1912 沥青	空	3470－3490	3430	40	400		
4.9 夜盘	1909 焦煤	多	1325	1320	－5	－300		
4.10 周三	1909 焦煤	多	1315－1305	1325	15	900	500	做单18 止盈 14 止损4
	1910 热卷	多	3670－3650	3690	20	200		
	1906 沪镍	空	103100－103600	103800	－300	－300		
4.10 夜盘	1905 甲醇	空	2480－2500	2455	20	200		
	1906 纸浆	多	5410－5390	5440	40	400		
	1905 PTA	多	6530－6490	6550	30	150		
4.11 周四	1910 螺纹	空	3770－3790	3750	20	200	1650	
	1907 沪锌	空	22100－22200	22000	60	300		
	1909 橡胶	空	12000－12100	11900	100	1000		
	1909 焦煤	多	1320－1310	1300	－10	－600		
4.12 周五	1906 乙二醇	多	4800－4770	4830	30	300	1460	
	1909 焦煤	多	1305－1295	1315	10	600		

· 22 ·

续表

2019 年 4 月做单交易明细

时间	品种	方向	开仓点位	平仓点位	盈利情况/点	盈利金额/元	当天盈利	备注
4.12 周五	1906 沥青	空	3480 – 3500	3470	6	60	1460	做单 18 止盈 14 止损 4
	1909 pta	空	6295 – 6325	6335	– 20	– 100		
	1909 棉花	多	15880 – 15840	16000	120	600		
4.15 周一	1909 橡胶	空	11900 – 12000	11860	50	500	1120	
	1910 螺纹	空	3815 – 3835	3800	25	250		
	1906 乙二醇	多	4800 – 4770	4830	20	200		
	1909 白糖	空	5425 – 5445	5405	17	170		
4.15 夜盘	1909 菜粕	空	2230 – 2260	2210	17	170	720	
	1909 棉花	多	15920 – 15860	16010	60	300		
4.16 周二	1906 沥青	空	3450 – 3470	3430	15	150		
	1909 燃油	多	2800	2780	– 20	– 200		
	1909 焦煤	空	1315 – 1325	1310	5	300		
4.16 夜盘	1910 螺纹	空	3780 – 3800	3760	20	200	650	做单 21 止盈 17 止损 4
	1906 纸浆	多	5390 – 5370	5410	20	200		
4.17 周三	1909 橡胶	多	11650 – 11550	11700	35	350		
	1909 乙二醇	多	4870 – 4830	4820	– 30	– 300		
	1906 纸浆	空	5390 – 5440	5370	20	200		
4.17 夜盘	1906 纸浆	多	5360 – 5340	5370	15	150		
4.18 周四	1909 棕榈	空	4650 – 4670	4630	20	200	– 50	
	1909 白糖	多	5315 – 5295	5290	– 20	– 200		
	1910 螺纹	多	3730 – 3710	3700	– 20	– 200		
4.19 周五	1910 螺纹	多	3705 – 3785	3730	25	250	1090	
	1909 焦煤	多	1321	1330	9	540		
	1909 橡胶	多	11450 – 11350	11850	30	300		
4.22 周一	1909 白糖	多	5370 – 5350	5340	– 20	– 200	1600	做单 17 止盈 12 止损 5
	1909 棉花	多	15900 – 15800	15750	– 100	– 500		
	1909 焦炭	空	2057	2045	12	1200		
	1909 橡胶	多	11550 – 11450	11580	70	700		
	1910 螺纹	空	3800 – 3840	3750	40	400		

续表

2019 年 4 月做单交易明细								
时间	品种	方向	开仓点位	平仓点位	盈利情况/点	盈利金额/元	当天盈利	备注
4.22 夜盘	1909 乙二醇	多	4840 – 4800	4790	– 30	– 300	– 120	
4.23 周二	1909 焦煤	空	1340 – 1350	1336	3	180		
4.24 周三	1906 沪镍	多	97580	97980	400	400	1100	做单 17 止盈 12 止损 5
	1906 沪铜	多	49000 – 48900	49060	100	500		
	1910 螺纹	多	3730 – 3700	3750	20	200		
4.24 夜盘	1909 焦煤	空	1350 – 1360	1345	5	300	– 550	
	1906 沪铜	空	49200 – 49300	49350	– 100	– 1000		
4.25 周四	1910 热卷	空	3690 – 3700	3710	– 15	– 150		
	1906 纸浆	空	5350 – 5370	5320	30	300		
4.25 夜盘	1909 甲醇	空	2460 – 2480	2440	20	200	800	
4.26 周五	1910 螺纹	空	3750 – 3770	3730	20	200		
	1909 白糖	空	5260 – 5280	5240	40	400		
4.29 周一	1910 螺纹	空	3760 – 3790	3800	– 15	– 150	250	做单 3 止盈 2 止损 1
	1906 纸浆	多	5280 – 5260	5300	20	200		
	1909 棕榈	空	4500 – 4530	4480	20	200		
					总盈利	12800		

本月总做单	止盈	止损	盈利率
74	57	17	77%

资料来源：根据笔者操作的账户数据整理制作而成。

1. 盈利原因分析

2019 年 4 月，交易结果总体是盈利的，其中主要盈利品种集中于橡胶和焦煤，其余品种小部分有盈有亏，可见对橡胶和焦煤期货品种研究得比较深入，走势判断比较准确，且交易的时机把握得比较好，操作风格比较稳健，没有出现以前频繁交易的各种不足。

2. 经验与启示

选择熟悉的品种操作非常重要，操作熟悉的品种将会带来更大的收益。从这两个月的操作情况来看，对于焦煤和焦炭这两个品种的期货价格走势判断比较准确，可见对这两个期货品种的基本面和技术面研究得比较深入，因此交易时机也把握得比较好。

（三）2019 年 5 月的操作情况总结分析

本月总共做了 75 单，止盈 59 单，止损 15 单，盈亏相抵后总收益为 24890 元，盈利率为 79%。结果如图 1 - 8、表 1 - 10 所示。

1. 盈利原因

2019 年 5 月的期货交易，盈利合约主要集中在沪铜、螺纹、铝、原油等能源和金属合约，同时橡胶、焦炭、红枣、豆粕也大幅盈利。一方面，得益于受能源和建筑行业回暖的影响，现货交易价格上升，使得期货价格跟随现货市场同步攀升；另一方面，自身对橡胶、焦炭和螺纹三个期货品种价格走势的预测比较准确。因此，交易盈利比较稳定。

2. 经验与启示

本月盈利的主要原因是重点关注了几个盈利的商品期货品种的现货市场的价格走势，同时对这些品种的现货与期货价格的关联理解得比较透彻，对这几个品种的期货价格走势预测得比较准确，操作时心里比较踏实。由此可知，时刻关注市场动态，跟随行业热点和现货市场的价格走势，是期货投资者需要把握的基本功。

四、经过反思之后的期货操作情况与反思之前的操作情况的对比分析

第一，反思之前，没有建立适合自己的期货交易系统，交易的随意性很大，心态不稳，亏损相对比较大；而经过反思后，初步建立了适合自己的期货交易系统，建仓和平仓的时点把握得比较准确，心态比较平稳。

第二，反思之前，经常重仓操作；而经过反思后，没有出现重仓操作和满仓操作，交易更加稳健安全。

第三，反思之前，操作手法无章可循、比较乱，不会止盈止损；而经过反思后，操作手法更加成熟，善于止盈止损，遵循了期货交易的规则。

第四，反思之前，没有关注现货市场的价格动态，对现货与期货的关联重视不够；而经过反思后，经常会关注现货的价格走势，重视现货与期货价格的有机联系。

第五，反思之前，对主要技术指标（K 线、均线、成交量、KD、MACD、重要阻力位、重要支撑位、重要形态等）的用法掌握得不太好；而经过反思后，技术水平有了明显的提高，而且对某些特定的技术指标的使用还有自己独到的领悟。

第六，反思之前，不太重视硬件建设，也不太遵守操作纪律；而反思之后，对硬件的建设比较重视，提高了网速，升级了电脑配置，实现了多屏看行情，同时也很遵守操作纪律。

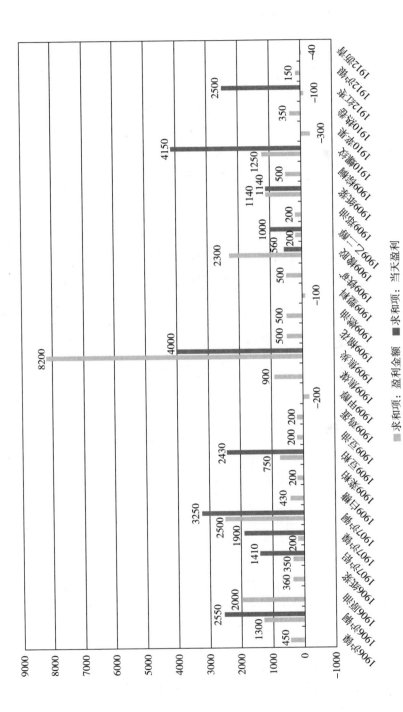

图 1－8　2019 年 5 月做单盈亏

资料来源：根据笔者操作的账户数据整理制作而成。

表 1-10 2019 年 5 月交易情况一览

2019 年 5 月做单交易明细

时间	品种	方向	开仓点位	平仓点位	盈利情况/点	盈利金额/元	当天盈利	备注
5.6 周一	1910 螺纹	多	3760-3720	3765	25	250	550	
	1909 燃油	多	2750-2710	2780	30	300		
5.6 夜盘	1906 沪铜	多	48100-47900	48360	260	1300		
5.7 周二	1912 红枣	空	8680-8620	8610	-50	-250	2550	
	1909 棉花	多	15380-15320	15500	120	600		
	1909 棕榈	多	4410-4380	4330	20	200		
	1909 焦炭	空	2117	2113	5	500		
	1910 螺纹	空	3790-3810	3780	20	200		
5.7 夜盘	1909 豆粕	空	2600-2620	2600	10	100	2430	做单 25 止盈 22 止损 3
	1909 白糖	多	5130-5100	5138	18	180		
	1906 沪镍	多	96000-95200	96450	450	450		
	1909 橡胶	空	11920-12020	11860	60	600		
	1906 纸浆	多	5150-5110	5180	20	200		
5.8 周三	1909 棉花	空	15480-15580	15450	30	150		
	1909 铁矿	多	645-635	643	5	500		
	1909 白糖	空	5130-5150	5105	25	250		
5.9 周四	1909 焦炭	空	2158	2149	9	900	3300	
	1909 塑料	多	8110-8080	8070	-20	-100		
	1909 焦炭	空	2150-2160	2146	8	800		
	1906 原油	多	483-482	484	2	2000		
	1910 苹果	空	8480-8500	8510	-30	-300		
5.9 夜盘	1910 螺纹	多	3730-3710	3743	20	200	1850	
	1909 豆油	空	5420-5440	5400	20	200		
	1909 豆粕	空	2690-2710	2643	45	450		
5.10 周五	1909 焦炭	空	2163	2151	10	1000		

续表

			2019 年 5 月做单交易明细					
时间	品种	方向	开仓点位	平仓点位	盈利情况/点	盈利金额/元	当天盈利	备注
5.13 周一	1909 乙二醇	多	4630－4610	4600	－20	－200		
5.14 周二	1910 螺纹	多	3660－3630	3680	20	200	1000	做单6 止盈 3 止损3
	1909 焦炭	多	2115－2105	2125	15	1500		
	1910 热卷	多	3590－3570	3610	20	200		
	1909 焦炭	多	2093	2088	－5	－500		
5.16 周四	1912 沥青	空	3500	3520	－20	－200		
5.20 周一	1909 焦炭	多	2153	2160	7	700	700	
5.20 夜盘	1909 橡胶	多	12100－12000	12170	70	700	560	
	1909 乙二醇	多	4430－4400	4450	20	200		
5.21 周二	1909 焦炭	空	2200	2210	－10	－1000		
	1906 纸浆	多	5020－5000	5036	16	160		
	1909 鸡蛋	多	4320－4300	4343	20	200		
	1909 豆粕	空	2790－28810	2770	30	300		
5.21 夜盘	1907 沪铜	空	47650－47750	47500	150	1500	2400	做单23 止盈 19 止损4
	1909 棕榈	空	4460－4500	4424	30	300		
	1909 纸浆	空	4950－4990	4920	20	200		
5.22 周三	1909 焦煤	多	1390－1380	1390	10	600		
	1909 燃油	多	2860－2840	2830	－20	－200		
5.23 周四	1912 红枣	空	10380	10300	80	400	2500	
	1909 甲醇	多	2490－2470	2460	－20	－200		
	1909 菜粕	空	2450－2470	2430	20	200		
	1909 焦炭	多	2247	2470	23	2300		
	1907 沪镍	多	96850－96550	96500	－200	－200		
5.23 夜盘	1907 沪铝	多	14100－14000	14180	70	350	1410	
5.24 调五	1912 沥青	多	3180－3140	3206	16	160		
	1912 沪银	空	3590－3610	3580	10	150		
	1910 热卷	多	3700－3680	3715	15	150		
	1909 纸浆	空	4910－4940	4860	40	400		
	1909 郑油	空	7030－7050	7010	20	200		

续表

时间	品种	方向	开仓点位	平仓点位	盈利情况/点	盈利金额/元	当天盈利	备注
				2019 年 5 月做单交易明细				
5.27 周一	1907 沪铜	多	47100－46800	47200	100	1000	850	
	1910 螺纹	多	3860－3830	3880	20	200		
	1909 豆粕	空	2815－2825	2830	－10	－100		
	1912 红枣	空	10850－10900	10910	－50	－250		
5.28 周二	1910 螺纹	多	3860－3840	3830	－20	－200	350	
	1909 纸浆	空	4920－4940	4890	30	300		
	1909 焦煤	多	1390－1375	1400	5	300		
	1909 燃油	多	2740－2710	2760	20	200		
	1909 棉花	空	13520－13580	13600	－50	－250		
5.29 周三	1907 沪镍	多	98400－98100	98720	400	400	1900	
	1909 焦炭	多	2213	2220	7	700		
	1909 焦炭	多	2215－2205	2224	8	800		
5.29 夜盘	1909 纸浆	空	4940－4960	4916	24	240	1140	做单 21 止盈 15 止损 5 持有 1
	1910 螺纹	多	3810－3780	3830	20	200		
5.30 周四	1909 橡胶	空	12200－12300	12100	100	1000		
	1909 燃油	空	2740－2770	2720	20	200		
	1909 焦炭	多	2205	2200	－5	－500		
5.30 夜盘	1910 螺纹	空	3780－3800	3760	20	200	1400	
	1909 棕榈	多	4480－4460	4448	持有			
5.31 周五	1909 乙二醇	多	4480－4460	4520	20	200		
	1909 焦炭	多	2195	2205	10	1000		
						总盈利	24890	

本月总做单	止盈	止损	盈利率
75	59	15	79%

资料来源：根据笔者操作的账户数据整理制作而成。

第二章　期货投资的重要理论

指导期货投资的理论有多种，由于篇幅的原因，本章只论述艾略特波浪理论。艾略特波浪理论是指导期货投资获利的重要理论之一，艾略特波浪理论认为市场价格是按照一定的规律、一定的周期循环起落，就像大自然的波浪一样。因此，可以将这一理论应用到期货投资中，让投资者更好地判断期货价格未来的走势，帮助投资者做出买卖决策并从中获利。

一、艾略特波浪理论

（一）波浪理论的产生与发展

（1）波浪理论产生的基础。艾略特波浪理论是在道氏理论基础上建立和发展起来的。在道氏理论内容中，比较常用的有以下几条：第一，大多数市场行为都可以通过平均市场价格指数来反映和说明。第二，市场的波动具有一定的趋势。第三，市场主要波动趋势可以分为三个阶段：累计阶段、上涨阶段、顶峰阶段。第四，交易量可以检验市场的波动趋势等。道氏理论是许多技术分析理论的鼻祖，但道氏理论存在以下三个缺陷：第一，道氏理论确定主要的市场趋势的方式，只能基于相应的收盘价，所以不能帮助投资者决定投资哪些市场产品。第二，尽管道氏理论在更广泛的案例中发挥了作用，但它对短期市场波动的判断相对无效、容易出错，这就意味着道氏理论对于二次趋势的判断并不重要。第三，道氏理论主要强调理论性，实用性相对较差。

（2）波浪理论的产生与发展。1927 年，艾略特在加利福尼亚州养病期间，提出了"艾略特波浪理论"。艾略特波浪理论继承了道氏理论的基本思想，通过对各种指数加以研究和总结，在很大程度上提高了应用性，使得这一理论能够更加贴合实际地描述市场价格的变化情况，给市场价格的变化描绘了一些趋势。艾略特波浪理论从产生到现在已经发展了近百年，经受住了时代的考验，在一次次实践中被保留下来，足以说明它的普遍性以及适用性，使得人们对艾略特波浪理论的信心大涨。艾略特波浪理论的中心思想是把市场价格的变化趋势分为八个阶段。这八个阶段共同组成一个周期。研究艾略特波浪理论在期货投资中的应用最主要、最关键的就是数浪，数浪正确了就代表着艾略特波浪理论的应用成功了90%。艾略特波浪理论被投资者所喜爱，主要是因为它的应用范围广泛，对趋势判断的准确性高。

（二）波浪理论的主要内容

（1）周期及其形状。艾略特波浪理论说明市场是有周期的，并且每个周期都由上升5浪和下跌3浪组成。以标准的上升周期为例，艾略特波浪理论8浪各自的名字以及性质如下：上升的5浪（1浪、2浪、3浪、4浪、5浪）以及下跌的3浪（A浪、B浪、C浪）共同构成一个完整的上升周期。其中，上升的5浪中，1浪、3浪、5浪为推动浪，2浪、4浪为调整浪；下跌3浪中，A浪、C浪为推动浪，B浪为调整浪。但是在实际运用中，波浪还可以被细分为更小的波浪，所参照的时间长短不一样，波浪所在的周期也不一样。因为大循环是由小循环构成，小循环又由更小循环组成。与自然的波浪现象结合起来，也就形成了通常所说的大浪中有小浪，小浪中有细浪，如图2-1所示。市场的变化是多种多样的，但是不管市场的价格如何变化，最终都可以视为一个完整的波浪周期，只是时间长短不一，所形成的波浪的形态也会不一样，但是最终的结果都会符合波浪理论。

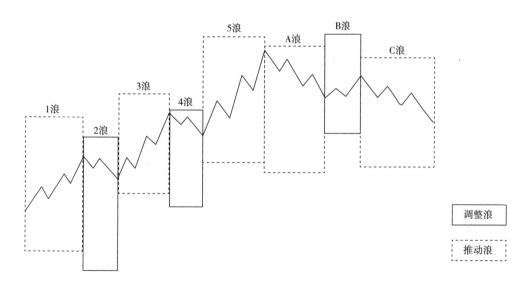

图 2-1　上升 5 浪与下跌 3 浪细分

（2）波浪的特点。艾略特波浪理论说明市场是有周期的，市场价格总是按照8个波浪的形式循环的。下面以上升周期为例分别介绍各个波浪各自的特点以及各自最常见的形态。1浪：1浪是上升浪，代表着一个循环的开始。一般情况下，5个浪当中最快结束的就是1浪。1浪一般分为两种：第一种，1浪出现在上一个周期结束之后，这类1浪是新的周期的开端，起着奠定新周期基础的作用。由于在这时投资者没有确切的把握证明这是新的周期的开始还是上一周期的调整，因此，在投资决策上无法及时判断出市场的位置，所以买方较少。此时，2浪下跌（回档）的幅度往往会很深。第二种，1浪出现在长期调整之后，市场价格通过了长时间的调整，较多投资者能够接收到市场的信号。因此，在这类1浪中，市场价格上升的幅度比较大，上升的时间也会稍长。2浪：2浪是上升浪中的调整浪，伴随着1浪上升的结束，对市场价格进行适当的调整。2浪下跌的幅度一般来说会比较大，差不多会将1浪好不容易升上去的价格又调整回去。当2浪将市场价格调整到接近1浪起点的时候，投资者会停下他们的卖空行为，成交量会相应地缩小，在这个时候，才标志着2浪的结束。3浪：3浪是上升浪，起点在2浪结束之后。通常来说，3浪上涨的势头是8个浪中最大的，并且上涨的气势是最有爆发力的，所上涨的幅度往往也是8个浪中最大的。随着价格的上涨，投资者对于市场的信心也在慢慢恢复，表现为交易量的巨幅上升。4浪：4浪是上升5浪中的最后一个调整浪，随着3浪上涨的完成，4浪出现了对市场价格进行适度的调整。5浪：5浪是最后一个上升浪。5浪上涨的幅度通常情况下，会小于3浪的上涨幅度，并且5浪的上涨常常会出现失败的情况。作为上升5浪的最后一浪，在5浪中，市场情绪比较而言是相当乐观的，此时的市场价格已经达到了顶峰。A浪：A浪是下跌浪，出现在周期的顶峰5浪之后。当A浪出现时，很多的投资者却以为5浪尚未完成，市场行情仍然处在上升的趋势当中，将A浪视为一个暂时的回档调整的现象，因此产生一种惜售的心态。一般情况下，在5浪中就会有A浪出现的警告信号。B浪：B浪是下跌浪中的调整浪，出现在A浪的完成之后。这个阶段的成交量并不大。由于这是一段上升行情，容易使得投资者看到了市场价格的上涨之后误以为这是另一波涨势，于是急忙大量买入，也就形成了通常所说的"多头陷阱"，有很多投资者都在这个阶段被套牢。C浪：C浪是下跌浪，是一个周期的最后一浪，具有极强并且持久的破坏力，也标志着一个周期的完成。它的跌势较为强劲，跌幅较大，持续时间长。上面分别讲述了8个浪各自的特点以及在市场当中的表现形式，从表面上看，8个浪之间的区别似乎很明显。但波浪理论在实际运用中有两大难点难以突破：第一，周期里面还有周期使得数浪难以把握。第二，延伸浪的出现以及波浪形态的变化使得波浪的形态不一定很标准，投资者若没有一定的功力，也比较难以识别。

（3）浪与浪之间的内在关系。在期货市场中，浪与浪之间的主要关系可以概括为：第一，市场价格的升跌会交替进行。升跌的周期可以跨越很多年之久，也可以只持续数小时，甚至更短。第二，市场价格是有周期的，并且沿着这个周期做循环运动。第三，推动浪和调整浪总是交替出现的，调整浪的调整比例经常是推动浪的 0.382 倍或者 0.618 倍。

二、波浪理论在期货投资中的应用

（一）应用波浪理论进行期货投资的前提条件

如果能够正确地数浪，艾略特波浪理论对于市场价格的预测是比较准确的。因此，应用艾略特波浪理论的关键就在于正确地数浪。对投资者而言，数浪是应用艾略特波浪理论的第一步，也是最关键的一步。如果能够正确掌握数浪的方法，艾略特波浪理论在期货投资中的应用相对于其他预测价格走势的指标来说是很有优势的。在艾略特波浪理论的三个核心部分中，最需要了解的就是波浪的形态，这是基础，也是关键。波浪的形态直接关系到投资者能否正确地数浪。而要做到准确数浪就必须熟练掌握以下要点：第一，无论是上升周期还是下跌周期，在前 5 浪之中，最短的一浪不可能是 3 浪。在市场价格的波动中，3 浪往往是最有爆发力的一浪，通常情况下，3 浪是最长的一浪。第二，4 浪的终点不能低于 1 浪的终点。只要运用好以上两点最基本的规则，投资者在判断浪的走势时就成功了一半，出错的概率已经小了一半。为了更准确地数浪，还有两个补充规则，对于投资者数浪可以提供一定的帮助。第一，交替原则。在一个周期的运行中，如果 2 浪出现的形态比较简单，那么 4 浪出现的形态极有可能比较复杂。这两个浪都属于调整浪，而调整浪的形态种类有无数种，对于投资者而言是很不好确认调整浪走完与否的。因此，这个补充规则对投资者而言很有用。第二，调整原则。当市场价格运行在 4 浪时很可能会进入调整期，调整期通常会在更小周期的 4 浪期间完成。这个补充规则可以帮助投资者判断出调整的终点，从而更及时、更全面地做出正确的决策。正确数浪之后，如果在上升周期的 1 浪、3 浪、5 浪、B 浪以及下跌周期的 2 浪、4 浪、A 浪、C 浪时可以适当做多；在上升周期的 2 浪、4 浪、A 浪、C 浪以及下跌周期的 1 浪、3 浪、5 浪、B 浪时可以适当做空。但是最重要的还是数浪并且把握好市场价格在该浪运行的位置。除此之外，如果能够结合应用其他一些技术指标，做出的买卖决策将更加正确。

（二）应用波浪理论进行期货投资的步骤

期货是双方约定在未来某一时间，按照现在约定的条件进行某种交易的合约，与现货市场最明显的区别是交易对象的交割时间是在未来而不是现在，但其他条件比如价格、数量、方式等都是在现在约定好了的。这与艾略特波浪理论用来判断未来的价格走势的用途是相吻合的。而要将艾略特波浪理论应用到现实的期货交易中去，一般需要经历以下几个步骤：第一步，要判断市场价格的大趋势，确定是空头市场还是多头市场。第二步，要确认市场价格处在哪一浪，可以结合推动浪的推动目标以及调整浪的调整目标来判断该市场价格的走势与艾略特波浪理论走势的契合程度。第三步，要具体计算目前的市场价格是处于该浪的哪一个小浪。艾略特波浪理论将市场价格波动划为一个又一个周期，大的周期里面有小周期，小周期里面又有更小的周期。判断出大的周期之后还要判断市场所处的浪级，之后结合实际情况确定持仓时长，再划分小周期以确定近期走势并确定持仓时长。第四步，投资者参考一些其他指标做出最终的买卖决策。

（三）应用波浪理论进行期货投资的优势与局限性

艾略特波浪理论经过了数十年的发展，一直被投资者视为重要的决策工具，主要是因为它有以下两点优势：第一，经济的发展是有周期性的，由繁荣、衰退、萧条、复苏4个阶段循环发展。然而，从宏观经济的角度来看，在这4个阶段中的表现又有不同的特点，作为宏观经济的晴雨表的期货市场在一定程度上反映着经济发展的状况。由此可见，期货市场价格也是有周期的，而艾略特波浪理论把市场价格分为8个波浪恰好与经济发展的4个周期有着异曲同工之妙。第二，期货市场的交易对象是未来的合约，通过签订某一种合约，按照期货合约的价格、期限等内容在未来某一时间进行交割。这与艾略特波浪理论的主要作用即预测市场价格未来的走势不约而同。通过艾略特波浪理论，投资者可以更加有根据地判断出未来市场的价格走势，从而有根据地做出做多或做空的决策，或从中套期保值或投机获利。

万物有利必然也有弊，除了上述的优势之外，艾略特波浪理论在实际应用中也存在以下不足之处：第一，每个人对市场价格的看法都不统一。面对同一个市场价格的波动，有时候有的人看是1浪，而另外一些人看是2浪，无法100%判断出1浪是否已经完全走完，而看错的后果又十分严重，很容易使得投资者损失惨重。第二，对于"完整的浪"没有明确定义。市场价格的波动受到很多因素的影响，大多数情况下不会按照标准的波浪理论的图形出现，然而"完整的浪"没有明确定义，导致数浪这件事完全随主观意识。第三，延展浪出现的时机没有准则。艾略特波浪理论只说明波浪理论会出现延展浪，但是延展浪在什么时间、什么条件下出现却没有明确说明，使得数浪这件事更加因人而异。第四，艾略特波浪理论产生于一种主观分析，是投资者的主观分析工具。但是市场价格受众多因素影响，艾略特波浪理论无法将人为的因素考虑进去。

由此可见，艾略特波浪理论并不是一个完美准确的工具，投资者在应用的时候还是得结合一些其他工具和指标，用综合的目光去看待市场价格的变化，在考虑多方面的情况之后再进行判断市场的阶段以及做出决策，这样才能使艾略特波浪理论在期货市场发挥应有的效用。

三、应用波浪理论进行期货投资的案例

下面通过案例来介绍艾略特波浪理论在期货投资领域的具体应用方法。

首先看图 2 - 2 玉米主连的日线上升 8 浪图，玉米主连在经过长期的下跌以后，在 2019 年 2 月 25 日产生了自 2018 年 7 月以来的最低价（1780 元），属于波谷位置，因此可以把这个最低价视作 1 浪的起点。

图 2 - 2 玉米主连的上升 8 浪（日 K 线）

（1）1 浪。

1 子浪：2019 年 2 月 25 日到 2019 年 3 月 4 日，由 1780 元上升到 1833 元。

2 子浪：2019 年 3 月 4 日到 2019 年 3 月 5 日，由 1833 元调整到 1810 元。

3 子浪：2019 年 3 月 5 日到 2019 年 3 月 13 日，由 1810 元上升到 1849 元。

4 子浪：2019 年 3 月 13 日到 2019 年 3 月 14 日，由 1849 元调整到 1828 元。

5 子浪：2019 年 3 月 14 到 2019 年 3 月 19 日，由 1828 上升到 1859 元。

（2）2 浪。

A 子浪：2019 年 3 月 19 日到 2019 年 3 月 20 日，由 1859 下跌到 1828 元。

B 子浪：2019 年 3 月 20 日到 2019 年 3 月 21 日，由 1828 元上升到 1835 元。

C 子浪：2019 年 3 月 21 日到 2019 年 3 月 25 日，由 1835 元下跌到 1806 元。

（3）3 浪。

1 子浪：2019 年 3 月 25 日到 2019 年 3 月 27 日，由 1806 元上升到 1853 元。

2 子浪：2019 年 3 月 27 日到 2019 年 3 月 28 日，由 1853 元调整到 1829 元。

3 子浪：2019 年 3 月 28 日到 2019 年 4 月 4 日，由 1829 元上升到 1890 元。

4 子浪：2019 年 4 月 4 日到 2019 年 4 月 9 日，由 1890 元调整到 1860 元。

5 子浪：2019 年 4 月 9 日到 2019 年 4 月 22 日，由 1860 元上升到 1924 元。

（4）4 浪。

A 子浪：2019 年 4 月 22 日到 2019 年 4 月 23 日，由 1924 元下跌到 1911 元。

B 子浪：2019 年 4 月 23 日到 2019 年 4 月 24 日，由 1911 元上升到 1922 元。

C 子浪：2019 年 4 月 24 日到 2019 年 4 月 26 日，由 1922 元下跌到 1899 元。

（5）5 浪。

1 子浪：2019 年 4 月 26 日到 2019 年 5 月 6 日，由 1899 元上升到 1937 元。

2 子浪：2019 年 5 月 6 日到 2019 年 5 月 8 日，由 1937 元调整到 1913 元。

3 子浪：2019 年 5 月 8 日到 2019 年 5 月 14 日，由 1913 元上升到 1956 元。

4 子浪：2019 年 5 月 14 日到 2019 年 5 月 15 日，由 1956 元调整到 1941 元。

5 子浪：2019 年 5 月 15 日到 2019 年 5 月 20 日，由 1941 元上升到 2021 元。

A 浪、B 浪、C 浪的分析方法类似 5 浪，在此从略。

从以上数据以及玉米主连的日 K 线图的走势来看，玉米主连的期货价格当时正处于 A 浪的运行中。而根据艾略特波浪理论，推动浪的推动目标系数 3.236 以及推动浪的小浪的高度，计算出推动浪的高点如下：

1 浪高点：（1833 − 1780）× 3.236 + 1780 = 1951（元），实际的高点为 1859 元，计算值与实际值的误差为 4.98%。

3 浪高点：（1853 − 1806）× 3.236 + 1806 = 1958（元），实际的高点为 1924 元，计算值与实际值的误差为 1.77%。

5 浪高点：（1937 - 1899）×3.236 + 1899 = 2021.9（元），实际的高点为 2021 元，计算值与实际值之间的误差为 0.05%。

3 个浪的高点的实际值与计算值之间的差距极小，除了 1 浪的误差接近 5% 之外，其他两浪的误差不到 2%。这就意味着玉米主连 5 浪的走势基本上是符合艾略特波浪理论的，也意味着艾略特波浪理论对于玉米主连的价格趋势判断具有很大的参考价值。如果投资者能够及时合理地应用艾略特波浪理论进行玉米期货合约的操作，从中获得的利润是很大的。

在期货的实际操作过程中，投资者一般不会这样去仔细计算 8 浪的精准点位，往往只会根据图形现有的走势去推测期货合约将来的大致走势，并根据推测来建仓和平仓。图 2 - 3 就是鸡蛋 2007 合约 2 小时 K 线图的下跌 8 浪走势图。期货投资者如果熟悉波浪理论，就可以根据下跌 8 浪的走势来建仓和平仓，并从中获利。

图 2 - 3　鸡蛋 2007 合约的下跌 8 浪走势（2 小时 K 线）

图 2 - 4 是鸡蛋 2004 合约从 2019 年 11 月 1 日的最高点 4468 点到 2020 年 2 月 14 日的最低点 2698 点，日 K 线图的下跌 5 浪走势图。从该图可以看出 5 浪很明显，也比较标准，到 2020 年 2 月 14 日，鸡蛋 2004 合约还在 5 浪的走势图中。如果配合图 2 - 5 的交易系统及鸡蛋现货价格的走势，投资者完全可以在比较高

的点位做空，胆子大的甚至可以盈利加仓，3 个多月的时间投资的回报是十分丰厚的。

图 2-4　鸡蛋 2004 合约的下跌 5 浪走势（日 K 线）

图 2-5　交易系统检验鸡蛋 2004 合约同期走势的做空信号（日 K 线）

由本章可知，投资者如果能够很好地在期货市场中应用艾略特波浪理论，在
1浪终点之前及时确认这是第几浪，下一浪会在什么时候开始，并运用好斐波那
契数列来计算下一浪的高点，就可以预测出商品期货价格的未来走势，就能做出
更加准确的建仓和平仓决策，在期货投资中获取比较大的收益。

第三章　期货投资类别与收益

　　研究期货的投资类别与收益有助于投资者克服作为非理性人存在的问题。期货市场的有效运行离不开交易者的交易活动，在可承受的风险条件下获得较高的收益则是投资者进行交易的最终目标，选择合适的投资类别则是获取收益的前提条件，因此，研究期货投资类别与收益之间的关系就变得至关重要。同时，研究分析投资类别与投资收益之间的关系更是期货市场每一个投资者必须面临和选择的重要问题。期货投资的类别大体上分为投机、套期保值和套利等几种，每一类别的风险不一样，收益也不一样。投机的风险最高，收益也最高，套期保值和套利的风险小，收益也相对较小。投资者必须根据自己的实际情况，选择适合自己的投资类别，才能盈利、才能在期货市场生存下去。

一、期货投资类别

（一）投机

　　投机是指投资者根据自己对未来价格变动的预期对期货合约进行做多或做空，然后在适当的时机进行平仓从而获取收益的行为。期货投机主要可以分为两种类型。一种是做空，是投机者预测未来价格会下跌卖出期货合约，等到价格下跌后买进期货合约进行对冲的行为。图 3-1 是螺纹 2005 合约从 2019 年 6 月 25 日至 2019 年 10 月 21 日的日 K 线走势图，从该图可以看出，从 2019 年 7 月 22 日开始，螺纹 2005 合约从 3600 点左右开始下跌，到 8 月 28 日跌到最低 3140 点，一个多月时间跌了 460 点左右，如果投机者预测到螺纹 2005 合约会跌价，在 7 月 22 日卖出，到 8 月 28 日买入平仓，短期则可获利 460 多点。

　　图 3-2 是 PP2009 合约从 2019 年 7 月 5 日至 2020 年 3 月 30 日的周 K 线走势图，从该图可以看出，从 2019 年 7 月 5 日开始，PP2009 合约从最高点 8994 点开始下跌，到 2020 年 3 月 30 日跌到最低 5638 点，几个多月时间跌了 3300 多点，如果投机者预测到 PP2009 合约会跌价，在 7 月 5 日卖出，到 2020 年 3 月 30 日买

入平仓，则可获利 3300 多点。

图 3 - 1 螺纹 2005 合约投机做空示意（日 K 线）

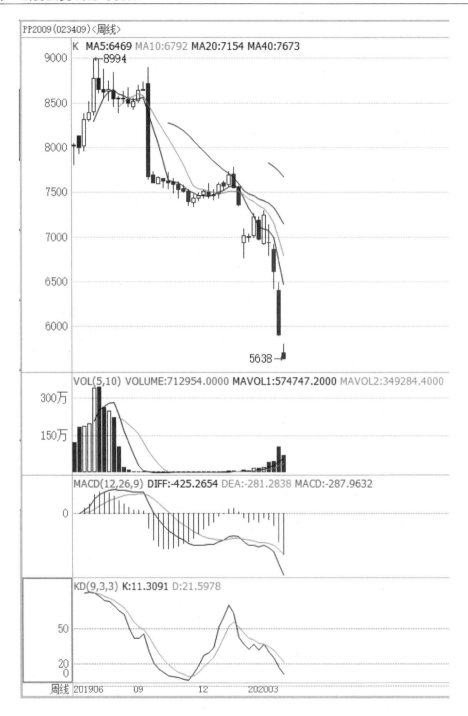

图 3-2　PP2009 合约投机做空示意（周 K 线）

做多的是投机者预测价格会上升而买进合约，等到价格上升后卖出期货合约进行对冲的行为。图 3 - 3 是黄金 2006 合约从 2019 年 6 月 25 日至 2019 年 9 月 25 日的日 K 线走势图，从该图可以看出，从 2019 年 8 月 2 日开始，黄金 2006 合约从 320 点左右开始上涨，到 8 月 29 日涨到 367 点左右，20 多天时间上涨了 47 点左右，如果投机者预测到黄金 2006 合约会涨价，在 8 月 2 日买入，到 8 月 29 日卖出平仓，则可获利 47 点左右。

图 3 - 3　黄金 2006 合约投机做多示意（日 K 线）

图 3 –4 是黄豆一号 2005 合约 4 小时 K 线走势图，从该图可以看出，黄豆一号 2005 合约短期内从 4000 点的低位开始上涨，一直涨到最高 4917 点，涨幅是非常大的，如果投机者预测到黄豆一号 2005 合约短期内会涨价，在低位买入，到高位卖出平仓，则短期获利会十分可观。

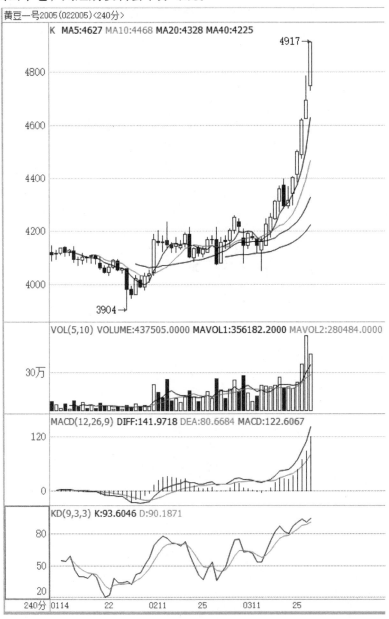

图 3 –4　黄豆一号 2005 合约投机做多示意（4 小时 K 线）

投机者进入期货市场意义重大，一方面，他们在期货市场上承担价格风险，从而促进市场的流动性。正是因为投机者的参与，才给期货市场带来了大量的资金，使得期货市场交易活跃，市场可以进一步发展。另一方面，由于现货和期货之间的价格会因为各种因素而出现较大的差距，而投机者在市场上接触到了大量的相关信息，他们熟悉期货合约的价格走向，可以在合适的时候利用技术买进卖出赚取收益，正是由于大量投机者的买进卖出，才会使期货与现货的价格基差逐渐变小，从而使期货价格向现货价格靠拢，使期货交易具有现实意义。

（二）套期保值

套期保值主要是现货供应商、现货生产厂家或现货贸易商为了规避或分散现货价格涨跌的风险，而在期货市场上买入或卖出与现货品种、规格、期限、数量相同，但方向相反期货合约的行为。套期保值之所以具有规避现货价格涨跌风险的作用，因为期货价格是在现货价格基础上形成的，与现货价格关系密切。

买入套期保值是指需要某种原材料的厂家或贸易商，对现货持看涨态度，因此在期货市场上买入数量、期限、品种与现货相同的期货合约，在合约到期时选择实物交割或对冲平仓的交易行为。图3-5是棕榈油2009合约从2019年4月26日至2020年2月21日的周K线走势图，从该图可以看出，该合约从2019年7月12日的最低点4164点开始上涨，一直涨到2020年1月10日的最高点6118点，6个月左右涨了1900点左右，涨幅巨大。如果棕榈油需求厂家或贸易商当时能预测到棕榈油上涨的趋势，在低点买入棕榈油2009合约，在高点选择实物交割或平仓，则在期货市场的盈利可以弥补现货价格上涨带来的损失，同时又解决了现货的原材料来源，可谓是一举两得。

卖出套期保值则相反。图3-6是苹果2005合约从2019年4月26日至2020年2月21日的周K线走势图，从该图可以看出，该合约从2019年5月17日的最高点14534点开始下跌，一直跌到2020年2月21日的最低点6817点，9个月左右跌了7700点左右，跌幅巨大。如果苹果种植户或贸易商当时能预测到苹果下跌的趋势，在高点卖出苹果2005合约，在低点选择实物交割，则获利丰厚。

图3-7是苹果2012合约从2019年5月31日至2019年12月27日的周K线走势图，从该图可以看出，该合约从2019年5月17日的最高点9877点开始下跌，一直跌到2019年12月27日的7500点左右，7个月左右跌了2400点左右，跌幅很大。如苹果果农当时能预测到苹果价格下跌的趋势，在高点卖出苹果2012合约，在低点选择实物交割，则获利丰厚。果农既在期货里赚了钱，弥补了苹果现货价格下跌带来的损失，又解决了苹果现货的销路问题。

图 3－5　棕榈油 2009 合约价格上涨示意（周 K 线）

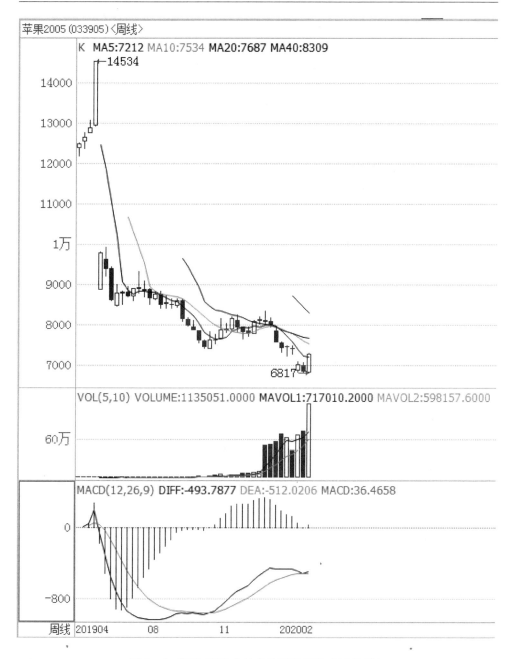

图 3 – 6 苹果 2005 合约价格下跌示意（周 K 线）

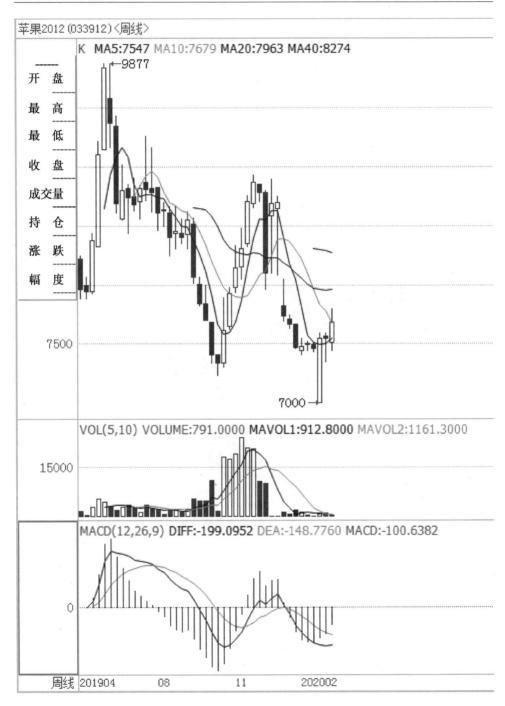

图 3 - 7　苹果 2012 合约价格下跌示意（周 K 线）

图 3-8 是鸡蛋 2007 合约从 2019 年 7 月 18 日至 2020 年 3 月 31 日的周 K 线走势图，从该图可以看出，该合约从 2019 年 7 月 18 日的最高点 4863 点开始下跌，一直跌到 2020 年 3 月 31 日的最低点 3191 点，8 个月左右跌了 1600 多点，跌幅很大。如果蛋鸡养殖户当时能预测到鸡蛋价格下跌的趋势，在高点卖出鸡蛋 2007 合约，在低点选择实物交割，则获利丰厚，蛋鸡养殖户既在期货里赚了钱，弥补了鸡蛋现货价格下跌带来的风险，又解决了鸡蛋现货的销路问题。

图 3-8　鸡蛋 2007 合约价格下跌示意（周 K 线）

生产厂家、现货贸易商、果农或蛋鸡养殖户等，利用期货进行套期保值，一方面可利用期货的杠杆，使用较少的资金来控制更多的商品，增加资金利用效率；另一方面还有锁定现货利润和成本、回避现货价格变动的风险，解决现货销路的作用。但是要注意在进行套保时，由于价格差额的波动，期现两个市场上的收益或者亏损不一定正好能够相抵，经常会存在一定的差异。

（三）套利

套利是利用相关合约的价差，买入或卖出一份期货合约的同时，卖出或买入另一份具有相关关系的合约，并在一定时间内对两份合约进行平仓的交易行为，套利的目的是赚取价差。根据两份合约关系的不同，可以将套利分为四种：跨期套利、跨商品套利、期现套利和跨市套利。

（1）跨期套利是指利用两份期限不同、价格不同，但品种、数量等都相同的期货合约进行套利。跨期套利又可以分为几种情况：第一种情况是同一个期货品种、不同的合约普涨，在这种情况下，就买入涨幅最大的合约，卖出涨幅最小的合约赚取价差。表3－1是铁矿石各月份合约2020年2月21日的涨幅一览表，从该表可以看出，该天铁矿石期货各个合约普涨，其中，铁矿石2003合约涨幅最大，达3.33%（带杠杆，下同），铁矿石2011合约涨幅最小，只有1.46%。在这种情况下，如果当天开盘买入铁矿石2003合约，同时卖出铁矿石2011合约，则当天可以赚取价差1.87%。

表3－1　铁矿石各月份合约2020年2月21日的涨幅一览

序号	开盘	最高	最低	昨结	幅度%↓	代码
1	699.0	716.5	699.0	691.0	3.33	i2003
2	667.0	677.5	663.0	657.0	2.82	023190
3	667.0	677.5	663.0	657.0	2.82	i2005
4	681.0	697.0	680.5	678.5	2.73	i2004
5	662.5	670.0	655.5	651.5	2.69	i2006
6	660.7	669.7	657.4	651.5	2.55	023188
7	648.0	652.0	647.5	636.0	2.52	i2008
8	644.5	644.5	630.0	622.0	2.49	i2010
9	658.5	663.0	654.5	649.0	2.16	i2007
10	614.0	614.0	608.5	603.0	1.82	i2102
11	617.0	618.5	611.0	607.5	1.65	i2101
12	646.0	649.5	641.0	638.0	1.65	i2009

续表

序号	开盘	最高	最低	昨结	幅度%↓	代码
13	634.0	634.0	614.5	611.5	1.47	i2012
14	627.0	630.5	623.5	618.0	1.46	i2011

第二种情况是同一个期货品种、不同的合约普跌，在这种情况下，就卖出跌幅最大的合约，买入跌幅最小的合约赚取价差。表 3－2 是沪铜各月份合约 2020 年 2 月 21 日的跌幅一览表，从该表可以看出，该天沪铜期货各个合约普跌，其中沪铜 2008 合约跌幅最大，达 0.92%，沪铜 2012 合约跌幅最小，只有 0.42%。在这种情况下，如果当天开盘卖出沪铜 2008 合约，同时买入沪铜 2012 合约，则当天可以赚取价差 0.5%。

表 3－2　沪铜各月份合约 2020 年 2 月 21 日的跌幅一览

序号	开盘	最高	最低	昨结	幅度%↓	代码
1	47050	47060	46930	47140	-0.42	cu2012
2	46900	46970	46750	47040	-0.62	cu2011
3	47100	47110	46990	47300	-0.66	cu2101
4	46830	46890	46650	46960	-0.66	cu2010
5	47160	47160	46950	47280	-0.70	cu2102
6	46170	46170	45840	46220	-0.82	010020
7	46170	46170	45840	46220	-0.82	cu2003
8	46490	46520	46170	46570	-0.84	010023
9	46490	46520	46170	46570	-0.84	cu2006
10	46316	46359	46022	46418	-0.84	010088
11	46610	46610	46280	46700	-0.86	010024
12	46610	46610	46280	46700	-0.86	cu2007
13	46250	46330	45980	46390	-0.86	cu2004
14	46250	46330	45980	46390	-0.86	010090
15	46790	46810	46510	46920	-0.87	cu2009
16	46360	46450	46090	46500	-0.88	cu2005
17	46650	46730	46380	46820	-0.92	cu2008

第三种情况是同一个期货品种、不同的合约有涨有跌，但是涨幅大于跌幅，在这种情况下，就买入涨幅最大的合约，卖出跌幅最大的合约赚取价差。表 3－3

是鸡蛋各月份合约 2020 年 2 月 21 日的涨跌幅一览表，从该表可以看出，该天鸡蛋期货各个合约有涨有跌，但是涨幅大于跌幅，其中鸡蛋 2003 合约涨幅最大，达 8%，鸡蛋 2007 合约跌幅最大。在这种情况下，如果当天开盘买入鸡蛋 2003 合约，同时卖出鸡蛋 2007 合约，则当天可以赚取价差 8.13%。

表 3 - 3   鸡蛋各月份合约 2020 年 2 月 21 日的涨幅大于跌幅一览

序号	开盘	最高	最低	昨结	幅度% ↓	代码
1	2842	2957	2836	2738	8.00	jd2003
2	3158	3256	3138	3101	5.00	jd2004
3	3498	3563	3468	3492	1.95	jd2005
4	3498	3563	3468	3492	1.95	020990
5	3637	3695	3620	3625	1.93	020988
6	4326	4397	4318	4316	1.16	jd2009
7	3609	3648	3577	3621	0.75	jd2006
8	4314	4357	4295	4308	0.49	jd2008
9	4160	4199	4142	4148	0.39	jd2101
10	4151	4192	4150	4154	0.29	jd2012
11	3997	4046	3988	4004	- 0.07	jd2011
12	3955	3986	3940	3968	- 0.10	jd2010
13	3783	3823	3744	3803	- 0.13	jd2007
14	—	—	—	2394	—	jd2002

第四种情况是同一个期货品种、不同的合约有涨有跌，但是跌幅大于涨幅，在这种情况下，就卖出跌幅最大的合约，买入涨幅最大的合约赚取价差。表 3 - 4 是焦煤各月份合约 2020 年 2 月 21 日的涨跌幅一览表，从该表可以看出，该天焦煤期货各个合约有涨有跌，但是跌幅大于涨幅，其中焦煤 2012 合约跌幅最大，达 2.64%，焦煤 2101 合约涨幅最大，达 0.34%。在这种情况下，如果当天开盘卖出焦煤 2012 合约，同时买入焦煤 2101 合约，则当天可以赚取价差 2.98%。

表 3 - 4   焦煤各月份合约 2020 年 2 月 21 日跌幅大于涨幅一览

序号	开盘	最高	最低	昨结	幅度% ↑	代码
1	1198.0	1198.0	1196.5	1229.0	- 2.64	jm2012
2	1275.0	1275.0	1257.5	1275.5	- 0.94	jm2005

续表

序号	开盘	最高	最低	昨结	幅度%↑	代码
3	1275.0	1275.0	1257.5	1275.5	−0.94	020890
4	1270.2	1270.2	1253.4	1270.0	−0.86	020888
5	1220.5	1220.5	1212.0	1214.0	0.04	jm2009
6	1203.0	1203.0	1203.0	1200.5	0.21	jm2010
7	1188.5	1188.5	1185.0	1181.0	0.34	jm2101
8	—	—	—	1283.0	—	020823
9	—	—	—	1246.5	—	020820
10	—	—	—	1246.5	—	jm2003
11	—	—	—	1242.0	—	020824
12	—	—	—	1236.0	—	jm2008
13	—	—	—	1242.0	—	jm2007
14	—	—	—	1283.0	—	jm2006
15	—	—	—	1283.0	—	jm2004
16	—	—	—	1197.0	—	jm2011
17	—	—	—	1182.0	—	jm2102

　　以上四种跨期套利的方法只是从原则上来说的，在具体操作的时候还要考虑各个合约的成交量、持仓量和活跃度，以便能够使套利操作顺利成交。

　　（2）跨商品套利。套利的商品之间一般关联度比较高，要么价格受相同因素影响，要么是上下游商品，要么互为替代品。表3-5是豆油各合约2020年2月21日的涨幅情况一览表，而表3-6是豆粕各合约2020年2月21日的跌幅情况一览表。豆油和豆粕的关联度很高，两个期货品种可以套利。根据买涨买跌的原则，如果套利者这一天开盘买入豆油2005合约，同时卖出豆粕2005合约，则当天收盘时平仓的套利收入为1.07%。

表3-5　豆油各合约2020年2月21日的涨幅情况一览

序号	开盘	最高	最低	昨结	幅度%↓	代码
1	6060	6084	6044	6010	0.97	y2009
2	5975	6010	5972	5933	0.96	020288
3	5928	5968	5928	5888	0.92	y2005
4	5928	5968	5928	5888	0.92	020290

期货投资理论与实操

续表

序号	开盘	最高	最低	昨结	幅度%↓	代码
5	6178	6208	6174	6138	0.81	y2101
6	6000	6032	5984	5936	0.81	y2007
7	6078	6078	6078	6034	0.73	y2008
8	—	—	—	5798	—	y2003
9	—	—	—	6104	—	y2011
10	—	—	—	6156	—	y2012
11	—	—	—	5798	—	020220

表 3-6　豆粕各合约 2020 年 2 月 21 日的跌幅情况一览

序号	开盘	最高	最低	昨结	幅度%↓	代码
1	2773	2789	2771	2778	-0.14	m2011
2	2707	2723	2702	2708	-0.15	020188
3	2664	2682	2659	2665	-0.15	m2005
4	2664	2682	2659	2665	-0.15	020190
5	2805	2811	2797	2802	-0.18	m2012
6	2751	2765	2746	2753	-0.18	m2009
7	2695	2711	2691	2698	-0.19	m2007
8	2733	2747	2729	2737	-0.22	020123
9	2733	2747	2729	2737	-0.22	m2008
10	2641	2652	2632	2639	-0.27	020120
11	2641	2652	2632	2639	-0.27	m2003
12	2815	2823	2799	2812	-0.39	m2101

　　再看这两个合约同期的周 K 线图，图 3-9 是豆油 2005 合约从 2019 年 4 月 26 日到 2020 年 2 月 21 日的周 K 线走势图，图 3-10 是豆粕 2005 合约从 2019 年 4 月 26 日到 2020 年 2 月 21 日的周 K 线走势图。从两个走势图可以看出，豆油的涨幅明显大于豆粕。如果套利者在 2019 年 4 月 26 日买入豆油 2005 合约，卖出豆粕 2005 合约，并在两个合约的高点同时平仓，豆油和豆粕两个品种之间的套利，利润是十分可观的。

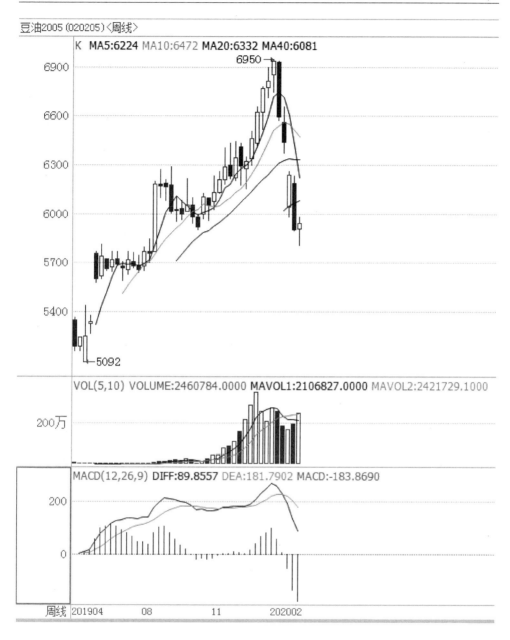

图3-9 豆油2005合约从2019年4月26日到2020年2月21日周K线走势

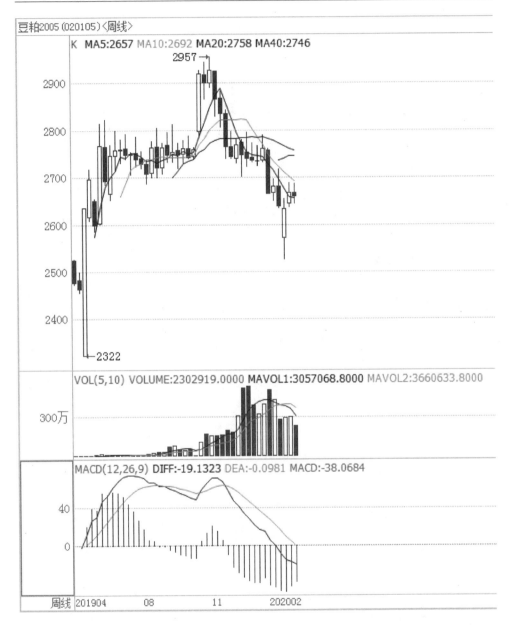

图 3-10　豆粕 2005 合约从 2019 年 4 月 26 日到 2020 年 2 月 21 日周 K 线走势

（3）期现套利是当某一商品的现货和期货价格出现比较大的价差时，投资者在期货与现货之间低买高卖，从中获取利润的行为。现货与期货价格之差称为"基差"，原则上当基差大于其交易成本时，就存在套利空间，可以进行期货与现货之间的套利。表 3-7 是 2020 年 3 月 14 日玉米现货价格表，从该表可以看出，2020 年 3 月 14 日，全国玉米现货均价是 1858.57。表 3-8 是 2020 年 3 月 13 日玉米各合约收盘价格一览表。从这两个表可以看出，玉米 2005 合约的价格高于现货价格。因此，可以做玉米期现套利，即卖出玉米期货，买入玉米现货赚取价差利润。

表 3-7　2020 年 3 月 14 日玉米现货价格

日期	12-15	12-24	01-02	01-11	01-20	01-29	02-07	02-16	02-25	03-05	03-14
现货价格	1841.43	1835.71	1834.29	1830.00	1830.00	1830.00	1860.00	1867.14	1854.29	1854.29	1858.57
主力合约	—	—	1915	—	1941	—	1938	—	1914	—	
最近合约	—	—	1819	—	1894	—	1906	—	1877	—	

资料来源：生意社官网。

表 3-8　2020 年 3 月 13 日玉米各合约收盘价格一览

名称	最新	现手	买价	卖价	买量	卖量	成交量
玉米指数	1988	75	—		0	0	522533
玉米主力	2010	1	2010	2011	269	534	359306
玉米 2009	2010	1	2010	2011	269	534	359306
玉米 2005	1953	6	1953	1954	161	868	123419
玉米 2007	1981	2	1980	1982	2	44	30796
玉米 2101	2040	1	2040	2041	4	2	6184
玉米 2011	2025	19	2022	2030	2	3	2828
玉米 2003	—	0	—		0	0	0
玉米连续	1953	6	1953	1954	161	868	123419

（4）跨市场套利。跨市场套利主要是对国内、国外两个不同期货交易所同一或相近交割月份的期货品种进行买卖，并利用潜在的地域价差来获利的行为。个人投资者一般很少从事跨市场套利交易，一般是相关大企业、大的跨国公司从事跨市场套利的比较多。

二、期货投资类别与收益的关系

（1）投机与收益的关系。投机者所获得的收益来自于期货价格波动带来的价差，其交易机制与股票买卖相似，但又不同于股票买卖。因为股票是单边市，只能做多；而期货是双边市，可以做多也可以做空。另外，股票没有杠杆，而期货实质上是一种杠杆交易。假设某期货品种的保证金比例为10%，在不考虑交易成本的前提下，做多这个品种时当价格上升1%时，投资者可以得到10%的收益；但当价格下降1%时，投资者则会有10%的损失。由于杠杆的存在，投资者的收益高于其他类型的投资；但是当其亏损时，损失的程度也是同比例的。因此，在投机、套利和套期保值三种类别的投资中，投机的收益最高，一旦做反了风险也最大。表3-9是燃油各个合约2020年2月24日的跌幅情况一览表。从表3-9可以看出，2020年2月24日，燃油2005合约跌幅5.30%。如果当天做投机，开盘做空的话，当天的收益率就有5.30%；但如果开盘做多，到收盘时则资金损失5.30%。

表3-9 燃油各个合约2020年2月24日的跌幅情况一览

序号	开盘	最高	最低	昨结	幅度%↓	代码
1	2259	2329	2259	2330	-0.04	fu2102
2	2280	2288	2270	2341	-3.03	fu2010
3	2272	2284	2272	2356	-3.06	fu2012
4	2285	2293	2251	2335	-3.43	fu2101
5	2274	2296	2212	2349	-3.62	fu2011
6	2290	2290	2240	2332	-3.64	fu2009
7	2289	2289	2215	2317	-4.10	fu2008
8	2263	2271	2208	2318	-4.66	fu2007
9	2253	2255	2180	2303	-5.04	010288
10	2250	2250	2169	2301	-5.30	010290
11	2250	2250	2169	2301	-5.30	fu2005
12	2230	2255	2181	2309	-5.33	fu2006
13	2139	2150	2073	2201	-5.36	010220
14	2139	2150	2073	2201	-5.36	fu2003
15	2185	2190	2117	2252	-5.99	fu2004

表3-10是液化气各个合约2020年3月31日的涨幅情况一览表。从表3-10可以看出，2020年3月31日，液化气2011合约涨幅6.98%。如果当天是做投机，开盘做多的话，当天的收益率就有6.98%；但如果开盘做空，到收盘时则资金损失6.98%。可见，投机的收益与风险都是最大的。

表 3 - 10　液化气各个合约 2020 年 3 月 31 日的涨幅情况一览

开盘	最高	最低	昨结	幅度%↓	代码
2468	2630	2468	2458	7.00	pg2101
2430	2545	2404	2379	6.98	pg2011
2430	2545	2404	2379	6.98	023990
2424	2582	2424	2414	6.92	pg2012
2436	2559	2422	2394	6.85	023988
2508	2685	2501	2510	5.66	pg2103
2528	2701	2528	2525	5.54	pg2102

（2）套利与收益的关系。套利是选取两份有关联的合约，买入或卖出其中一份合约，同时对另外一份合约进行反向操作，通过两者之间的价差赚取收益的行为。例如，当同一品种不同期限的合约出现价差时，可以买入低价合约，同时卖出高价合约，未来在合适的时机进行实物交割或者同时平仓合约，从而获得收益。由于套利的风险和收益都限制在某一范围内，因此，套利的风险和收益均低于投机，但高于套期保值。表 3 - 11 是棉花各个合约 2020 年 2 月 24 日的收盘价。从表 3 - 11 可以看出，2020 年 2 月 24 日，棉花 2005 合约跌幅 2.74%，棉花 2009 合约跌幅 2.65%。如果当天是做的套利，开盘时做空棉花 2005 合约，同时做多棉花 2009 合约套利的话，则当天的收益率盈亏相抵后就只有 0.09%。

表 3 - 11　棉花各个合约 2020 年 2 月 24 日的收盘价

序号	开盘	最高	最低	昨结	幅度%↓	代码
1	14125	14170	13750	14250	- 2.35	CF2101
2	13910	13965	13525	14050	- 2.63	CF2011
3	13645	13685	13250	13760	- 2.65	CF2009
4	13320	13365	12930	13435	- 2.68	CF2007
5	13315	13345	12911	13418	- 2.68	030588
6	12995	13000	12625	13125	- 2.70	030520
7	12995	13000	12625	13125	- 2.70	CF2003
8	13195	13230	12785	13300	- 2.74	030590
9	13195	13230	12785	13300	- 2.74	CF2005

表 3 - 12 是燃油各个合约 2020 年 3 月 31 日的收盘价。从表 3 - 12 可以看出，2020 年 3 月 31 日，燃油 2006 合约涨幅 4.91%，燃油 2101 合约涨幅 3.78%。如

果当天是做的套利，开盘时做多燃油 2006 合约，同时做空燃油 2101 合约套利的话，则当天的收益率盈亏相抵后也只有 1.13%。可见，套利的收益少，风险也小。

表 3 – 12　燃油各个合约 2020 年 3 月 31 日的收盘价

开盘	最高	最低	昨结	幅度%↓	代码
1416	1500	1409	1387	5.77	fu2005
1416	1500	1409	1387	5.77	010290
1497	1581	1493	1478	4.94	010288
1412	1508	1412	1406	4.91	fu2006
1803	1868	1803	1776	4.45	fu2102
1562	1648	1553	1545	4.40	fu2009
1465	1547	1457	1445	4.36	fu2007
1490	1590	1490	1489	4.30	fu2008
1594	1690	1594	1586	4.29	fu2010
1726	1821	1726	1720	3.78	fu2101
1842	1900	1822	1817	3.58	fu2103
1670	1738	1669	1653	2.60	fu2011
1734	1779	1729	1715	1.92	fu2012
—	—	—	1334	—	fu2004
—	—	—	1334	—	010220

（3）套期保值与收益的关系。套期保值的主要目的通常是为了对冲现货价格涨跌带来的风险。由于在接近期货合约到期日时，期货价格与现货价格基本上接近一致。因此，套期保值所能获得的收益最小，风险也最小。表 3 – 13 是粳米 2009 合约 2020 年 3 月 31 日的收盘价。从表 3 – 13 可以看出，2020 年 3 月 31 日，粳米 2009 合约的收盘价是 3626 元。如果粮农这一天做空粳米 2009 合约，到 9 月交割，则可能出现两种情况。第一种情况是到交割时，期货价格低于 3626 元，则期货赢现货亏；第二种情况是到交割时，期货价格高于 3626 元，则期货亏现货赚钱。不管出现哪一种情况，对粮农的影响都不会很大，因为不管是期货还是现货，一边亏了另一边会赚钱，两边的盈亏最终基本上是扯平的。粮农做空粳米 2009 合约的主要目的，是通过卖出粳米 2009 合约，确保今年种的粳米到期能够在锁定的价格范围内顺利地卖出去。

表 3 – 13　粳米 2009 合约 2020 年 3 月 31 日的收盘价

序号	名称	最新	现手	买价	卖价	买量	卖量	成交量↓
1	粳米指数	3583	2	—	—	0	0	18385
2	粳米主力	3626	1	3625	3626	20	4	16398
3	粳米 2009	3626	1	3625	3626	20	4	16398
4	粳米 2005	3432	2	3428	3432	1	4	1163
5	粳米 2008	3445	1	3433	3448	3	2	693
6	粳米 2101	3577	1	3577	3583	1	1	113
7	粳米 2006	3508	1	3411	3506	6	1	18
8	粳米 2004	—	0	—	—	0	0	0
9	粳米 2007	—	0	3456	3597	3	3	0
10	粳米 2011	—	0	3562	—	1	0	0
11	粳米 2012	—	0	3500	3570	1	1	0
12	粳米 2010	—	0	—	—	0	0	0
13	粳米 2102	—	0	—	—	0	0	0
14	粳米 2103	—	0	—	—	0	0	0

表 3 – 14 是苹果 2010 合约 2020 年 3 月 31 日的收盘价。从表 3 – 14 可以看出，2020 年 3 月 31 日，苹果 2010 合约的收盘价是 8080 元。如果果农这一天收盘前做空苹果 2010 合约，到 10 月交割。也可能出现两种情况。第一种情况是到交割时，期货价格低于 8080 元，则期货赢现货亏；第二种情况是到交割时，期货价格高于 8080 元，则期货亏现货赚钱。不管出现哪一种情况，对果农的影响都不会很大，因为不管是期货还是现货，一边亏了另一边会赚钱，两边的盈亏最终基本上是扯平的。果农做空苹果 2010 合约的主要目的是通过卖出苹果 2010 合约，确保今年种的苹果到期能够在锁定的价格范围内顺利地卖出去。可见，套期保值的主要目的通常是为了对冲现货价格涨跌带来的风险。因此，套利的收益最少，风险也最小。

表 3 – 14　苹果 2010 合约 2020 年 3 月 31 日的收盘价

序号	名称	最新	现手	买价	卖价	买量	卖量	成交量
1	苹果 2007	7048	2	7049	7050	5	21	10927
2	苹果主力	6700	2	6699	6700	1	5	185680
3	苹果 2005	6700	2	6699	6700	1	5	185680

序号	名称	最新	现手	买价	卖价	买量	卖量	成交量
4	苹果指数	7109	6	—	—	0	0	221997
5	苹果2010	8080	2	8080	8085	2	15	24817
6	苹果2012	7763	1	7747	7763	1	1	102
7	苹果2011	7754	1	7741	7755	1	2	139
8	苹果2103	7763	1	7720	7762	1	1	9
9	苹果2101	7864	1	7854	7874	2	1	323

总之，投机、套利和套期保值的风险不一样，收益也不一样。投机的风险最高，收益也最高，套期保值和套利的风险低，收益也相对较低。投资者必须根据自己的实际情况和主要目的，选择适合自己的投资类别，才能很好地利用期货市场的功能，达到回避风险获取收益的目的，才能在市场盈利并生存下去。

第四章　期货交易模式与交易系统

期货和现货交易不一样，期货合约是一种远期合约。期货交易具有许多明显的特点，如合约标准化、交易集中化、双向交易和对冲机制、最大波动限制等。每个投资者是抱着不同的目的投入到期货交易市场中。投机者想以少量本金，获得更大利润；套利者想通过套利获取稳定的价差；套期保值者想通过期货降低现货价格变动的风险。因此，期货投资者包括投机者、套期保值者、套利者。投机是指投机者通过各种手段来预测未来商品价格的走势，然后利用自有资金在期货市场买卖一定数量的期货合约，如果未来价格出现盈利，便可通过对冲平仓来获取利润的行为。由于投机交易的存在，期货市场的流动性得以加强，市场价格的不合理情况也在一定程度上得以改善，市场的价格体系也因此而稳定。套期保值是通过在现货与期货之间、近期和远期之间建立一种对冲机制，这样就能在未来某一时刻，通过这种方式来补偿由于现货市场价格变动而引发的价格风险。期货市场是一个资本密集型市场，财富分配极不均衡。据统计，期货市场90%以上的投资者都会赔钱，5%的投资者最终能够实现收支平衡，只有5%的投资者能够在期货市场盈利，可见在期货市场盈利是比较难的，而要盈利就必须有适合自己的交易模式。因此，运用何种模式进行交易，以应对期货交易的风险，减少损失，实现盈利就成为本章论述的核心问题。本章将分别论述日内交易模式、短线交易模式、波段交易模式、中长线交易模式等期货交易模式，希望能对期货交易者应对风险、实现盈利有所帮助。

一、期货交易模式

日内交易模式、短线交易模式、波段交易模式、中长线交易模式都是期货投资者在期货交易中常用的一些模式。这些模式分别适用于不同的情况，它们各自有自己的优点，但却都是因人而异的，因为每个人自身的资金状况、对期货品种的看法和技术水平都不一样，即便是同样的交易模式，同一个人在不同时期的操作也会有不同的结果。所以，如果想要熟练运用这些模式，并在特定时期选择对的模式，就需要对这些交易模式和运用技巧了解透彻。

（1）日内交易模式。如果投资者在一天之内对某个期货合约完成建仓和平仓操作，不把建仓品种合约留到第二天平仓，使仓位在开盘之前和收盘之后保持不变，就可以称之为日内交易模式。日内交易模式包括如下两种具体的交易模式。

一种是速战速决交易模式，即通过迅速买进、卖出或卖出、买进来赚取利润，由于持仓时间十分短暂，这种模式要求投资者时刻关注外盘和各种突发消息对品种合约价格的影响。图4-1是鸡蛋2005合约2020年1月23日上午的分时

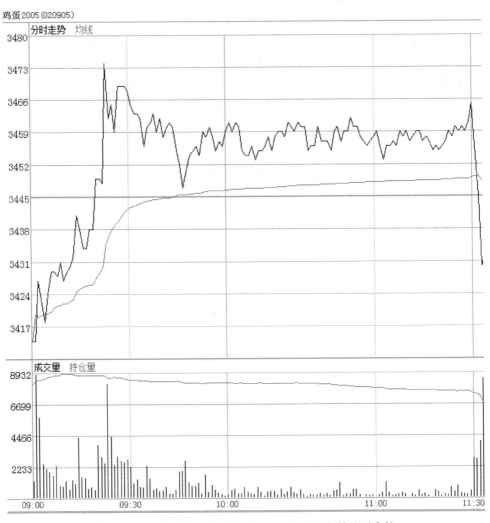

图4-1　鸡蛋2005合约2020年1月23日上午的分时走势

走势图，如果是采用日内速战速决交易模式，可以这样操作：在上午 9 点 10 分左右，期货价格在分时均价线上企稳开始往上走的时候，可以建仓多单并持有至下午开盘后期货价格跌破分时均价线时平仓获利了结；也可以在期货价格跌破分时均价线时做空。这样一天至少可以操作 2 次。这就是日内速战速决交易模式。运用日内速战速决交易模式有很多技巧，比如期货价格在第一时间向上突破分时均价线并企稳立马做多；反之，当期货价格在第一时间向下突破分时均价线，反弹没有突破分时均价线时立马开空等。

　　另一种是日内趋势交易模式。图 4 - 2 是沪镍 2004 合约 2020 年 1 月 23 日凌晨 1 点之前的分时下跌趋势走势图，从图 4 - 2 可以看出，沪镍 2004 合约 2020 年

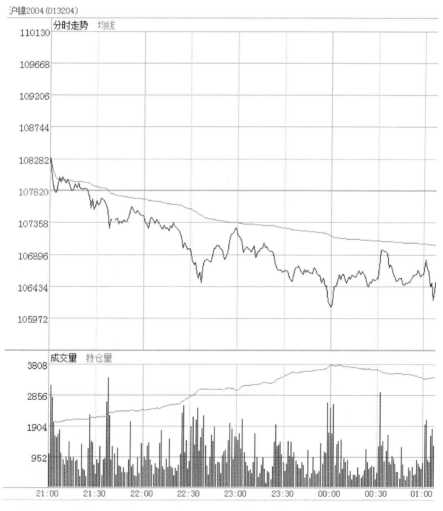

图 4 - 2　沪镍 2004 合约 2020 年 1 月 23 日凌晨 1 点之前的分时下跌趋势走势

1月23日凌晨1点之前一直走的是下跌趋势，因此在期货合约的分时价格没有向上突破分时均价线之前一直可以做空持有，把一天的下跌趋势做足。日内做多趋势刚好与此例的行情相反。这就是日内趋势交易模式。

（2）短线交易模式。当期货价格有比较明显的运行方向时，就会朝着某个方向运行，经历一个惯性运行的过程。此时，投资者如果顺着价格运行方向建仓，隔天或几天后平仓来获取利润，这样一种模式就是短线交易模式。要注意的是运用短线模式，在持仓过程中是不接受价格大幅度调整的，如果走势能量有减弱或者丧失的可能，就应该立即平仓。短线交易模式的开仓方法有下面几种。

第一，突破开仓。当一些重要均线被突破，或者前期的高、低点被突破，波动幅度被突然放大，此时就要把握机会，立刻顺势开仓。突破开仓其实就是在追求趋势，是一种可靠的实现盈利的交易方法。虽然突破开仓的利润空间更为丰富，风险小，盈利的概率更大，但有时候也会比较容易被市场洗出。图4-3是

图4-3 鸡蛋2010合约突破前低做空开仓示意（4小时K线）

鸡蛋 2010 合约 4 小时 K 线图，从该图可以看出，当该合约的期货价格向下跌破约 3850 点的时候，就突破了前低的价格，就应该第一时间大胆做空，这就叫作突破前低做空开仓。

第二，联动式开仓。即关联度比较高的期货品种联动式开仓。这种开仓方法一般可以获取无风险利润，例如，豆粕期货合约与鸡蛋期货合约是有关联的，因为豆粕是养鸡的饲料，在一定的时间段内可以做空鸡蛋期货合约的话，按理也可做空豆粕期货合约。图 4 – 4 是豆粕 2005 合约 4 小时 K 线图，该 K 线图的时间周期与图 4 – 3 是一致的，如果在开空鸡蛋合约的同时，开空豆粕合约就叫作联动开仓。图 4 – 3、图 4 – 4 开仓做空以后都可以持仓几天，均属于短线交易模式。

图 4 – 4　豆粕 2005 合约突破前低做空示意（4 小时 K 线）

（3）波段交易模式。波段交易模式的持仓时间一般是一周以上到数月不等，在持仓过程中可以接受一些小幅度的调整。当盘整的密集交易区被打破时，下一个频繁交易区就会成为新的交易区，波段交易模式就是利用这样的特点在支撑位买入，然后在压力位平仓来获取利润，也可以先卖出再平仓。当遇到明显的箱体运动区间时，就要把握住机会，在箱体运行中果断操作，这样获取利润的可能性将会大幅增加。不过这种操作对机会的把握要求较高，需要投资者具有十分丰富的实战经验。图 4 - 5 是橡胶 2005 合约从 2019 年 4 月 4 日到 2020 年 1 月 23 日的周 K 线图，从图 4 - 5 可以看出，橡胶 2005 合约的价格就适合在 11500 ~ 13500 元来回买卖做波段，开启波段交易模式。

图 4 - 5　橡胶 2005 合约从 2019 年 4 月 4 日到 2020 年 1 月 23 日周 K 线

（4）中长线交易模式。由于市场总是在往复循环的，当一个趋势结束时，另一个趋势也就开始了。在这样的情况下投资者应该学会在趋势起点建仓，并在回调快要结束时果断加仓，但是一定不能错过那些重要的位置或时间周期，因为需要在这些时刻平仓来获取利润。在这种模式下，持仓时间可能长达一年，在这段时间内市场运行必然是变化多端的，而不会只是简单的直上直下，要善于消化不利因素。在这个过程中，要谨慎操作，保护好利润，适当时可以见机行事，调整交易策略。图 4 - 6 是鸡蛋主力从 2019 年 11 月 1 日的 4925 点跌至 2020 年 1 月

17 日的 3373 点的周 K 线图，后市依然看空。如果在高位做空的单子可以中长线持有，开启中长线交易模式。

图 4-6 鸡蛋主力从 2019 年 11 月 1 日至 2020 年 1 月 17 日的周 K 线

二、不同期货交易模式对操作的要求

（1）日内交易模式和短线交易模式的操作要求。如果一个投资者分析能力不强，但是反应很快，能够对整个市场存在的获利方向做出正确的判断，那么他就能够凭借高胜率通过多次盈利获取日内交易或短线交易的收益。依靠一些常用技术指标和常用图表的形态变化等，准确判断市场上的潜在动力以及潜在的买卖双方的力量是该种操作模式的要求之一。在现实情况和预计的有所不同时就要缩小交易规模，甚至立刻平仓，停止交易。进行日内交易时，通常只做一个品种，而不是同时做多个品种。在一些特殊情况下，比如一些重要点位的假突破，为了避免失误，最好只做一个方向，多个方向可能就会失手。要做到每次的获利结果是主动从容操作所带来的，而不是误打误撞带来的。要准确判断自身的技术水平、能力和市场状况，运用自如地进行交易。还要对止损进行严格的设置并严格执行，比如期货价格在第一时间向下突破分时均价线开空的，必须立马在分时均价线的上方挨着分时均价线设置止损，反之，期货价格在第一时间向上突破分时均价线开多的，必须立马在分时均价线的下方紧挨分时均价线设置止损。

（2）波段交易模式的操作要求。波段交易模式要求能面对行情一定幅度的调整，即使有时候需要冒一定的风险，也应该坚定自己的看法，对自身经验和能力充满信心，相信自己通过市场运行状况得出的结论，合理运用资金。但要严格设置和执行止损。图 4－7 是鸡蛋指数从 2019 年 11 月 1 日到 2020 年 1 月 23 日的走势图，从该图可以看出鸡蛋指数从 2019 年 11 月 1 日开始，仅 2 个多月的时间就跌了 1400 多点，形成了一个大的下跌波段。

图 4－7　鸡蛋指数从 2019 年 11 月 1 日到 2020 年 1 月 23 日的下跌波段（周 K 线）

图 4 – 8 是沪镍 2004 合约从 2019 年 1 月 25 日至 2020 年 1 月 23 日几乎一年的周 K 线走势图，从该图可以看出，沪镍 2004 合约从 2019 年 9 月 6 日的最高点 148160 点开始下跌，到 2019 年 12 月 6 日，仅仅 3 个月时间就跌去了约 40000 点，也是一个大的下跌波段，做空的投资者应该会赚得盆满钵满。

图 4 – 8　沪镍 2004 合约从 2019 年 1 月 25 日至 2020 年 1 月 23 日的下跌波段（周 K 线）

（3）中长线交易模式的操作要求。中长线交易模式虽然盈利的概率相对较小，一旦盈利往往金额较大，因此，应该充分了解这种交易模式。如果投资者的资金实力比较强，能够接受判断失误的亏损，那么就应该相信自己的实力并有勇气再次介入，不要害怕利润的损失，并且敢于冒判断失误的风险，能够坦然接受调整，在认真研究分析后，能够坚持自己的看法，不要被各种言论所左右。要实现利润的最大化，就要加仓。要保护利润，就要设置止盈。市场价格走势是不断变化的，当发现变化对持仓不利时，就应该果断迅速平仓所有头寸。这就是中长线交易模式对期货投资者的要求。图 4 – 9 是棕榈油 2005 合约从 2007 年 12 月 28 日至 2020 年 1 月 23 日的季 K 线图，该图可以反映出该品种 10 多年的期货价格走势。该合约的期货价格从 2008 年 3 月底的 12992 的最高点一直跌至 2020 年 1 月 23 日的 6094 点，10 多年来，期货价格跌了一半多。当然在实际的操作过程中几乎没有人可以持仓一个品种这么长的时间，即便在中途也需要不断移仓。这里只是以这个例子说明一下棕榈油这个期货品种的中长期价格走势而已。在实际的操作过程中，中长线一般看到周 K 线、月 K 线就可以了。

图 4 - 9　棕榈油 2005 合约从 2007 年 12 月 28 日至 2020 年 1 月 23 日的季 K 线

三、交易模式的选用

　　选择适合自己的交易模式是十分重要的，投资者既有在期货市场交易了多年的老手，也有大量新手，他们在选择交易模式时往往一头雾水。由于交易周期不明确，交易模式选择不当，自然而然交易结果也就不理想。那么应该如何来选择适合自己的交易模式呢？

　　（1）根据个人条件和能力选择。市场中每个交易者的空闲时间、资金多少和实战能力都存在一定的差异，不能盲目地用别人的模式来交易，而应该根据自身状况做出最合适自己的选择。比如，投资者并不想把全部时间、精力投入期货市场，而只是将其作为一种兼职，那么短线或者中线都是可以选择的。这种情况一定要避免日内交易，因为日内交易模式往往要求交易者能时刻关注市场的状况。对于投身于期货市场不久的人来说，为了积累更多的实战经验和操作技巧，熟悉期货市场的运行，应该要做到多观察，观察自己事先的判断是否准确或者观察市场有怎样的运行规律，在这一过程中，要避免频繁操作，以免由于不熟悉市场而遭受不必要的损失。而对于那些在期货市场操作了很久的投资者来说，由于拥有雄厚的资金实力，他们通常会放长线钓大鱼，选择中长线交易模式。当然也不排除他们利用盘中短线和日内交易来增加资金的利用率。

（2）根据市场运行状态选择。市场的价格运行趋势永远是交易时应该关注的要点，要想获取收益，就应该尽可能地顺势而为，尽量避免逆势而动。在面临具体的市场运行状况时，更应该注意选择最适合的交易模式来进行交易。比如碰到一些节假日，短时间内价格会有上升趋势，就应该在支撑位买进，通过日内或短线交易模式快进快出。当市场价格在箱体中运行时，由于价格只会在一定范围内涨跌，就需要在短时间内进行多次交易，所以日内或者短线交易模式都是不错的选择。市场价格运行的趋势是不断变化的，要时刻保持清醒的头脑，不被假象所迷惑，也不能错过获利的好机会。当市场震荡上行时，不能犹豫，而应该根据近几日的价格走势强度做出自己的判断，在支撑位时及时做多。一般来说，在这种情况下，选择日内或者短线交易模式都会有较大获利可能。日内交易模式和短线交易模式，适用于多种情况。当碰到价格走势不再缓慢而是突然加速运行，或者国内外发生了一些影响市场价格走势的重大事件时，都可以选择这两种交易模式。而当碰到一些重要的中长线反转形态时，由于之前的期货价格走势运行了相当长一段时间之后才开始逆转，投资者就可以在开始逆转时选择中长线交易模式。

总之，在期货市场上，要根据自己的交易习惯和交易方式来选择适合自己的交易模式，切忌跟随其他投资者的交易模式进行操作，适合别人的不一定就适合自己，每个人的具体情况是不一样的。即使是同一个交易模式，由于个人的运用情况不同，最后的交易结果也会不同。投资者一定要选择一种符合自身实际情况和交易习惯的交易模式，并在实战中不断检验，不断完善这种模式。只要是适合自己并能盈利的模式，便是一种好模式。

四、期货交易系统

从事期货投资，要想获利，除了必须建立适合自己的交易模式外，还必须建立适合自己的交易系统。只有构建了经过实践检验的交易系统，才能知道什么时候对什么品种做多或做空，才能知道什么时候平仓获利了结，这是期货操作获利的基本前提和条件。下面是笔者经常使用的几大系统。图 4-10 是交易系统 1，该系统由主图和副图组成，主图具有主要的参考意义，副图做辅助参考，主图由 2 条主线构成金叉或死叉，金叉时第一时间做多，死叉时第一时间做空，副图由三个重要指标 CJL、MACD、KD 组成，CJL 指标主要看成交量，MACD 和 KD 指标看金叉和死叉，当 MACD 和 KD 指标与主图发生共振，一起形成金叉或死叉时，就是做多或做空的好时机。图 4-10 也是用交易系统 1 来检验鸡蛋 2002 合约

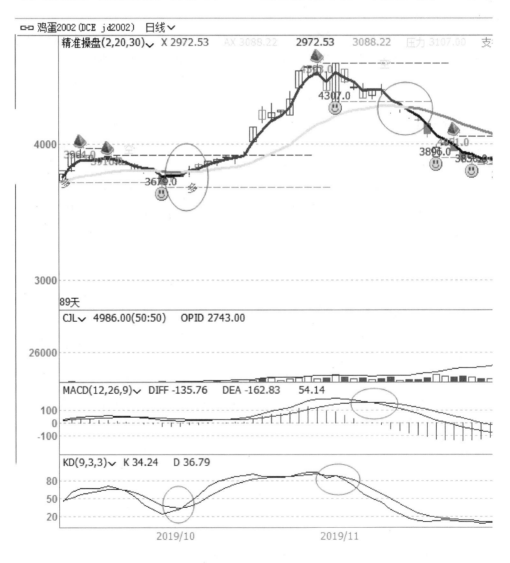

图 4-10　用交易系统 1 检验鸡蛋 2002 合约走势的多空示意（日 K 线）

走势的日 K 线图，从该图可以看出，鸡蛋 2002 合约在 2019 年 10 月 10 日左右，主图和副图都发出做多信号，因此可以大胆做多，而在 2019 年 11 月 13 日主图和副图 MACD、KD 三个指标一起发出做空信号，可以大胆重仓做空。如果这时重仓做空一直到 2020 年 1 月 31 日，收益是十分可观的，如果投资者不断盈利加仓，那资金在短短 2 个多月就会翻好几倍。

图 4 - 11 是交易系统 2，这个系统的主图指标改成了骑龙指标，副图指标由 MACD 和 KD 指标组成。图 4 - 11 也是交易系统 2 检验沪镍 2004 合约走势的 4 小时做空示意图。图 4 - 11 对沪镍 2004 合约发出的做空操作指令是十分明显的。

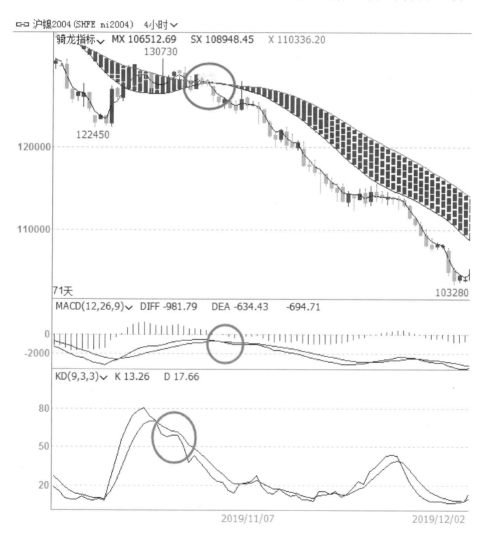

图 4 - 11　交易系统 2 检验沪镍 2004 合约做空示意（4 小时 K 线）

图 4－12 是交易系统 3，该交易系统是通达信期货通软件里面自带的，由主图及副图的 3 个指标组成。图 4－12 也是交易系统 3 检验棕榈油 2005 合约从 2019

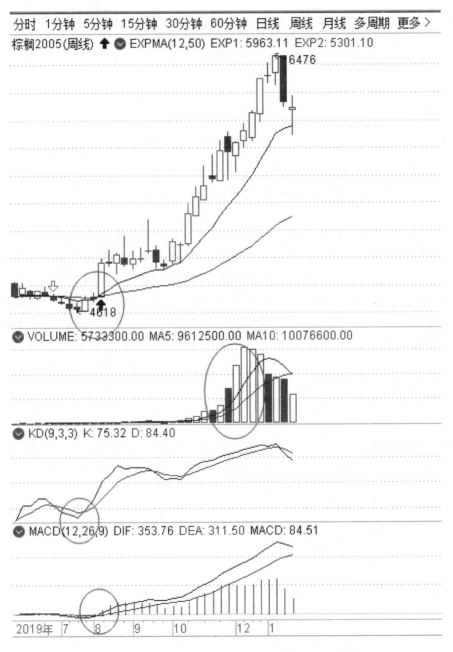

图 4－12　交易系统 3 检验棕榈油 2005 合约做多示意（周 K 线）

年5月24日至2020年1月23日的周K线走势图，从图4－12可以发现，2019年8月9日主图和副图指标一起发出了明显的做多信号，因此可以放心做多。

由于交易系统3是通达信期货通软件里面自带的，期货投资者都可以使用。因此，在这里把它的设置和使用方法告诉各位投资者，便于各位投资者交易时参考使用。在通达信官网下载"期货通"安装盘并安装，如图4－13所示。

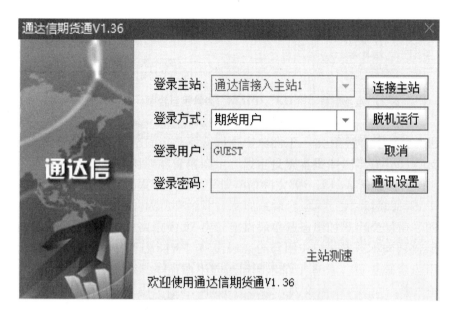

图4－13 通达信期货通登录界面

然后登录期货通，登录之后点击左下角的期货品种或合约，并选择自己经常交易的品种合约打开，在品种合约的K线页面，再点击鼠标右键，会出现一个指示框，在指示框点击指标窗口个数，选择4个窗口（选多少根据需要定），使整个版面显示成主图和附图两个大板块，其中主图有一个窗口，附图有三个窗口。之后再点击鼠标右键，将光标放在主图指标处，然后点击右边的选择主图指标，再选择指数平均线指标，如图4－14所示，点击确定。

点击确定之后，主图页面会出现两条多空线，会显示为图4－15的状态。

击鼠标右键，将光标放在系统指标处，然后点击右边的专家系统指标，再选择MACD专家系统，如图4－16所示，点击确定。确定之后，主图页面就会出现图4－15显示的红绿箭头。

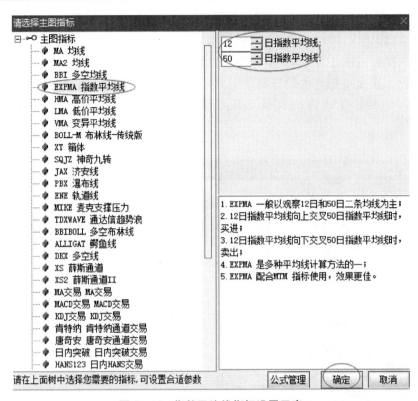

图 4 – 14　指数平均线指标设置示意

图 4 – 15　主图指数平均线指标确定之后显示的 2 条多空线示意

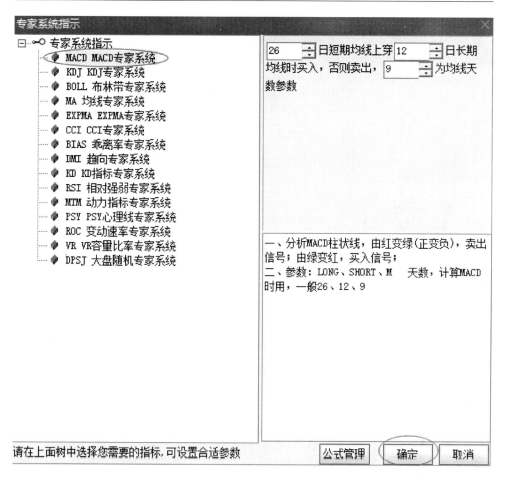

图 4-16　主图 MACD 专家系统指标设置示意

　　至此，主图的两大指标就算设置好了。投资者在进行交易的时候，主图的两大指标要结合使用，即要看多空线，也要看红绿箭头。两条多空线在低位金叉时做多，在高位死叉时做空。在低价位出现红箭头做多，在高价位出现绿箭头做空。

　　主图指标设置好之后，再在附图逐一设置好 VOLUME、MACD、KD 三个指标。MACD、KD 两个指标的使用方法，可以参考其他章的内容。VOLUME 指标只能配合其他指标做适当参考。这三个指标设置好之后，整个交易系统就算设置好了。图 4-17 是交易系统 3 的主、附图指标都设置好之后的状态。

　　投资者在做交易的时候，交易系统 3 的主、附图指标一定要综合考虑，最好在主、附图指标一致发出做多或做空信号的时候才进场交易，这样胜算才大。交

图4-17 交易系统3主、附图指标都设置好之后的状态

易系统 3 对期货投资者的操作具有重要的参考价值和实际指导意义，可以说是帮助期货投资者实现盈利的利器。鉴于很多投资者不知道这个交易系统，才特意在此告诉各位投资者使用此方法。

以上是笔者经常使用的 3 个交易系统，系统的周期可以根据自己的实际情况和兴趣爱好自主设置。可以以分、小时为周期，也可以以天、周为周期。还有一点必须说明，在使用交易系统进行交易时，如果能结合考虑所交易品种的基本面，那胜算就更大了。总之，是否拥有经过检验且适合自己操作的期货交易系统，对期货交易的盈利与否起着至关重要的作用。因此，要想在期货市场盈利，首先必须构建适合自己实际情况且经过实践反复检验的能够盈利的交易系统。

五、期货交易环境与交易设施

期货投资者构建了经过实践检验的适合自己的交易系统之后，还要考虑选择舒适的交易环境及与自己的经济条件相匹配的交易设施，以便使交易顺利地付诸实施，实现在期货市场盈利的目的。首先，要选择安静舒适的交易环境，环境包括大环境和小环境，人居环境对交易的影响十分明显，有时环境的好坏直接影响交易的成败，决定交易盈亏，同一个人在不同的交易环境里交易，结果肯定是不一样的，这是笔者多年验证的结论。如果是懂《周易》的期货投资者就会更明白。因此，最好能选择安静舒适、能让交易人心情舒畅、专心致志进行交易的环境。其次，要配置好交易设施。尤其是与交易直接关联的桌椅、电脑、显示器、鼠标和网络，一定要尽量配置好，显示屏可以根据需要设置多屏，用一个鼠标控制，网络速度要尽可能快，绝不能让交易设施拖交易的"后腿"。最后，交易室内与交易人有关的基本生活设施也要齐全，要方便交易人使用，要让交易人用得舒心。

第五章　期货投资策略

采用期货交易策略的正确与否关乎期货交易的盈亏，关乎交易的成败，关乎期货投资者能否在期货市场继续生存。而选择有效的商品期货交易策略的第一步，便是让投资者加强对期货市场以及所投资期货品种合约的深入研究和了解。因为，对商品期货价格走势的正确预测是进行商品期货交易至关重要的一步，也是决定选择何种期货交易策略的前提。而要正确预测商品期货价格的走势并选择正确的投资策略，就需要对期货品种的基本面和技术面进行深入分析。此外，交易策略的采用还牵涉到期货投资者和交易者对自身的了解，只有深入了解自我、读懂自我、把握自我，才能选择好适合自己的期货交易策略。本章主要讨论商品期货的投机交易策略，至于套利交易策略和套期保值交易策略将在其他章论述。

一、确定期货投资策略的前提与理论依据

在确定采取何种策略之前，投资者必须对准备投资的品种的基本面进行深入的研究分析，才能准确预测期货品种合约的价格走势方向及其涨跌幅度，才能做出买入或卖出的决定，才能确定交易策略。基本面分析主要包括期货品种的上下游产业链、供给与需求、库存量的大小、货币供需等因素对相关品种价格的影响及某个品种的季节性价格波动规律等，如果是农产品期货还必须考虑当年气候的变化对产量的影响。这是确定采取何种交易策略的前提条件。在研究了品种的基本面之后，还必须对准备操作的品种的技术面进行深入的分析，进行技术分析所依据的理论主要有波浪理论、K线及其形态理论，同时还要熟练掌握一些重要的技术指标的运用方法，比如均线、KD指标、MACD指标、布林带指标等。此外，还必须建立起经过实践检验的符合自身实际情况的能够稳定盈利的交易系统。只有有了这样的交易系统，投资者才能知道什么时候开仓，什么时候平仓，什么时候空仓观望，投资者心里才有底，才能在期货市场盈利，才能在期货市场长期生存下来。建立起经过实践检验的符合自身实际情况的能够稳定盈利的交易系统也是期货交易必备的前提条件。总之，只有对品种的基本面和技术面进行了深入研

究之后，也只有建立起经过实践检验的符合自身实际情况的能够稳定盈利的交易系统之后，才能确定合适的交易策略，才能制定操作计划进行操作。

二、期货投资总的策略

（一）顺应大势操作

所谓大势指的就是大趋势，即大的上升趋势或大的下跌趋势。技术面分析的目的就是找出大势。投资者在每一次的实际操作中，首先需要考虑操作的方向是买入还是卖出及操作的时机，只有正确地选择了交易方向和入市时机，投资者的操作才会盈利。而当投资者发现对趋势的分析出现错误，操作方向不对时，应该及时止损。若投资者在趋势行进途中，且一轮趋势已持续一段较长时间再进场交易，此时就需要设立止盈止损价位。不要指望开仓时可以买在最低点，平仓在最高点，或是开仓在最高点、平仓在最低点，这种可能性在实际情况中几乎不可能。在顺势而为的操作策略指导下，当市场处于明显的升势或跌势时，投资者可以在价格短期涨势或跌势过快、幅度过大的时候，进行适当的减仓操作，除此之外，就应积极持仓不动，耐心等待趋势的延续，坐收盈利。

（二）避免频繁交易，学会空仓

一般而言，期货的盘整时间相对于其上涨或下跌的时间要长得多。在期货市场，频繁操作不一定能够获利。频繁操作之所以成为投资者在进行商品期货投资时容易犯错的行为，主要是由于以下心理原因造成的。第一，没有耐心。看到哪个品种正在上涨，就马上进行交易，没有耐心来认真研究分析。第二，盲目自信。第三，存在侥幸心理。稳健二字就体现在投资者不要过于频繁地进行操作，众多投资者的经验说明了这一点。是否交易不应根据投资者手中资金的多少，而要根据投资者对品种合约有多少研究和了解。只有当投资者对品种合约的趋势有了一个较为正确的判断之后，才可以有目的地进行操作，以便在低风险的情况下获取收益。总之，投资者要想在这个市场中持续地、稳健地获取回报，就不能过于频繁地进行交易，在看不准行情的时候就要坚决空仓来等待机会，学会空仓是投资者面对变化莫测的期货市场确保将来获利的重要保障。往往有很多人当机会真正来临的时候，钱已经亏完了。因此，如果投资者一直频繁操作，不学会空仓的话，无论是心态还是资金都会受到影响。

（三）利润最大化，亏损最小化

任何一个投资者不可能保证每一笔操作都是盈利的，即使是比较优秀的交易者也只有60%以上的盈利概率，但是这些投资者却可以在市场上持续稳定地获得较高的收益，他们使用的策略就是使利润最大化，亏损最小化。如果市场的走势与投资者预期一致，正在开始新的一轮行情，而投资者的买入价又正好在投资品种中长线上的相对低点，或者卖出价正好在投资品种中长线上的相对高点，聪明的投资者不会为了目前的小利益而平仓，他们会一直持仓至预期的价位再平仓，以便使利润最大化。市场的变动常常超出投资者预期的目标，这在实际操作中普遍存在。一旦发现市场走势与预测方向并不一致，则代表当初的推断存在错误，此时投资者便需要及时止损出局，即使不能避免损失，也要尽可能将亏损最小化。一句话，对于那些已经处于亏损状态的交易要尽可能使亏损最小化，在必要的时候要果断平仓出局。

（四）科学的资金管理

在期货交易中，除了分析能力、时机、运气等要素之外，科学的资金管理也是成功的关键因素之一。期货市场是高风险市场，必须考虑资金的安全性问题，只有在确保原始资金安全的情况下获得一定的利润，才是稳健可取的资金管理策略，才能保存交易的实力。很多交易者喜欢重仓买卖，这样的做法做对了可以提高收益，但是一旦做错了也成倍地放大了交易风险。因此，在交易过程中保障原始投入资金的安全性是资金管理的根本，以下是几个可行的资金管理原则。第一，不要将全部资金压在一个品种上。第二，采用累进式资金管理方法。投资者在进行认真研究，对大势有一个明确判断的前提下，开始以少量资金进行做多或做空的操作。随后，当这笔交易开始获利，价格走向也是沿着投资者原先预期的方向发展，且投资者预计后期的运行趋势仍有很大的可能性持续下去，就可以在趋势明朗之后采用累进式加仓操作。在采用累进式资金管理方法时，要注意以下几点：第一，要做到只有在第一笔交易成功获利时，才进行加仓操作。第二，只有当前的价格处于明显的低位区或高位区，随后向上或向下的空间巨大时，才可以顺势进行逐步加仓操作。第三，严格控制每一次的加仓数量，即使趋势运行与原先的预测一致，也绝不能全仓跟进。这样可以避免价格短期快速波动所带来的高风险。第四，当前面的仓位盈利时，后面的加仓量只能一次比一次小，这样即使发生错误，也能保住前面的收益，不会使前面的收益全部都损失掉。第五，不在同一个价位附近加仓。

此外，投资者在进行交易时，必须为自己的持仓头寸设置保护性止损指令。

一般来说，主要的止损方法有技术止损、绝对数止损、比例止损和时间止损等，无论采用哪一种止损方式，最重要的是要适合当前情况并能及时准确地达到止损目的。还有，投资者在交易之前，就应该预测好收益与亏损的比率，一般情况下，投资者在考虑是否进行交易时，要把握一个原则，即交易可能获利的金额至少是可能亏损的 3 倍以上，才可以进行交易，如果低于这个标准就应该放弃交易。

资金管理方案并没有优劣之分，聪明的投资者在进行投资交易时，会充分考虑到在最好的情况下应如何操作，在最坏的情况下又该如何处理，能做到进可攻退可守。然后再结合自己的操盘风格，积极谨慎地对资金进行分配和使用。总之，有了科学有效的资金管理方案，就等于在期货市场上成功了一半。

（五）克服恐惧情绪

期货交易的杠杆效应明显，因此，期货价格的微小变动便能造成投资者的资金大幅盈亏，这就必然会引起投资者的心理波动。所以投资者除了要注重基本面、技术面的分析，还要在商品期货投资过程中保持良好的心态，以确保投资成功。恐惧主要来自于对期货风险的认识不够以及对自己交易没把握。特别是刚刚进入期货市场的投资者，会对风险十分担忧，这会进一步导致恐惧情绪。投资者一旦对商品期货形成恐惧，就会对其在商品期货市场的行为造成一系列负面影响，就会变得过于保守甚至导致对自己不信任，而一个对自己行为不信任的人，很难确保他能冷静客观地分析市场和品种，更谈不上盈利。因此克服恐惧情绪是投资者在商品期货市场能够获取利润的必不可少的前提条件。

（六）克服贪婪情绪

在商品期货投资中，因为过分贪婪造成亏损的教训让人心痛，但这样的案例却时常发生。有的投资者本来已经基本达到了预期的盈利目标，已经赚了不少钱，但由于过分贪婪，还想赚更多的钱，技术上到了应该平仓出局的时候也不肯平仓出局，结果因为过分贪婪反而亏了，甚至后来亏得很惨。所以，当投资者在商品期货投资过程中已经达到了预期的盈利目标并且技术上需要平仓出局时，就应当抓住时机及时平仓获利了结，千万不要过于贪婪。要知道市场上的钱是永远赚不完的，但是你的钱是能亏得完的，要知道适可而止、要懂得知足常乐。

（七）严守操作纪律

期货市场是一个高风险市场，因此，投资者在进行期货交易的时候，一定要严守操作纪律。该空仓的时候要空仓，要学会等待时机，该建仓的时候要大胆建仓，该平仓的时候要及时平仓，该止盈的时候要果断止盈，该止损的时候要坚决止损，不能有任何侥幸。尤其是在止损的时候，一定要有壮士断腕的胆魄和勇气，不能含糊、不能犹豫、不能拖。在期货市场要想获取一定的收益并长期生存下来，必须严守操作纪律。期货市场明星不少，但寿星很少。要想在期货市场既做明星，又做寿星，就必须严守操作纪律。这一点几乎每个期货投资者都知道，但却很少有人做到，必须引起高度重视！

三、期货投资策略的具体运用

下面以螺纹 2005 合约为例，来说明商品期货投资策略的运用：从最近 10 多年基本面来看螺纹钢期货整体价格水平处于震荡下行趋势。这是由于全球经济低迷、通货膨胀造成的，我国政府要控制物价和房价。政府抑制房价和物价等政策使得螺纹钢需求相对疲软，市场资金相对紧缺，螺纹钢期货价格自然受到影响。2016 年螺纹钢期货市场价格有所反弹，但由于国际经济大环境并不太理想，加之我国政府需要调控楼市价格，抑制房地产价格过快上涨。螺纹 2005 合约（2020 年叫 2005 合约，2019 年叫 1905 合约，以前年份的合约依次类推）一直未能到达 2011 年 3 月 31 日的 5110 点。

再从技术面来看，螺纹 2005 合约从 2012 年 3 ~ 4 月开始，均线、MACD 指标、KD 指标都在高位形成死叉，投机者可以采取做空的策略；而在 2016 年底，均线、MACD 指标、KD 指标都在低位形成金叉，投机者可以采取做多的策略。图 5 - 1 是螺纹 2005 合约从 2009 年 6 月 30 日至 2020 年 2 月 28 日的季 K 线走势图，从该图可以看出螺纹 2005 合约这 10 余年的价格走势。当然该图只能说明螺纹 2005 合约这 10 来年的总体价格走势，原则上只供研究参考，具体交易是不能这么长时间持仓的，即便要这么长时间持仓，也需要不断移仓才行。

图 5 - 2 是螺纹 2005 合约从 2009 年 5 月 27 日至 2016 年 1 月 29 日的月 K 线走势图，从该图可以看出螺纹 2005 合约从 2011 年 8 月 31 日至 2015 年 11 月 31 日均线、MACD 及 K 线在高位形成空头排列，投机者完全可以结合基本面、技术面及交易系统采取做空的策略，大胆做空。

图 5 - 3 是螺纹 2005 合约从 2019 年 10 月 18 日至 2020 年 1 月 20 日的日 K 线走势图，从该图可以看出螺纹 2005 合约从 2019 年 10 月 18 日至 2020 年 1 月 20 日，均线、MACD、KD 及 K 线在底部开始一直是多头排列，成交量也在逐步放大，投机者完全可以结合基本面、技术面及交易系统采取做多的策略，大胆做多。

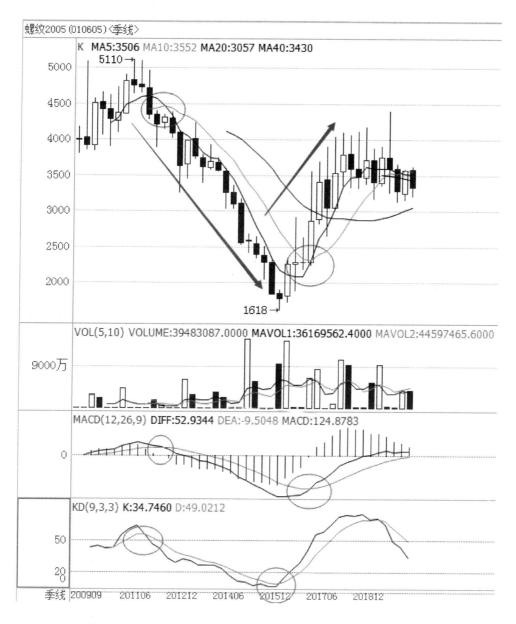

图 5-1　螺纹 2005 合约从 2009 年 6 月 30 日至 2020 年 2 月 28 日的走势（季 K 线）

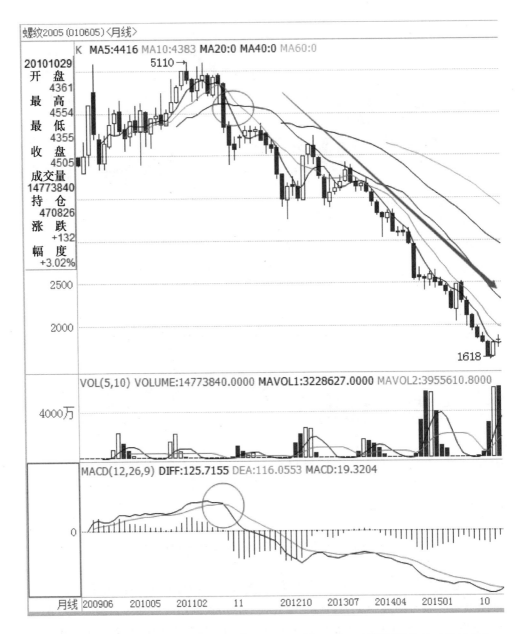

图 5 - 2　螺纹 2005 合约从 2009 年 5 月 27 日至 2016 年 1 月 29 日的下降趋势（月 K 线）

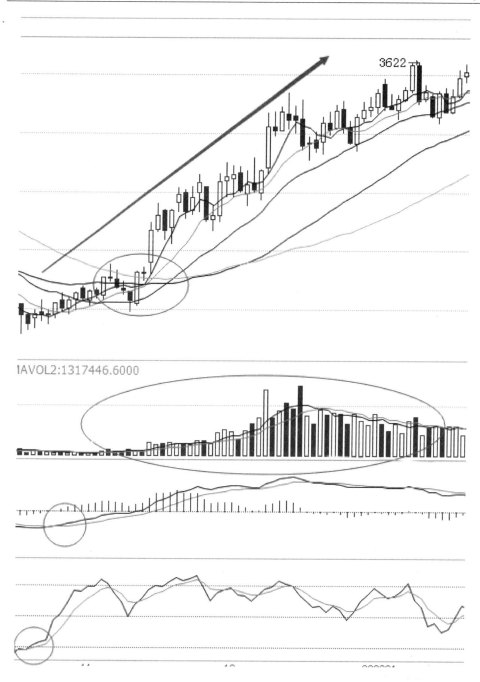

图 5-3　螺纹 2005 合约从 2019 年 10 月 18 日至 2020 年 1 月 20 日的上升趋势（日 K 线）

如果是做日内投机，则不需要过多考虑品种的基本面。按期货分时价格第一时间由下向上突破分时均价线则做多；反之，当期货价格第一时间由上向下突破分时均价线则做空的简单策略操作即可。按这种策略操作时，止损点的设置就在均价线上下不远的地方；止盈点的设置可视当天的具体情况而定。图 5 – 4 是螺纹 2005 合约 2019 年 9 月 30 日的分时图，当天开盘以后，当期货分时价格在分时均价线上企稳并开始往上走的时候，第一时间做多，当天的收益是很不错的。

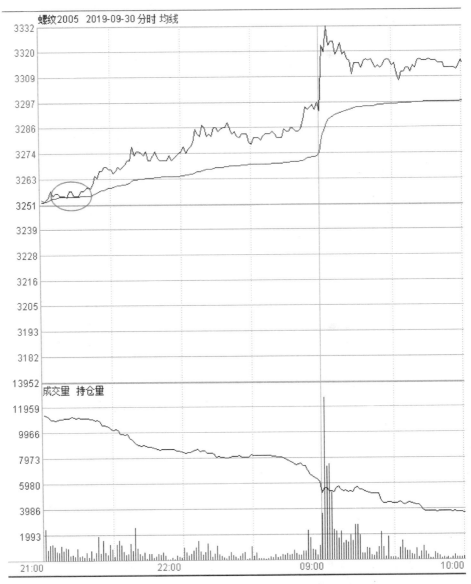

图 5 – 4　螺纹 2005 合约 2019 年 9 月 30 日的分时走势做多示意

图 5 - 5 是螺纹 2005 合约 2019 年 8 月 27 日的分时图，当天晚上开盘以后，晚上 10 点 10 分左右，当期货价格跌破分时均价线的时候，第一时间做空，当晚的收益也是很不错的。

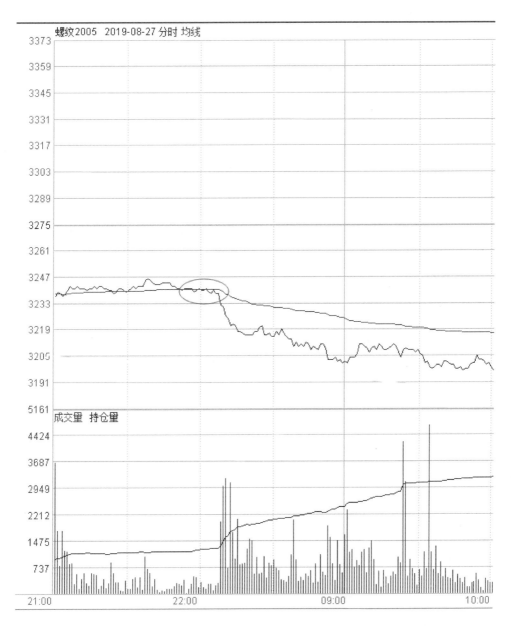

图 5 - 5　螺纹 2005 合约 2019 年 8 月 27 日晚上的分时走势做空示意

期货投机者在进行螺纹钢期货交易时，不仅需要深入研究螺纹钢期货的基本面和技术面，还要对交易品种进行深入研究，从以往的发展趋势中找出价格运行的规律，抓住最佳的投机时机进行投机交易，才有可能取得成功；而且还需要根据市场价格的变化及时调整投资策略，个人作为期货投机者进行螺纹钢期货交易时，首先应该看市场大势，在牛市的时候做多，在熊市时做空，这样才能赚大钱。在交易的具体过程中，不要一味追求期货合约价格的精准买卖点，根据市场的大势和价格的走势来决定买卖行为即可。买卖螺纹钢期货合约是这样，买卖其他期货品种合约也是如此。

总之，在期货市场上进行交易，每个人都有自己的交易策略，只要是适合自己并能盈利的交易策略，便是一种好的交易策略。也只有将前人的交易策略提炼成适合自己的交易策略，才算是优秀的期货交易者。

第六章　期货投资的重要技术指标

在进行期货投资时，投资者会选择运用技术指标对期货合约价格未来的走势进行判断，从而做出建仓和平仓决策，以便提高交易决策的准确度，从而获取投资收益。期货投资中用到的技术指标很多，不同的投资者因各自的经济条件不同、技术水平不同、交易周期不同、操作风格不同、兴趣爱好不同，在期货投资中使用的技术指标也就不同。虽然期货投资中可以借鉴的技术指标很多，但每个技术指标都有各自不同的功用和特色。本章只对笔者常用的 MACD 指标、均线指标、KD 指标在期货投资中的应用问题进行探讨。

一、期货投资中常用的重要技术指标

笔者在期货投资过程中，往往会使用不同的交易系统和不同的技术指标对商品期货的价格走势进行研究分析，以便准确地预测商品期货价格未来的趋势。为了让读者一开始就对笔者所用的主要技术指标有一个大致的了解，知道笔者到底在使用哪些重要指标进行期货投资分析，有必要在交易系统中把笔者常用的这些指标截图下来，让读者一目了然。图 6-1 是笔者设置的博易大师的交易界面，从这个页面可以看出，交易的时候主图看 K 线和均线指标，副图看 VOL、MACD、KD 三个重要指标。

图 6-2 是笔者设置的通达信期货通的交易界面，从这个页面可以看出，交易的时候主图看 K 线、EXPMA（指数平均线）指标和 MACD 专家系统指标，副图看 VOL、KD、MACD 三个重要指标。

图 6-3 是笔者设置的文化赢顺 WH6 的交易界面，从这个页面可以看出，交易的时候主图看 K 线和 BOLL 指标，副图看 CJL、MACD、KD 三个重要指标。

图 6-4 是笔者设置的文化赢顺 WH6 的另一个交易界面，从这个页面可以看出，交易的时候主图看骑龙指标，副图看 CJL、MACD、MMD、KD 四个重要指标。

图6-1   笔者在博易大师交易界面设置的主要技术指标

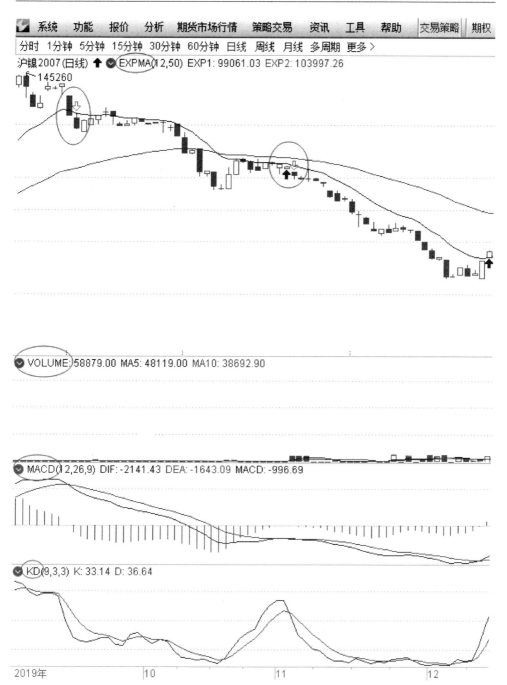

图6-2 笔者在通达信期货通交易界面设置的主要技术指标

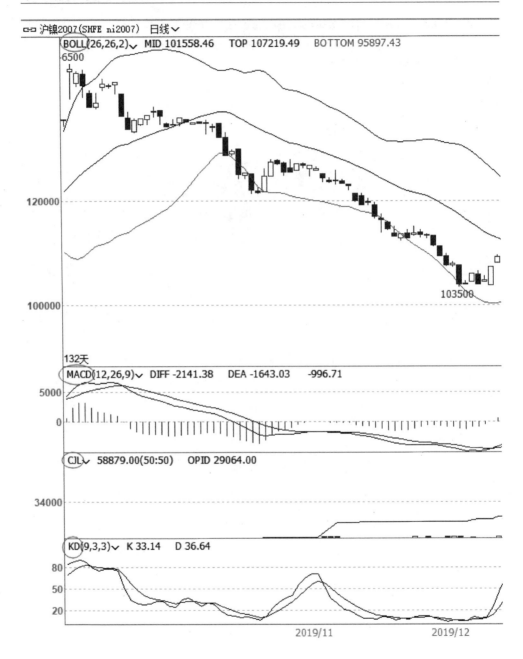

图 6 - 3　笔者在文化赢顺 **WH6** 交易界面设置的主要技术指标

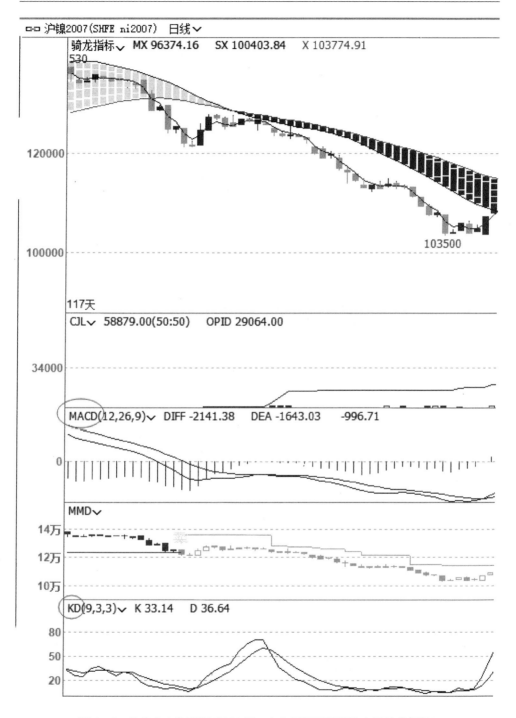

图6-4　笔者在文化赢顺 WH6 另一个交易界面设置的主要技术指标

通过上面四个图，读者会发现笔者在不同的交易系统交易的时候都参考了 K 线、MACD、KD 三个指标，这说明这三个指标不管在什么交易系统都会引起笔者的高度重视，也说明了这三个指标的极端重要性和通用性。由于均线在期货投资分析中也有重要的作用并且很常用，下面就对 MACD、均线、KD 三个指标简明扼要地进行论述。①MACD 指标。MACD 指标属于趋势型指标，指标中包括的要素有：DIF 线、DEA 线和 MACD 柱状线。MACD 指标对期货价格的中长期趋势有较好的预测能力，缺点是在行情迅速出现大幅涨跌的情况时并不会发出交易信号。②均线指标。均线指标已成为投资者普遍应用的技术指标，它代表在一段时间内买入或卖出期货合约价格的平均成本。常用均线主要包括 5 日、10 日、30 日、60 日等均线，其中 60 日均线在表示趋势上有重要意义。③KD 指标。KD 指标又称随机指标，是适用于中短期尤其是短期技术分析的指标，该指标包含 K 线、D 线两条线，其中 K 线是快线，D 线是慢线。三个指标的具体运用问题将在下文进行论述。

二、重要技术指标在期货投资中的单独运用

（1）MACD 指标的单独运用。MACD 指标的基本使用技巧一般包括以下三个方面：利用 MACD 柱及 DIF、DEA 的值对市场中空头、多头势力进行判断；指标的黄金交叉与死亡交叉；MACD 指标的背离。其中后两项在实际中运用较广泛。MACD 指标的黄金交叉或死亡交叉是做多或做空的交易信号。然而投资者在实际操作中并不能单一依靠黄金交叉与死亡交叉进行操作，通常需要将其与 MACD 指标中的其他要素相结合使用。例如，投资者可等待 DIF 连续上穿或下穿 DEA 线两次后再进行做多或做空操作；也可以将指标的交叉与 MACD 柱状线相结合，设定在指标出现黄金交叉或死亡交叉后前 4 根 MACD 柱状线中有 1 根的绝对值达到 5 再进行建仓操作。MACD 指标的背离包括底背离与顶背离。底背离是指当期货价格新低点比前面的低点低，但 MACD 指标的新低点却较前面的低点高的情况，此时发出的是做多信号；顶背离是指期货价格高点较上次高点高，但 MACD 指标高点却较上次高点低的情况，此时发出的是做空的信号。

下面以螺纹等期货合约 15 分钟行情的 K 线图对上述情况进行论述：

在图 6-5 中，指标在黄金交叉后 MACD 柱前 4 根红柱有多根的值大于 5，构成可靠做多信号，可进行多头建仓操作，建仓时点可设为 MACD 柱的值首次达到 5 时。

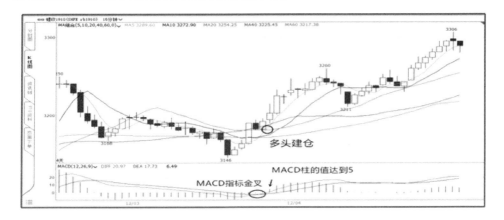

图 6 - 5　MACD 指标金叉与 MACD 柱增长做多示意

　　相反，若指标在出现死亡交叉后前 4 根 MACD 柱有 1 根的值小于 - 5，可进行空头建仓操作。图 6 - 6 是螺纹 2101 合约 15 分钟的走势图，从图中可以看出，MACD 指标在出现死亡交叉后前 4 根 MACD 柱有 1 根的值小于 - 5，可进行空头建仓操作。

　　图 6 - 7 为 MACD 指标连续出现两次黄金交叉的情况，从图中可以看出，MACD 指标第一次出现黄金交叉后不久，便出现了第二次黄金交叉。第二次黄金交叉应视为更可靠的做多交易信号，可进行多头建仓操作。相反，如出现两次死亡交叉时是做空交易信号，可进行空头建仓操作。

　　图 6 - 8 说明了 MACD 指标顶背离的操作情况，从图 6 - 8 可以看出，螺纹1910 合约价格出现的新高点（3636）高于前一高点（3623），而 MACD 指标值反而比前高点低，出现了顶背离，同时 MACD 指标还出现了死亡交叉，此次顶背离和死亡交叉可视为 MACD 指标发出的更可靠的做空交易信号，可大胆进行空头建仓操作。相反，若指标出现底背离，可进行多头建仓操作。

　　根据上述做多做空标准，运用 MACD 指标发出的做多和做空信号对螺纹1910 合约进行交易的成功率是比较高的，是可以检验的。方法是选取文华财经赢顺云软件中螺纹 1910 合约从 2018 年 11 月至 2019 年 3 月的 15 分钟行情数据，对运用 MACD 指标进行交易的成功率进行人工统计。规定建仓时点为 MACD 指标出现上述几种情况时，建仓价格由建仓时点所对应的 MA5 价格确定。平仓时点多单为下一次开空单时，空单为下一次开多单时，也以 MA5 相应的价格确定。假定投资者按照规定建仓时点及平仓时点对螺纹 1910 合约进行交易，记录交易发生次数及其成功盈利次数。结果发现，运用 MACD 指标根据建仓和平仓时机进行交易，在指定时间段的总成功率达到了 70%，指标背离时的准确率最高，几乎

图6-6 MACD指标死叉与MACD柱增长做空示意

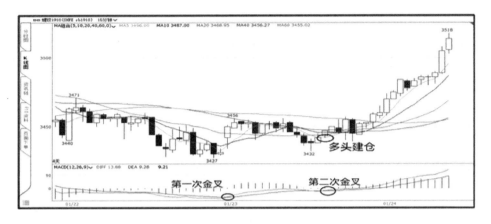

图 6 – 7　MACD 指标第二次黄金交叉做多示意

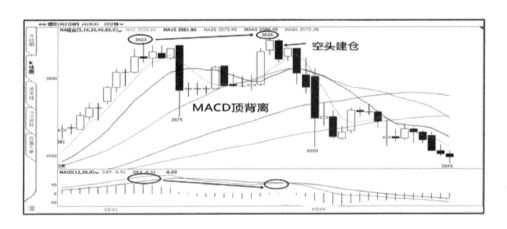

图 6 – 8　MACD 指标顶背离及指标死叉时做空示意

达到 100%。同时发现 MACD 指标在趋势较强的市场中运用的准确度较高。在不考虑交易费用的情况下，运用 MACD 指标按照规定建仓时点及平仓时点对螺纹 1910 合约进行交易，能给投资者带来比较高的投资收益。

（2）均线指标的单独运用。均线在实际操作中的作用主要是对市场趋势进行判断。当多根均线呈多头排列时，市场为多头市场；多根均线呈空头排列时，市场为空头市场。一般认为当短周期均线向上突破长周期均线时，是做多信号；反之则是做空信号。在独立运用均线时，其多头或空头排列可对市场趋势做出判断，而不同周期的均线之间的相互交叉则可用来确定建仓时点。因此，使用时可考虑将均线的多空排列与不同周期均线的黄金或死亡交叉相结合的状况而采取相应的做多或做空措施。若存在短周期均线上穿长周期均线，且至少 3 根不同周期均线呈现多头排列；或短周期均线下穿长周期均线，且至少3根不同周期均线呈现空头排列趋势时，可进行相应的做多或做空操作。同时，运用均线指标时需要注意多空头排列的均线之间的距离，若均线之间距离过近，甚至有交叉倾向则不视为发出可靠交易信号。如图6-9所示，MA5上穿MA10、MA20，MA5、MA40、MA60已呈多头排列，且在此后一小段时间内未有过相互交叉的倾向，此时视为均线指标发出做多信号，可进行多头建仓操作。

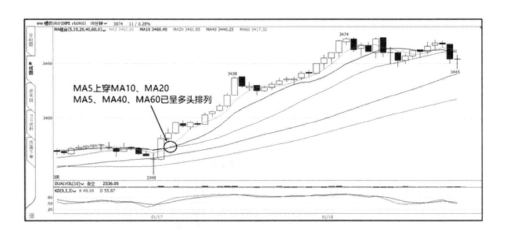

图6-9　均线多头排列做多示意

　　空头建仓时点的确定与多头建仓时点的确定相类似，只是方向相反。图6-10是螺纹2010合约5分钟K线走势图，从该图可以看出在图中圆圈处的位置，所有均线都开始空头排列，因此短线投资者可以大胆做空。

　　根据上述做多做空标准，运用均线指标发出的做多和做空信号对螺纹1910合约进行交易的成功率也是比较高的，也是可以检验的。方法也是选取文华财经赢顺云软件中螺纹1910合约从2018年11月至2019年3月的15分钟行情数据，对运用均线指标进行交易的成功率进行人工统计。规定建仓时点为均线指标出现上述情形时，建仓价格由建仓时点所对应MA5的价格确定。平仓时点多单为下一次开空单时，空单为下一次开多单时，也以MA5对应的价格确定。假定投资者按照规定建仓时点及平仓时点进行交易，记录交易发生次数及其成功盈利次数。结果是运用均线指标在统计时间段内，对螺纹1910合约进行交易的总体成功率为75%。而且发现均线指标发出交易信号的次数较少，主要原因是在市场维持了一段长时间的大趋势之后再出现小幅波动时，均线指标的形态并不会发生趋势性的变化即大趋势不变。在不考虑交易费用及其他情况的前提下，运用均线指标发出的多空信号进行交易能给投资者带来很高的收益。

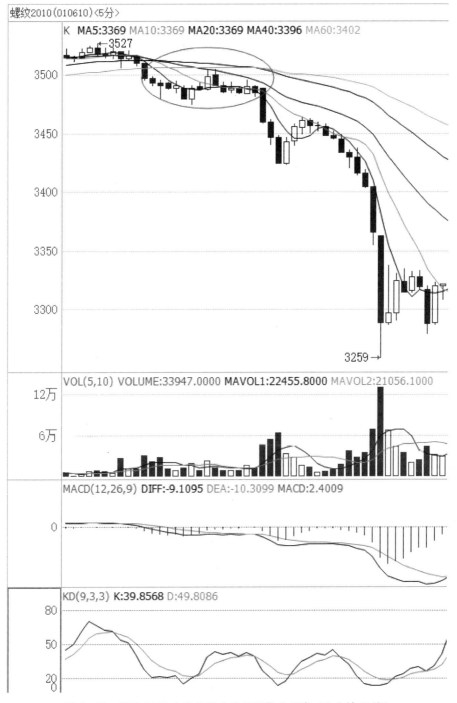

图6-10　螺纹2010合约均线空头排列做空示意（5分钟K线）

（3）KD 指标的单独运用。KD 指标在实际运用时主要考虑的方面有：K、D 的绝对值；KD 指标交叉；指标背离。一般认为 K、D 的值在 80 以上为超买区，此时市场偏多；处于 20 以下为超卖区，此时市场中偏空。KD 指标的黄金交叉是指 K 线向上穿过 D 线，此时应当考虑做多；KD 指标的死亡交叉是指 K 线向下穿过 D 线，此时考虑做空。但在实际操作中往往并不能直接根据指标交叉来确定交易信号，需要与其他因素相结合使用，例如，可将指标交叉与 K、D 的取值相结合来进行操作，当 KD 指标出现黄金交叉，而指标的值在 20 以下为超卖情况时，可进行多头建仓操作。反之，当 KD 指标出现死亡交叉，且 K、D 的值在 80 以上为超买情况时，可进行空头建仓操作。同时，可设定 KD 指标出现两次或多次黄金交叉后 K 值向上突破 50，或 KD 指标出现两次或多次死亡交叉后 K 值向下突破 50，再进行做多或做空操作。KD 指标的背离包括顶背离与底背离，定义与均线指标背离类似。当 KD 指标出现顶背离时，可进行做空操作；出现底背离时可进行做多操作。

下面以螺纹 1910 合约 15 分钟行情 K 线图对上述情形进行说明：

图 6-11 说明了 KD 指标交叉与 K、D 值相结合的运用情况，从图中可以看出，K、D 指标值大于 80，此时市场处于超买情形中，且 KD 指标出现死亡交叉，可进行空头建仓。相反，若 KD 指标出现黄金交叉且此时 K、D 的值小于 20，可进行多头建仓操作。

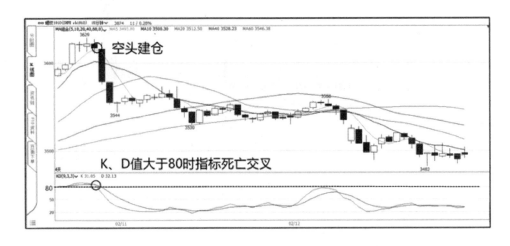

图 6-11　K、D 值大于 80 且高位死叉做空示意

图 6-12 则说明了 KD 指标出现金叉，且 K 值突破 50 时的做多情形。一旦 KD 指标出现金叉，且 K 值突破 50 时，此次黄金交叉可作为确定的做多交易信

号，可进行多头建仓，建仓时点为 K 值突破 50 时。相反，若 KD 指标出现死亡交叉后 K 值向下跌破 50，则进行空头建仓。

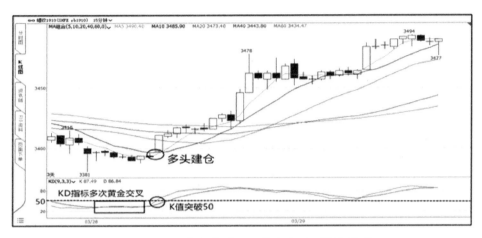

图 6 – 12　KD 指标金叉且 K 值突破 50 时做多示意

图 6 – 13 说明了 KD 指标出现顶背离及死亡交叉时的做空情形。图 6 – 13 中合约价格出现新的高点（3225）较旧高点（3209）高，但是此阶段 KD 指标呈下行趋势，且合约价格为 3225 元时相应的 K、D 值低于合约价格为 3209 元时相应的 K、D 值，出现顶背离，KD 指标出现顶背离之后，一旦 KD 指标后续出现死亡交叉可进行空头建仓。相反，当 KD 指标出现底背离，且出现黄金交叉则进行多头建仓。

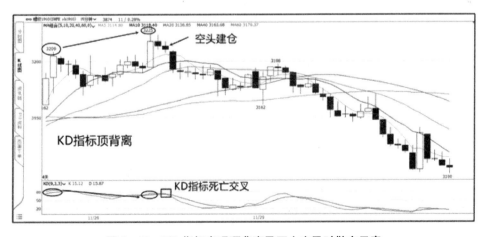

图 6 – 13　KD 指标出现顶背离及死亡交叉时做空示意

根据上述做多做空标准，运用 KD 指标发出的做多和做空信号，对螺纹 1910 合约进行交易的成功率达到了 60% 以上，检验的方法是选取赢顺云交易软件中螺纹 1910 合约从 2018 年 11 月至 2019 年 3 月的 15 分钟行情数据，对运用 KD 指标进行交易的成功率进行人工统计。规定建仓时点为 KD 指标出现上述几种情况时，建仓价格由建仓时点所对应的 MA5 的价格确定。平仓时点多单为下一次开空单时，空单为下一次开多单时，也以 MA5 对应的价格确定。按照规定的建仓时点及平仓时点进行交易，记录交易发生次数及其成功盈利次数。通过人工统计发现运用 KD 指标进行交易，在选定时间段的成功率为 61%，同时发现，KD 指标背离时交易的准确率高达 100%。可见，投资者若能严格运用 KD 指标发出的多空交易信号进行交易是能够盈利的。

三、重要技术指标在期货投资中的综合运用

（1）单独运用 KD 指标、MACD 指标、均线指标的局限性及综合运用三大指标的必要性。在存在市场趋势行情时间较长的情况下，KD 指标可能会出现钝化而失灵，而 MACD 指标和均线往往发出的建仓信号滞后，单独使用上述指标进行操作都有一定的局限性。图 6－14 说明了 KD 指标在高位钝化之后，对期货价格持续上涨预测失灵的情况。在图 6－14 中，期货价格出现大幅上涨行情，且这一趋势持续时间较长，而 KD 指标在高位出现钝化，在高处反复交叉，失去了预测期货价格未来走势的作用。此时，就不能只凭 KD 指标来进行操作了。

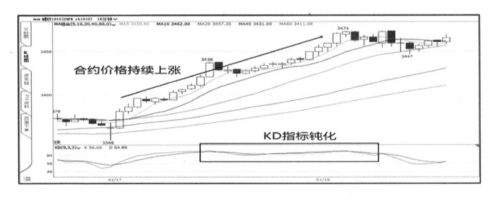

图 6－14　KD 指标高位出现钝化失去预测参考意义示意

由图 6－14 可知，虽然 KD 指标在钝化的情况下出现了死亡交叉，但并不能以此信号进行交易，若投资者此时盲目按照 KD 指标死叉做空，则会带来不必要

的损失。

而 MACD 指标在实际操作中则往往存在滞后性这一缺点，当 MACD 指标发出可靠交易信号，投资者想据此进行建仓操作时，期货合约价格很可能已到达此次上涨的高点或下跌的低点，造成建仓成本过高从而影响收益率。图 6 - 15 可以显示 MACD 指标的滞后性。从图 6 - 15 中可以看出，MACD 发出做空交易信号的时点迟于 KD 指标，若投资者只运用 MACD 指标进行操作，则丧失了更好的做空时机。如能结合 KD 指标，则能提前以较高的价格进行做空，降低空头建仓成本，提高收益率。

图 6 - 15　MACD 指标发出的做空信号滞后于 KD 指标示意

均线指标的滞后性较 KD、MACD 指标更为明显，并且在市场转势之前的一段时间里，期货合约价格的上涨或下跌趋势较大，趋势维持时间较长，而均线指标在这种情况下面对市场中小幅度的转势反应更慢。若此时再等到 3 条不同周期的均线形成多头或空头排列，会错过适合的建仓时点。以图 6 - 16 为例，在 MA5 上穿 MA40、MA5、MA10、MA20 多头排列，构成多头交易信号时，已明显错过了合适的做多时点。从图 6 - 16 中可看出，此次期货价格上涨之前有过一段维持时间较长的下跌行情，导致中周期及长周期均线转势缓慢，使均线指标交易信号迟延。在均线指标发出交易信号之前，KD 指标和 MACD 指标已形成黄金交叉，预示着上涨行情即将到来。若投资者在 KD 指标、MACD 指标发出做多信号时建仓多单，则建仓多单的成本会低很多。

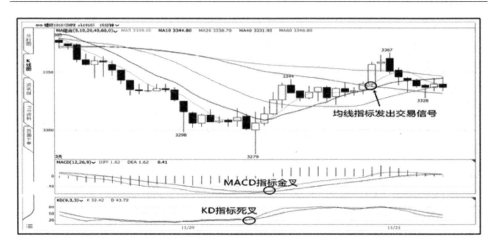

图6-16 均线指标发出的做多信号滞后于KD、MACD指标示意

综上所述，由于单独使用 KD、MACD、均线指标有可能出现钝化或滞后，无法判断期货合约价格未来的走势或造成建仓时机严重滞后，错过最佳的建仓时机等问题，从而影响建仓的成败或建仓的收益率。因此，在实际操作过程中要综合考虑三个指标发出的建仓信号，综合运用好这三个指标并做出及时正确的投资决策，提高成功率。因而对三个指标进行综合运用是十分必要的。若投资者在运用 KD 指标的同时，能结合 MACD 指标、均线指标对期货合约价格的趋势进行判断，则能做出更优的投资决策。

（2）均线、MACD、KD 指标的综合运用。不同的技术指标有不同的特点，在期货市场中的表现也不尽相同，在对指标进行综合运用确定建仓时点时，应当结合指标自身的特点进行综合考虑。KD 指标虽然准确度不高但足够灵敏，在指标综合运用时可考虑以均线指标与 KD 指标的交接为主。所谓交接就是 KD 指标黄金交叉或死亡交叉之后，均线开始出现第一根红柱或开始出现第一根绿柱的时候。在 KD、均线这个交接点操作有几大好处。一是能缓解均线指标独立运用的滞后性；二是加入均线指标作为参考因素后，可避免由于 KD 指标过早及钝化造成的交易信号失真的情况。而均线指标主要用以对市场趋势进行判断。如图6-17所示，当均线 MA5 下穿 MA10、MA20，KD 指标、均线指标出现死亡交叉，三个指标一起构成做空信号时，投资者可以大胆做空。

根据上述做多做空标准，综合运用三大指标对螺纹 1910 合约进行交易的成功率最高，达80%以上，检验方法依然是选取赢顺云交易软件中螺纹 1910 合约从 2018 年 11 月至 2019 年 3 月的 15 分钟行情数据，对综合运用三种指标进行交易的成功率进行人工统计。规定建仓时点为指标出现上述情况时，建仓价格由建

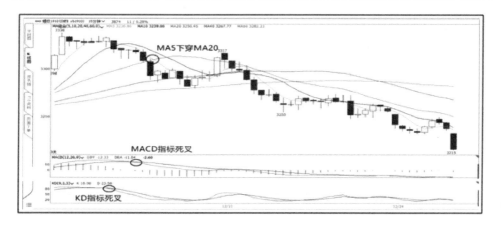

图 6 – 17　综合运用均线、MACD、KD 指标做空示意

仓时点所对应的 MA5 价格确定。平仓时点多单为下一次开空单时，空单为下一次开多单时，也以 MA5 对应的价格确定。假定投资者按照规定建仓时点及平仓时点进行交易，记录交易发生次数及其成功盈利次数。通过人工对三大指标在螺纹 1910 合约中综合运用的成功率统计，发现在综合运用三大指标的情况下，指标发出可靠交易信号的总次数为 57 次，比指标单独运用时发出交易信号的频率降低，但其总体成功率高达 84% 。在指标综合运用中，虽然在不同月份综合运用指标进行期货交易的成功率有所不同，但均未低于 80% ，可见综合运用指标进行交易的准确率最高且相对稳定。假定投资者一次交易十手螺纹合约，在暂不考虑交易费用及其他因素的情况下，投资者在 57 次交易中，盈利是十分可观的。将单独运用上述各项指标进行交易的情况与综合运用上述指标进行交易的情况进行对比得知，综合运用三大指标在期货市场中进行交易，虽然交易次数减少，但成功率最高，盈利最大。

　　综合运用三大指标对其他期货品种合约进行交易，同对螺纹合约进行交易的性质是一样的，说明综合运用三大指标的优势具有普遍意义，下面举例说明。图 6 – 18 是鸡蛋 2003 合约从 2019 年 4 月 4 日至 2020 年 2 月 14 日的周 K 线走势图，从该图可以看出，鸡蛋 2003 合约从 2019 年 12 月 6 日开始，均线、MACD、KD 三个指标一起发出做空信号，投资者如能及时做空，短时间内收益是十分可观的。

　　图 6 – 19 是棕榈油 2005 合约从 2007 年 10 月 31 日至 2013 年 4 月 26 日的月 K 线走势图，从该图可以看出，棕榈油 2005 合约从 2007 年 10 月 31 日至 2013 年 4 月 26 日，均线、MACD、KD 三个指标一起先后三次发出了做多、做空信号，投资者如能及时做多、做空，收益也是十分可观的。

期货投资理论与实操

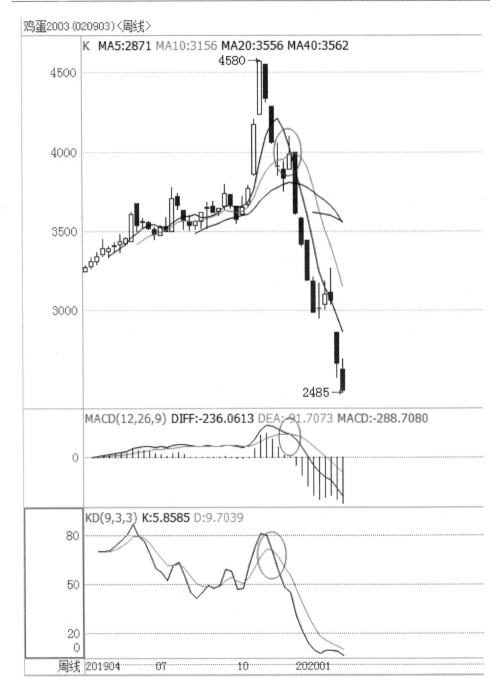

图 6-18 鸡蛋 2003 合约均线、MACD、KD 指标一起发出做空信号示意（周 K 线）

图 6－19 棕榈油 2005 合约均线、MACD、KD 指标一起发出做多做空信号示意（月 K 线）

图 6－20 是沪镍 2004 合约从 2019 年 1 月 25 日至 2020 年 2 月 14 日的周 K 线

走势图，从该图可以看出，沪镍2004合约从2019年1月25日至2020年2月14日，均线、MACD、KD三个指标一起先后两次发出了做多、做空信号，投资者如能及时做多、做空，收益自然不菲。

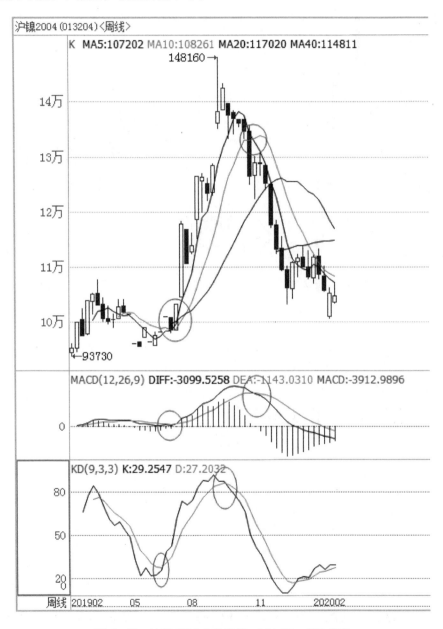

图6−20　沪镍2004合约均线、MACD、KD指标
一起发出做多做空信号示意（周K线）

像上述均线、MACD、KD 三个指标一起发出做多、做空信号的例子在现实期货市场中比比皆是。当三个指标一起发出交易信号的时候，投资者根据信号操作盈利的可能性很大。只要投资者能够及时根据信号操作，收益一般会十分丰厚。总之，综合运用均线指标、MACD 指标、KD 指标能提高交易信号的准确度，提升投资者参照信号进行交易的成功率，同时能改善均线指标、MACD 指标单独运用时出现的滞后性，获得更为及时的建仓时点。

　　本章分别对均线指标、MACD 指标、KD 指标在期货市场中的单独运用与三个指标在期货市场中的综合运用进行了探讨。在指标单独运用方面，运用均线指标与 MACD 指标进行交易的成功率较高，对期货市场商品价格的趋势判断较为准确，但这两个指标在实际运用中都出现了滞后性的问题；KD 指标在单独运用时发出交易信号的次数，较均线指标与 MACD 指标更多，但其成功率远低于均线指标与 MACD 指标，主要原因是 KD 指标在实际运用中会出现高位钝化与低位钝化的情况，且 KD 指标有时过于灵敏，市场中的小幅波动也能使 KD 指标发出交易信号。而 KD 指标、MACD 指标、均线指标综合运用所发出的交易信号的准确度，较三个指标单独运用时发出交易信号的准确度更高。同时，三个指标综合运用能有效克服三个指标单独运用时出现的缺陷。

第七章　期货价格趋势与形态

趋势是价格运行的方向，形态是价格运行的轨迹。顺势而为指的就是顺应趋势，跟随趋势。发现趋势、顺应趋势是期货投资的关键和法宝，也是期货投资盈利的核心。依据不同的标准，可以对趋势进行不同的分类。按时间分类，可以将趋势分为长期趋势、中期趋势和短期趋势；按价格的运行方向分类，可以将趋势分为上升趋势和下降趋势。本章主要探讨期货价格的趋势与形态，并以棉花等期货合约为例进行论述。

一、期货价格趋势分类

可以对趋势进行不同的分类。按时间分类，可以将趋势分为长期趋势、中期趋势和短期趋势。

（1）长期趋势。长期趋势也是主要趋势或者说基本趋势，长期趋势一般维持在一年以上。长期趋势是指在一段比较长的时间内，期货价格表现为持续上升或者持续下降的趋势。在这段时间，往往有多种因素影响着这种趋势的延续，直到达到一种新的平衡状态为止。图 7 - 1 是棉花 2005 合约（2020 年叫 2005 合约，2019 年叫 1905 合约，2018 年叫 1805 合约，依次类推）从 2011 年 2 月 28 日至 2016 年 2 月 29 日的月 K 线走势图。如图所示，棉花 2005 合约从 2011 年 2 月 28 日的最高价 34500 点开始下跌，到 2016 年的 2 月 29 日，历时 5 年，跌至 10560 点，下跌了 23900 点左右，开启了一波长期下跌趋势。

（2）中期趋势。中期趋势的时间大都维持在一年之内，也可以称为第二种趋势。图 7 - 2 是棉花 2005 合约从 2014 年 2 月 28 日至 2014 年 11 月 28 日的周 K 线图。从图可以看出棉花 2005 合约从 2014 年 2 月 28 日至 11 月 28 日，历时 9 个月，开启了一波中期下跌趋势。

（3）短期趋势，也叫短暂趋势。时间一般比较短，从几小时、几天到一个月不等。图 7 - 3 是鸡蛋 2005 合约 60 分钟 K 线走势图，属于一种短期趋势。

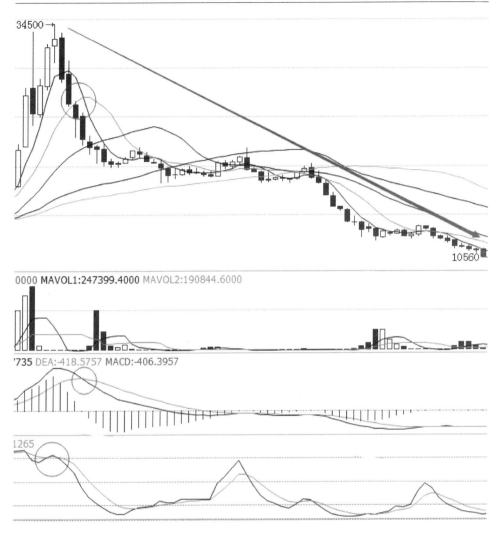

图7-1 棉花 2005 合约长期下降趋势示意（月 K 线）

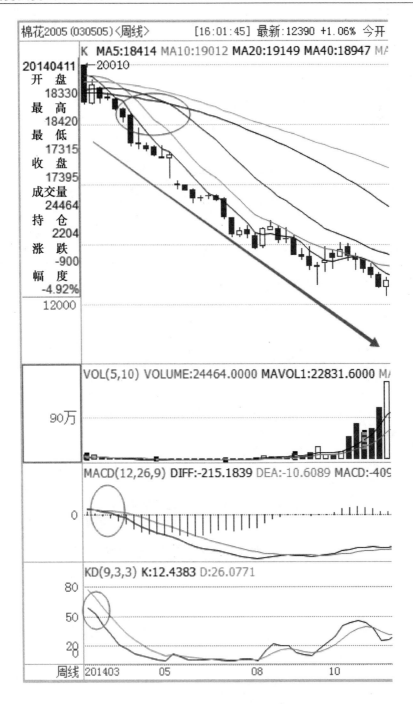

图 7 - 2　棉花 2005 合约中期下跌趋势示意（周 K 线）

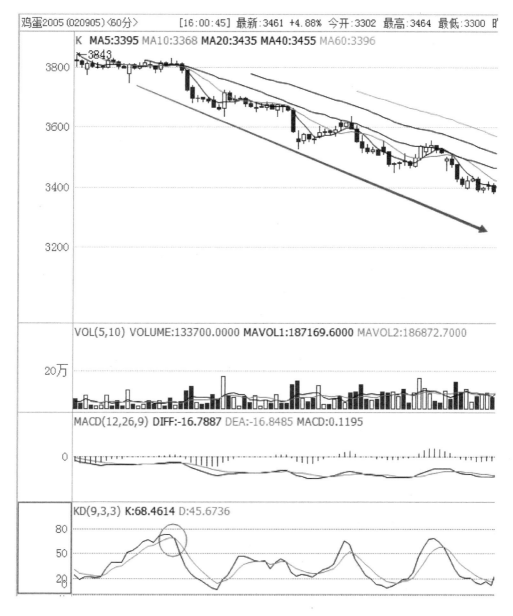

图 7 – 3　鸡蛋 2005 合约短期下降趋势示意（60 分钟 K 线）

　　短期趋势甚至可以是时间 1 小时以下的价格变化趋势或分钟的价格变化趋势。图 7 – 4 是棉花 2005 合约分钟的 K 线走势图，从该图可以看出棉花 2005 合约分钟级别极短期的上升趋势。

图 7-4 棉花 2005 合约短期趋势示意 (1 分钟 K 线)

图7-5是棉花2005合约2020年1月8日白天的分时价格走势图。从该图可以看出棉花2005合约2020年1月8日白天的分时价格趋势。

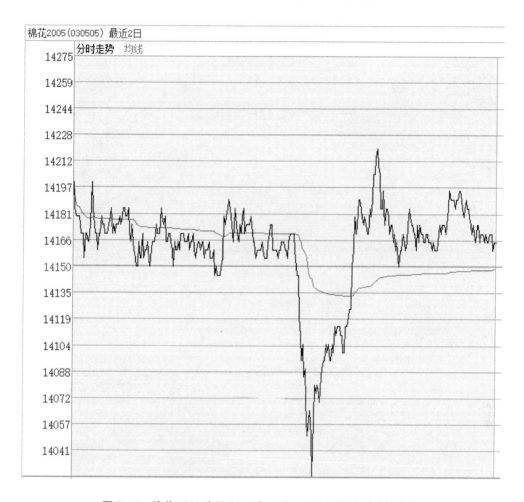

图7-5 棉花2005合约2020年1月8日白天的分时价格趋势

以上是从时间上来划分趋势的。趋势还可以从期货价格运行的方向上，划分为上升趋势、下降趋势，有时甚至可以把横盘也当作一种趋势。图7-6是锰硅2005合约从2019年7月3日至2019年11月13日的日K线走势图，从该图可以看出，锰硅2005合约均线、MACD、KD各项指标都在相对高位死亡交叉，走了一波典型的下降趋势。

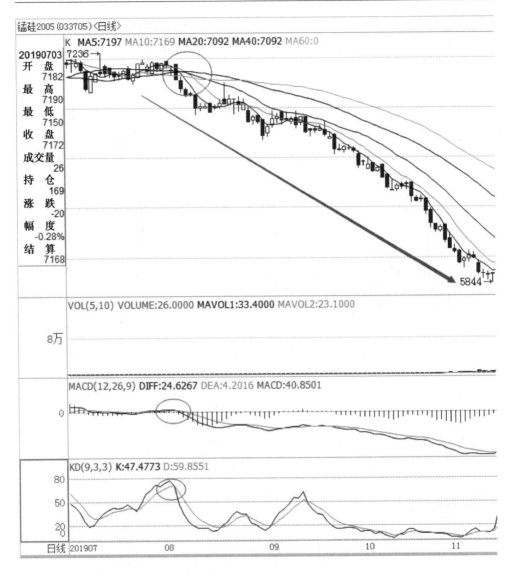

图7-6　锰硅2005合约下降趋势示意（日K线）

图7-7是白银2006合约从2019年5月29日至2019年9月5日的日K线走势图，从该图可以看出，白银2006合约均线、MACD、KD各项指标都在相对低位黄金交叉，从2019年5月29日的低点3485点开始至9月5日的高点4903点止，走了一波典型的上升趋势。

图 7 - 7　白银 2006 合约上升趋势走势（日 K 线）

图 7 - 8 是硅铁 2005 合约从 2019 年 8 月 28 日至 12 月 11 日的日 K 线走势图，从该图可以看出，硅铁 2005 合约在 2019 年 8 月 28 日至 12 月 11 日期间，基本上走的是一种区间横盘趋势。

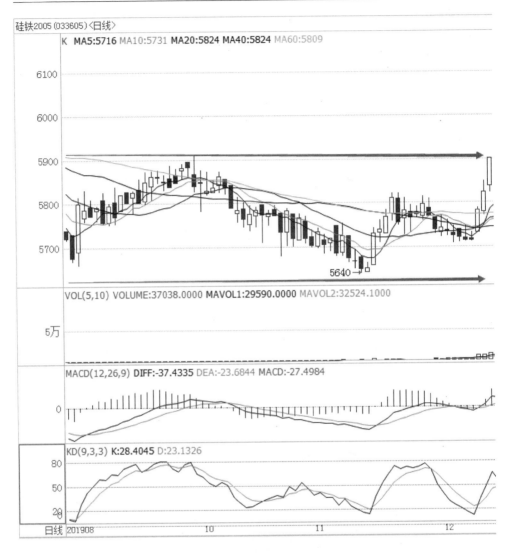

图7-8 硅铁2005合约区间横盘趋势（日K线）

以上就是趋势的分类，在操盘实践中，具体根据什么时间、周期操作，需要根据个人的不同情况及不同的兴趣爱好来确定，不能一概而论。

二、影响期货价格趋势的主要因素

影响商品期货价格涨跌趋势的因素很多，但主要的因素有：第一，经济周期会影响期货价格。经济会随着时间的变化发生一定的规律性变化，像淡季、旺季就是经济的周期性变化，从而就有期货价格趋势的变化，如在淡季的时候期货价格上涨，在旺季的时候期货价格就会下跌。第二，供求关系会影响期货价格。当市场上的商品供给大于需求时，期货价格会下跌；相反，当市场上的商品供给小于需求时，期货价格会上升。比如，2010年我国的棉花价格暴涨到3万元/吨以上，使得棉农开始盲目扩大棉花的种植面积，从而导致供应大于市场的需求，在2011年棉的价格就暴跌到2万元/吨以下。所以供需是影响商品期货价格趋势的一个重要因素。第三，政府的政策会影响期货价格。如我国制定的棉花相关政策对于棉花价格的影响就比较明显，尤其是我国长期执行的相关农业补贴政策和关税配额政策，对于棉花价格的稳定具有重要的意义。2014年我国宣布取消了之前在全国范围内实行的临时棉花收储政策，并开始以新疆为试点，实行目标价格补贴政策，这一政策的实施对稳定棉花价格起到了重要的作用。因此，政策对商品期货的价格会产生很大的影响。第四，政治因素会影响期货价格。政局的变化会使期货价格发生比较大的变化，如中东地区的政局动荡不稳，就会导致某些商品期货的价格发生剧烈变动。第五，自然界的因素如天气变化等会影响期货价格。一般来说，自然因素的好坏与期货价格成负相关关系，即当自然条件对商品生产不利时，期货价格就会上涨；反之，期货价格则下降。自然因素对农产品期货价格的影响相当明显。第六，投资者的心理因素会影响期货价格。当投资者看好某商品时，即便市场中无任何与此商品相关的利好消息，该商品期货的价格也会上涨；反之，即便没有任何有关商品利空的消息，该商品期货的价格也会下跌。第七，货币政策的变化也会间接影响商品期货的价格。当货币政策宽松的时候，货币供给增加，会刺激经济增长，商品价格就会上涨，同样也会使商品期货的价格上升；反之，当货币政策紧缩的时候，货币供给减少，会导致经济增长速度放缓，商品价格就会相应下跌，同样也会使商品期货的价格下跌。

三、期货价格趋势常见的形态

在论述期货价格走势形态之前，有必要先简明扼要地谈一谈K线。K线图分析方法是最早的技术分析法，它在国内外期货市场得到了广泛的应用。K线图源于日本德川幕府时期，本间宗久在大阪的高岛大米会所交易大米期货，他深入研究了米价的历史记录，并凭借自己的才能迅速积累了大量财富。后来人们根据交易经验和记录价格的方式把价格图绘成了蜡烛图即K线，其主要内容可以概括如下：第一，K线的阴阳代表价格的走向。如果收盘价低于开盘价，称为阴K线，表示当天的趋势是下跌的，第二天上涨的可能性小于继续下跌的可能性。反之就称为阳 K 线，意味着当天价格呈现上升趋势，第二天下跌的可能性就小于继续上升的可能性。第二，K 线的长短表示动力的大小。实体部分越大，上涨或下跌的趋势便越明显。第三，K 线上下影线的长短标志着转折信号的强弱。如果空方击退多方进攻，K 线有一条很长的上影线，就意味着空方已经把价格压低了很多，那么空方在下一轮获胜的可能性较大，上影线越长，空方获胜的可能性就越大。相反，如果 K 线有一条很长的下影线，多方反败为胜的可能性就很大。了解了 K 线的基本内容之后，接下来再谈形态，因为形态是 K 线的组合。在期货投资中，常见的主要形态有：

图 7 - 9　动力煤 2005 合约的 V 型反转形态示意（月 K 线）

（1）V型反转形态与倒V型反转形态。V型反转形态，是上升或下降幅度较大，速度较快的一种形态，它只有一个尖顶或一个尖底。图7-9是动力煤2005合约的月K线反转走势图。动力煤2005合约从2013年10月至2017年3月，历时4年多，从600点左右下跌至278.4点的低点，之后开始V型反转，反弹至586点左右，走的就是典型的V型反转形态。

图7-10是苹果2005合约3分钟K线反转走势图，走的也是比较典型的V型反转形态。

图7-10 苹果2005合约V型反转走势示意（3分钟K线）

除了V型反转形态，还有一种倒V型反转形态。图7-11是棕榈油2005合约的周K线走势图。棕榈油2005合约从2019年7月26至2020年3月24日，从

4600 点左右上涨至 6476 点，之后又快速下跌至 4526 点，走的就是典型的倒 V 型
反转形态。

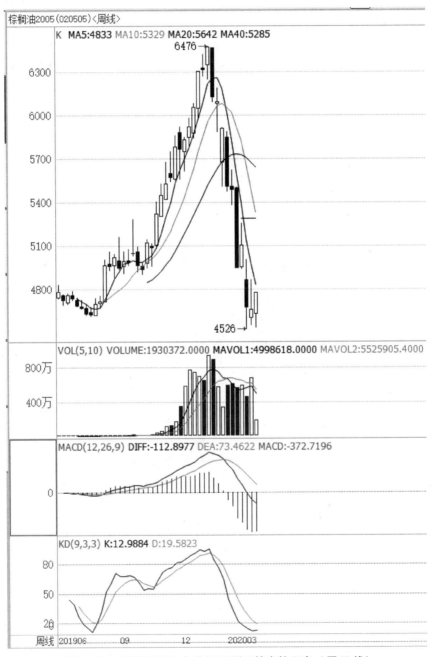

图 7-11　棕榈油 2005 合约倒 V 型反转走势示意（周 K 线）

（2）圆弧顶与圆弧底形态。圆弧反转也叫碗形或碟形反转，包括圆弧顶和圆弧底。在圆弧顶中，成交量不太明显。圆弧反转的趋势，开始时比较缓慢，当反转突破时，期货价格迅速出现短暂的激升或巨降，这之后，又继续缓慢变动。圆弧的完成需要相当长的时间，一旦形成，就是一个很确定的图形。稳健的投资者比较适合运用圆弧决定买卖时机。图 7－12 就是棉花主力 2 小时 K 线图的一个圆弧顶走势形态。

图 7－12　棉花主力的圆弧顶走势形态（2 小时 K 线）

图 7 – 13 是沪镍 2004 合约从 2015 年 6 月 4 日至 2016 年 12 月 15 日的周 K 线图，该图就是一个典型的圆弧底走势形态。

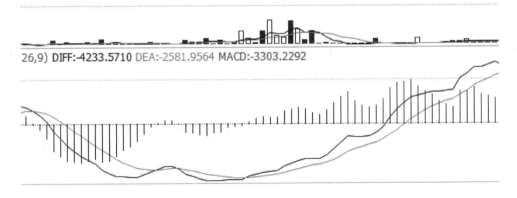

图 7 – 13　沪镍 2004 合约圆弧底走势形态（周 K 线）

（3）双顶形态（M 顶形态）。图 7 – 14 是橡胶 2005 合约从 2019 年 4 月 4 日至 2020 年 2 月 6 日的周 K 线走势图。从该图可以看出，橡胶 2005 合约从 2019 年 4 月 4 日至 2020 年 2 月 6 日的走势图就是双顶形态。

图 7 – 14　橡胶 2005 合约 M 顶走势形态（周 K 线）

（4）双底形态（W 底形态）。图 7 – 15 是沥青 2006 合约从 2019 年 4 月 12 日至 2020 年 1 月 10 日的周 K 线走势图。从该图可以看出，沥青 2006 合约从 2019 年 4 月 12 日至 2020 年 1 月 10 日的周 K 线走势呈双底走势形态。

此外，还有头肩底、头肩顶、楔形等一系列的 K 线组合形态，在此不再一一举例。

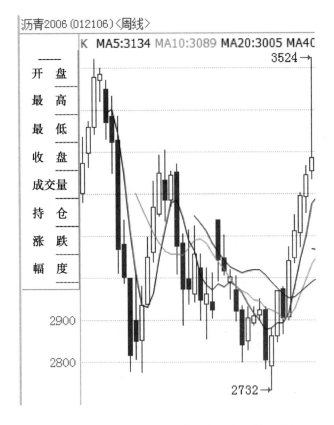

图 7 – 15　沥青 2006 合约双底走势形态（周 K 线）

四、期货价格趋势与形态运用案例

在研究运用商品期货价格的趋势和形态时，既要研究商品期货品种的基本面，又要研究商品期货品种的技术面，还要研究天气等影响因素对商品期货价格趋势与形态的影响。下面以棉花期货为例，探讨期货品种合约的价格趋势与形态应用问题。就棉花期货合约而言，2019 年 4 月 11 日棉花 1909 合约价格上涨，上涨的速度让人意想不到。本次棉花期货市场的上涨行情是由于新疆地区天气发生异常，从而有可能使棉花产量下降，最后导致市场的预期出现了比较大的变化引起的，纯属一种资金炒作行为。因为，棉花的基本面并没有发生大的变化。到 2019 年 4 月 25 日，我国国内棉花市场的供需仍然比较均衡，短期内估计不会打破平衡，但是仓库存货的数量不断创出新的高点，恐怕会对棉花期货合约价格的上涨产生巨大的压力。

　　从技术面来看，棉花 2009 合约日 K 线的价格，自 2019 年以来，明显可见上涨乏力，在连续走弱，说明空头势力比较强，预计短期棉花 1909 合约的价格存在回落趋势，建议 40 日均线以下做空思路为主。到 2019 年 8 月 30 日，棉花2009 合约的走势是一种明显的下降趋势，如图 7 - 16 所示。因此，棉花期货投资者只能顺应趋势做空，不能做多。

图 7 - 16　棉花 2009 合约的下降趋势示意（日 K 线）

　　图 7 - 17 是棉花 2009 合约从 2019 年 4 月 12 日至 2020 年 2 月 5 日的周 K 线走势图，从该图可以看出该合约从 2019 年 4 月至 2020 年 2 月的价格趋势，从2019 年 4 月 12 日开始下跌到 2019 年 8 月 30 日跌至最低点 11715 点开始反弹，但一直没有突破前高 16225 点，均线还是空头排列，仍然处于一种震荡下跌的趋势当中。因此，投资者依然只能跟随趋势，逢高做空。

图 7-17 棉花 2009 合约震荡下跌趋势示意 (周 K 线)

本章论述了商品期货价格的趋势及其影响因素，阐述了期货价格趋势的主要形态，即 V 型反转与倒 V 型反转、圆弧顶、圆弧底、M 头、W 底形态，其中，反转形态短期内价格的变动是最大的，并以棉花合约为例，对期货价格趋势与形态的运用问题进行了具体分析和论述。

期货价格的涨跌趋势受多种因素影响，主要包括经济、金融、政治、政策、自然、投资者心理等因素，投资者应该多了解上述影响价格趋势的因素。对于棉花这样的农产品期货尤其需要关注自然和季节性变化对商品期货合约价格趋势的影响，这样才能更好地做出最佳的期货投资计划。比如本章所提到的棉花 1909 合约，因为新疆的天气突然发生变化，从而导致期货投资者对棉花产量的预期发生变化而最终影响棉花期货价格。再如，国际贸易谈判的情况对整个宏观经济层面都会有影响，同样也会影响棉花期货合约的价格，这就需要期货投资者经常关注有关国际时事的变化。还有国家的政策也会影响棉花市场的供需，影响棉花期货合约价格趋势。这同样需要投资者对国内时事予以关注。

具体而言，棉花 2009 合约从 2018 年 9 月出现峰值 17795 点的高点以来，整体的价格趋势是震荡下跌的趋势，反弹始终没有突破 16225 点的阶段性高点。到 2019 年 5 月，棉花 2009 合约的价格反而出现断崖式跳空下跌，且行情持续低迷。造成棉花 2009 合约价格下跌的具体原因主要有以下几点：第一，当时美国农业部提高了美国棉花期末的库存预期，基金方面增持美国棉花空头持仓，从而造成美国棉花的价格大幅下跌，进而影响我国国内棉花期货价格的下跌。第二，中美贸易摩擦期间，美国提高了织纱线、织物、产业用制成品以及部分家用纺织品等一系列商品的进口税，从而导致我国棉花出口预期下降，进而导致棉花 2009 合约的价格发生大幅下跌。第三，当时国储棉拍卖成交率、成交价格都出现相应的下滑，说明市场对棉花需求不太旺盛。

第八章　期货投资中的成交量、持仓量与价格

商品期货价格会受到诸多因素的影响，比如国家宏观政策的变化、国际环境及外国的政策导向、现货价格、成本因素、自然因素等。除此之外，成交量、持仓量也会影响商品期货未来的价格。持仓量作为期货市场特有的一个统计量，它本身包含着大量的市场信息，往往代表投资者对未来价格走势的看法，因此有必要进行深入研究。成交量、持仓量是影响商品期货市场价格的两个重要因素，它们之间存在着紧密的联系。因此，对成交量和持仓量以及商品期货价格未来走势之间的关系进行研究有重要的意义。在投资方面，可以让投资者进行更多的思考，使他们在做出投资决策时更加理智，对自己更加有利；在市场监管方面，可以使监管机构对期货市场的监管更加完善，可以维护一个更加稳定健康的商品期货市场秩序。为了验证成交量、持仓量与商品期货价格未来走势的关系，本章还对成交量和持仓量影响期货价格做了实证分析，用实证分析的方法来检验期货市场成交量和持仓量对商品期货未来价格走势的影响。

一、成交量对商品期货价格未来走势的影响

成交量对商品期货价格未来的走势有很大的影响，如果某个商品期货品种的合约开始放量往上涨，说明很多人认为该合约未来的价格会比现在高，因此，他们都在买入，成交量就会放大，一般来说未来的价格也会更高。图 8 - 1 是黄金 2006 合约 2 小时 K 线走势图，从该图可以明显看出，黄金 2006 合约在 347 点的价位附近开始放量往上涨，说明在这个价位很多人认为黄金未来会涨价，因此开始买入，成交量开始放大，果然后面价位涨到 380 点左右。

图 8 - 2 是原油 2005 合约 3 分钟 K 线走势图，从该图可以明显看出，原油 2005 合约在 230 点的价位附近开始放量往上涨，说明在这个价位很多人认为原油期货价格短期会超跌反弹，因此开始买入，成交量开始放大，果然后面价位反弹到 255 点左右。

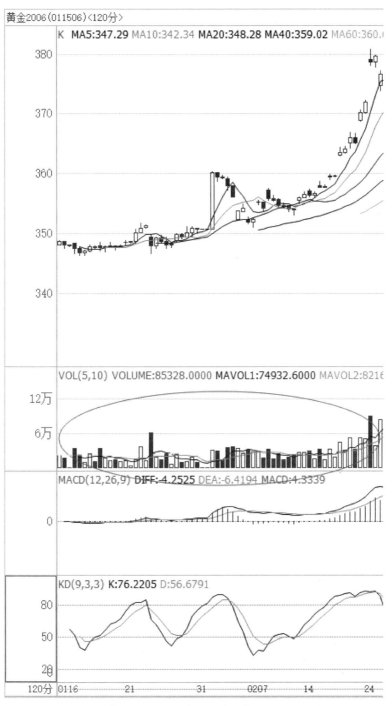

图 8 - 1 黄金 2006 合约放量上涨示意（2 小时 K 线）

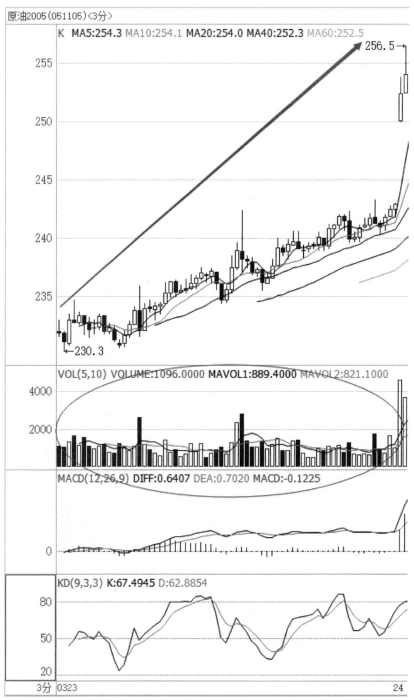

图 8 – 2　原油 2005 合约放量上涨示意（3 分钟 K 线）

相反，如果某个商品期货品种的合约开始放量往下跌，说明很多人认为该合约未来的价格会比现在低，因此，他们都在卖出，成交量就会放大，未来的价格也就会更低。图8-3是沪铜2005合约4小时K线走势图，从该图可以明显看出，沪铜2005合约在46500点的价位附近开始放量下跌，说明在这个价位很多人认为沪铜2005合约未来会跌价，因此开始卖出，成交量开始放大，果然沪铜2005合约后面的价位跌到最低35300点。

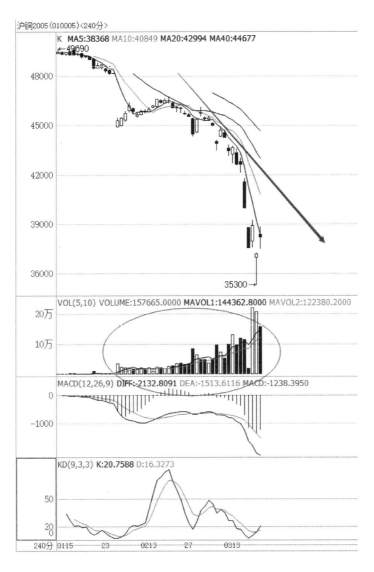

图8-3　沪铜2005合约放量下跌示意（4小时K线）

图 8-4 是沥青 2006 合约 4 小时 K 线走势图，从该图也可以明显看出，沥青 2006 合约在 3100 点的价位附近开始放量下跌，说明在这个价位很多人认为沥青 2006 合约未来会跌价，因此开始卖出，于是成交量开始放大，果然沥青 2006 合约后面的价位跌到最低 1778 点。

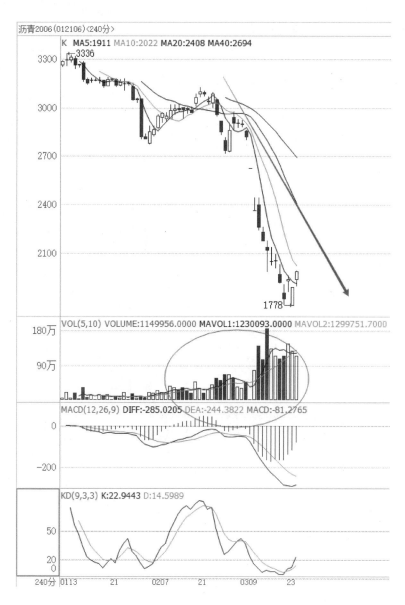

图 8-4 沥青 2006 合约放量下跌示意（4 小时 K 线）

仅根据成交量来分析商品期货价格未来的走势是片面的，不一定准确，有时甚至会亏损。因此，投资者除了考虑成交量，还要考虑某个商品期货合约是在什么位置放量，是在高位放量还是在低位放量。在什么位置放量很关键，可以说至关重要，在某种意义上说在什么位置做多或做空决定操作的成功与否，决定操作的盈亏。一般来说，只有在低位放量才能做多。图 8-5 是沪锡 2006 合约 4 小时 K 线走势图，从该图可以明显看出，沪锡 2006 合约在 11 万左右的相对低价位附近开始放量上涨，说明在这个价位很多人认为沪锡 2006 合约会超跌反弹，因此开始买入，于是成交量开始放大。在这种低价位放量上涨，再加之 KD 指标在底部金叉，期货投资者可以买入做多。买入后沪锡 2006 合约在 2020 年 3 月 24～25 日果然上涨，而且这两天的上涨幅度都比较大。

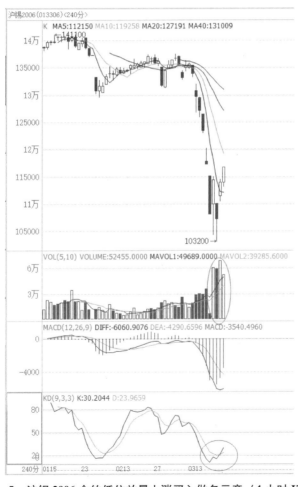

图 8-5　沪锡 2006 合约低位放量上涨买入做多示意（4 小时 K 线）

图 8 - 6 是豆油 2009 合约 4 小时 K 线走势图，从该图可以明显看出，豆油 2009 合约在 5400 点左右的相对低价位附近开始放量上涨，说明在这个价位很多人认为豆油 2009 合约会超跌反弹，因此开始买入，于是成交量开始放大。在这种低价位放量上涨，再加之 KD、MACD 指标都在底部金叉，期货投资者可以买入做多。买入后豆油 2009 合约果然上涨，而且上涨幅度也比较大。

图 8 - 6　豆油 2009 合约低位放量上涨买入做多示意（4 小时 K 线）

如果是在高位放量就不能做多，只能择机做空了。图 8-7 是黄豆一号 2005
合约从 2017 年 9 月至 2020 年 3 月的周 K 线走势图，从该图可以明显看出，黄豆
一号 2005 合约从 2019 年 12 月开始至 2020 年 3 月已经涨了一大波，价位已达到
相当高的位置，虽然成交量还在不断放大，但不建议投资者凭借成交量放大在高
位追涨，以免一旦回调或转势下跌便套在高位。相反，在高位上涨乏力的时候，
一旦成交量超常规放大时，可以高位做空。

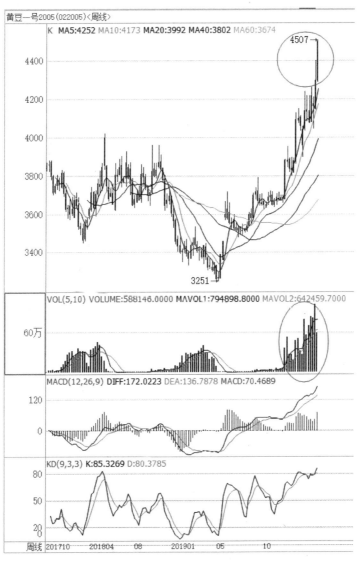

图 8-7　黄豆一号 2005 合约高位放量上涨不宜追涨做多示意（周 K 线）

期货投资者在操作时考虑了放量，也考虑了在什么位置放量，交易是不是就会100%盈利了呢？也不见得，为了稳妥起见，在操作之前期货投资者最好再研究一下准备操作的期货合约价格与相应现货价格的关系，看看期货价格是比现货价格高还是比现货价格低？

如果期货价格比现货价格低，期货在低位放量做多更有把握盈利。图8-8是豆粕现货与期货价格对比图，从该图可以看出，豆粕的现货价格从2019年12月27日至2020年3月25日一直比期货价格高。表8-1是豆粕现货与期货价格对照表，从该表也可以看出，2020年2月28日豆粕的现货价格比期货价格高。表8-2是豆粕主力基差表，从该表依然可以看出，2020年2月28日豆粕的现货价格比期货价格高171.5元。图8-9是豆粕2005合约4小时走势K线图，图中画圆圈的地方就是2020年2月28日所处的位置，豆粕2005合约在2020年2月28日前后放量上涨，且期货价格低于现货价格。因此，期货投资者可以放心做多豆粕2005合约。

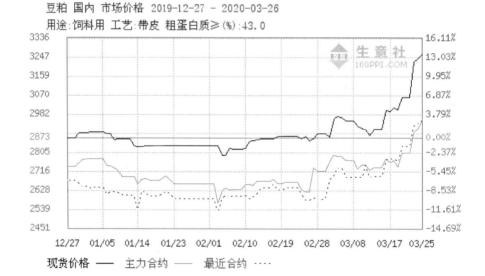

图 8-8　豆粕现货与期货价格对比

资料来源：生意社官网。

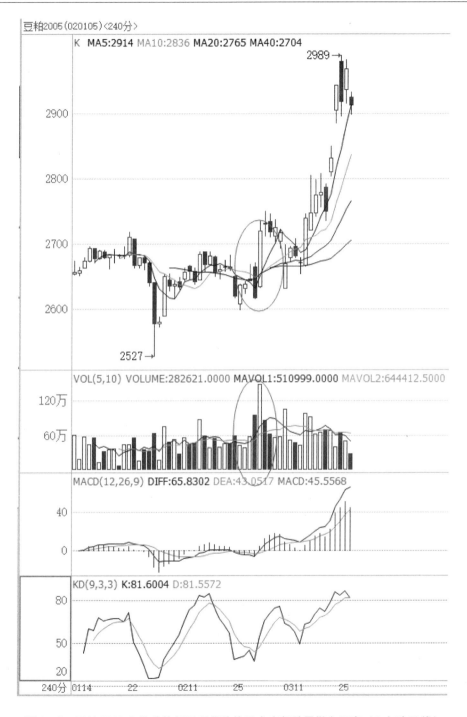

图 8−9 豆粕 2005 合约价格低于现货价格且在底部放量做多示意（4 小时 K 线）

表8-1 豆粕现货与期货价格对照

日期	12-27	01-05	01-14	01-23	02-01	02-10	02-19	02-28	03-08	03-17	03-25
现货价格	2873.33	2900.00	2833.33	2836.67	2836.67	2824.00	2878.25	2890.50	2950.25	2995.00	3262.50
主力合约	2737	—	2659	2660	—	2653	2657	2719	—	2758	2956
最近合约	2763	—	2538	2590	—	2605	2629	2586	—	2774	2954

资料来源：生意社官网。

表8-2 豆粕主力基差

日期	12-27	01-05	01-14	01-23	02-01	02-10	02-19	02-28	03-08	03-17	03-25
主力基差	136.33	—	174.33	176.67	—	171	221.25	171.5	—	237	306.5

注：①从2019年12月27日至2020年3月26日期间，豆粕主力基差最大值为327.50，最小值为112.00，平均值为168.45；②主力基差=现货价格-主力期货价格=主现期差。

资料来源：生意社官网。

相反，如果期货价格比现货价格高，期货在高位放量，做空才更有把握盈利。表8-3是鸡蛋主力基差表，从该表可以看出，2020年2月10日以后，鸡蛋的期货价格比现货价格高。表8-4是鸡蛋主力基差率表，从该表也可以看出，2020年2月10日以后，鸡蛋的期货价格比现货价格高。图8-10是鸡蛋主力指数从2020年2月24日至3月26日的60分钟K线走势图，从图中可以看出，2020年2月24日以后，鸡蛋主力在相对高位放量下跌，且期货价格高于现货价格。因此，期货投资者可以做空鸡蛋主力合约。

表8-3 鸡蛋主力基差

日期	12-27	01-05	01-14	01-23	02-01	02-10	02-19	02-28	03-08	03-17	03-25
主力基差	527	—	297	256	—	-521	-938	-475	—	-317	-142

注：①从2019年12月27日至2020年3月26日期间，鸡蛋主力基差最大值为608.00，最小值为-952.80，平均值为-209.80；②主力基差=现货价格-主力期货价格=主现期差。

资料来源：生意社官网。

表8-4 鸡蛋主力基差率

日期	12-27	01-05	01-14	01-23	02-01	02-10	02-19	02-28	03-08	03-17	03-25
基差率	12.64%	—	7.97%	6.92%	—	-18.48%	-37.45	-16.81%	—	-10.97%	-4.93%

注：①截至2020年3月25日，鸡蛋180日平均基差率为1.42%，90日平均基差率为-8.45%；②基差率=主力基差/现货价格×100%。

资料来源：生意社官网。

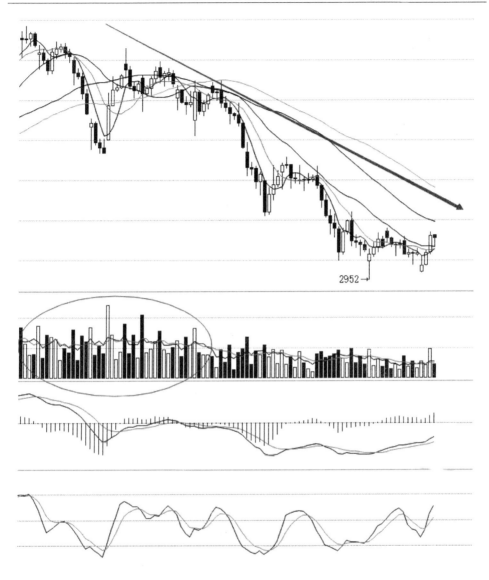

图 8 - 10 鸡蛋主力指数价格高于现货价格且在
顶部放量做空示意（60 分钟 K 线）

二、成交量与持仓量对商品期货价格未来走势的影响

除了考虑成交量对商品期货价格的影响，还要根据持仓量来分析商品期货价

格未来的走势，要综合分析成交量、持仓量与商品期货价格未来走势的相关关系。成交量与持仓量有几种典型的组合形式可以影响商品期货价格未来的走势。

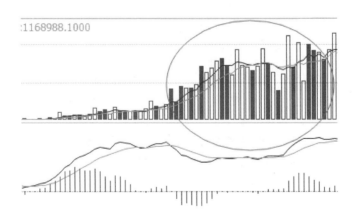

图 8–11　棕榈油 2005 合约成交量不断增长做多示意（日 K 线）

（1）成交量与持仓量同增同减，同方向变化。第一种情况，持仓量随着成交的增加而增加。成交量逐步增加，持仓量也在不断增加，则显示了多空能量的积蓄。因此，可以根据盘面多空力量的强弱变化，推导出价格的变化方向。

如前期期货价格在相对低位开始上扬，成交量逐步增加，持仓量也在不断增加，则表示多头开仓积极，将会推动价格上涨，可做多。图 8 - 11 是棕榈油 2005 合约从 2019 年 10 月 16 日至 2020 年 1 月 10 日的日 K 线图，从该图可以发现，棕榈油 2005 合约从 2019 年 10 月 25 日开始成交量不断增加，持仓量也不断增加，如表 8 - 5 和表 8 - 6 所示，期货价格在不断上涨，说明多头在积极建仓，可以做多。

表 8 - 5　棕榈油 2005 合约 2019 年 10 月 25 日多头持仓量增加一览

多头持仓龙虎榜			
名次	会员简称	多单量	增减
1	国投资本	21546	2200
2	银河期货	12223	296
3	中国国际期货	10001	3209
4	永安期货	7515	- 415
5	东证期货	7502	3467
6	国富期货	5423	- 3741
7	一德期货	5422	1195
8	安粮期货	4973	- 323
9	建信期货	3189	2981
10	兴证期货	2968	9
11	华泰期货	2945	327
12	国泰期货	2139	- 220
13	中信期货	2093	865
14	光大期货	2014	751
15	首创期货	1929	- 974
16	广发期货	1867	792
17	美尔雅期货	1836	76
18	东航期货	1705	1280
19	五矿经易期货	1679	- 36
20	平安期货	1670	372
本日合计		100639	12111
上日合计		91327	
总量增减		9312	

资料来源：东方财富网数据中心期货龙虎榜。

表 8 – 6　棕榈油 2005 合约 2020 年 1 月 10 日多头持仓量增加一览

多头持仓龙虎榜

名次	会员简称	多单量	增减
1	永安期货	78898	12012
2	华泰期货	52419	3787
3	中国国际期货	49801	−770
4	国投资本	45179	928
5	东证期货	33778	2232
6	中信期货	28614	2653
7	广发期货	28261	1093
8	银河期货	27658	902
9	海通期货	26765	−1153
10	兴证期货	25761	−450
11	国富期货	24994	−3135
12	一德期货	24537	−2054
13	中粮期货	16655	2719
14	宏源期货	14890	1503
15	浙商期货	12716	469
16	美尔雅期货	12537	738
17	国泰期货	11665	3327
18	申银万国期货	11055	1734
19	安粮期货	10338	−1163
20	中辉期货	9465	766
本日合计		545986	26138
上日合计		531457	
总量增减		14529	

资料来源：东方财富网数据中心期货龙虎榜。

　　图 8 – 12 是螺纹 2005 合约从 2019 年 11 月 14 日至 2020 年 1 月 8 日的日 K 线走势图，从该图可以发现，螺纹 2005 合约从 2019 年 11 月 14 日至 2020 年 1 月 8 日，成交量开始在低位不断增加，多头持仓量也在增加，如表 8 – 7 和表 8 – 8 所示，期货价格在不断上涨，也说明多头在积极建仓，可以做多。

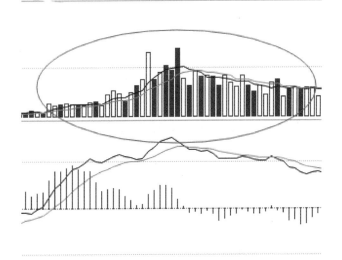

图 8－12　螺纹 2005 合约成交量不断增加做多示意（日 K 线）

表 8 – 7　螺纹 2005 合约 2019 年 11 月 14 日多头持仓量增加一览

多头持仓龙虎榜			
名次	会员简称	多单量	增减
1	国泰期货	40233	15173
2	中大期货	39445	–1607
3	永安期货	36167	4124
4	中信期货	34426	6232
5	方正中期期货	29969	4437
6	东证期货	24134	1146
7	五矿经易期货	23750	4557
8	银河期货	23459	–5676
9	一德期货	17812	6994
10	光大期货	13367	–621
11	东海期货	11844	4027
12	美尔雅期货	11300	–4700
13	国投资本	10870	1680
14	瑞达期货	10423	–1936
15	鲁证期货	9917	582
16	新纪元期货	9774	1625
17	浙商期货	9066	231
18	南华期货	8708	233
19	中辉期货	8668	–2786
20	海通期货	7298	679
本日合计		380630	34394
上日合计		346489	
总量增减		34141	

资料来源：东方财富网数据中心期货龙虎榜。

表 8 – 8　螺纹 2005 合约 2020 年 1 月 8 日多头持仓量增加一览

多头持仓龙虎榜			
名次	会员简称	多单量	增减
1	永安期货	154669	202
2	中信期货	83154	2846

续表

多头持仓龙虎榜			
名次	会员简称	多单量	增减
3	华泰期货	58791	13472
4	东证期货	49741	729
5	光大期货	44000	−831
6	海通期货	42491	5624
7	国泰期货	42205	936
8	中大期货	40440	−1190
9	方正中期期货	39548	−799
10	银河期货	39364	997
11	一德期货	35973	−406
12	摩根大通期货	30033	200
13	兴证期货	27810	1806
14	南华期货	27302	1567
15	浙商期货	25360	68
16	国贸期货	25133	−1746
17	瑞达期货	24082	−2182
18	五矿经易期货	21507	−7358
19	申银万国期货	21355	−2377
20	东海期货	19058	74
本日合计		852016	11632
上日合计		842595	
总量增减		9421	

资料来源：东方财富网数据中心期货龙虎榜。

如前期价格在相对高位开始下跌，成交量逐步增加，持仓量也在不断增加，则表示空头开仓积极，将会推动价格下跌，可以做空。图 8－13 是鸡蛋 2005 合约从 2019 年 12 月 9 日至 2020 年 3 月 18 日的日 K 线图，从该图可以发现，鸡蛋 2005 合约从 12 月 9 日开始成交量不断增加，空头持仓量也在增加，如表 8－9 和表 8－10 所示，期货价格在不断下跌，说明空头在积极建仓，可以做空。

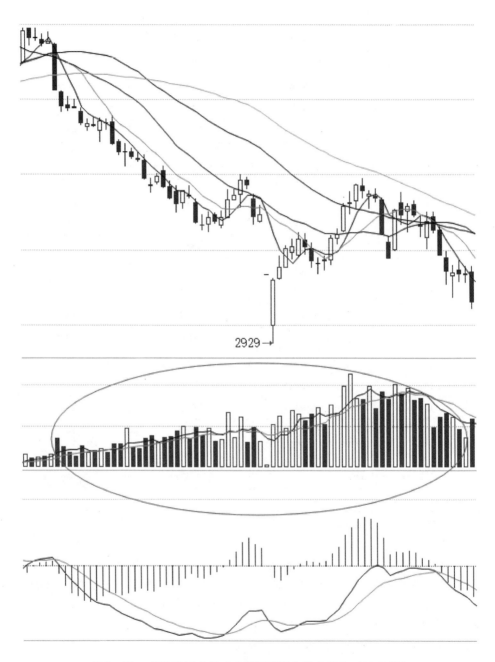

图 8 - 13　鸡蛋 2005 合约成交量不断增加做空示意（日 K 线）

表 8 – 9　鸡蛋 2005 合约 2019 年 12 月 9 日空头持仓量增加一览

空头持仓龙虎榜

名次	会员简称	空单量	增减
1	永安期货	5112	485
2	宏源期货	5059	1785
3	中信期货	4678	937
4	华泰期货	4641	1244
5	海通期货	4641	2532
6	徽商期货	4250	1580
7	中财期货	3871	12
8	五矿经易期货	3545	421
9	格林期货	3420	− 20
10	兴证期货	3419	893
11	东证期货	3328	824
12	方正中期期货	3206	− 588
13	中信建投期货	3158	− 218
14	首创期货	2857	501
15	长江期货	2837	403
16	中辉期货	2809	534
17	华安期货	2606	− 41
18	鲁证期货	2591	76
19	银河期货	2385	157
20	国泰期货	2285	710
本日合计		70698	12227
上日合计		59982	
总量增减		10716	

资料来源：东方财富网数据中心期货龙虎榜。

表 8 – 10　鸡蛋 2005 合约 2020 年 3 月 18 日空头持仓量增加一览

空头持仓龙虎榜

名次	会员简称	空单量	增减
1	永安期货	9252	− 224
2	方正中期期货	8634	288

空头持仓龙虎榜			
名次	会员简称	空单量	增减
3	徽商期货	8439	−86
4	宏源期货	7507	−753
5	海通期货	6675	1135
6	中信期货	6163	993
7	华泰期货	5967	1387
8	东证期货	5706	1326
9	中辉期货	5108	31
10	国泰期货	5089	166
11	银河期货	4831	−425
12	浙商期货	4801	−655
13	中信建投期货	4376	303
14	美尔雅期货	4177	412
15	华安期货	4089	−688
16	宝城期货	3945	−350
17	江海汇鑫期货	3907	344
18	长江期货	3775	−300
19	中财期货	3493	191
20	鲁证期货	3357	28
本日合计		109291	3123
上日合计		106225	
总量增减		3066	

资料来源：东方财富网数据中心期货龙虎榜。

第二种情况，持仓量随着成交量的减少而减少，也是同方向变化。该类情况大多发生在行情即将结束的阶段。当持仓量与成交量同时减少时，买卖双方或者其中的任意一方将减少资金的投入，也就是说买卖双方或者其中的任意一方对行情的把控要么失去了信心，要么合约即将到期，此时两者占市场的份额都比较少。在这种情况下，建议投资者不要参与为好。图 8 - 14 是鸡蛋 2101 合约从 2019 年 11 月 29 日至 2020 年 1 月 21 日的日 K 线图，从该图可以看出，鸡蛋 2101 合约从 2019 年 11 月 29 日至 2020 年 1 月 21 日，成交量和持仓量都明显变小，价格也基本处于一种横盘状态，此后多空双方均逐步退出该合约。

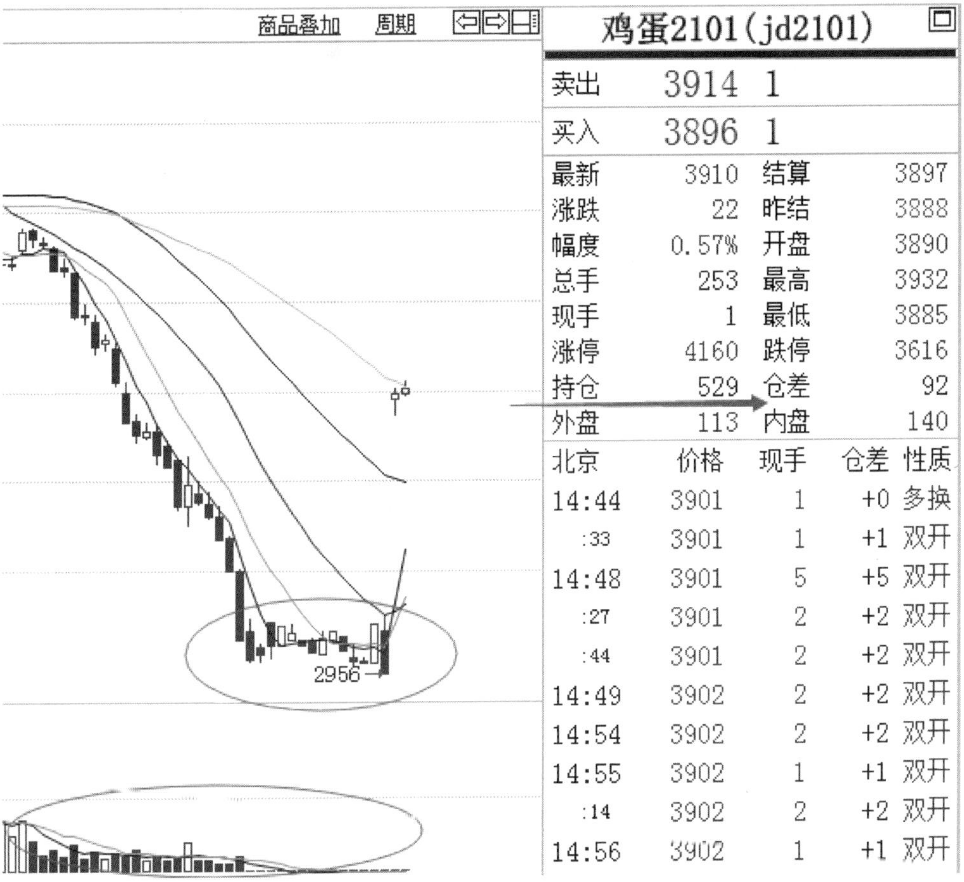

商品叠加	周期	◁▷□		鸡蛋2101（jd2101）				□

卖出	3914	1		
买入	3896	1		
最新	3910	结算	3897	
涨跌	22	昨结	3888	
幅度	0.57%	开盘	3890	
总手	253	最高	3932	
现手	1	最低	3885	
涨停	4160	跌停	3616	
持仓	529	仓差	92	
外盘	113	内盘	140	

北京	价格	现手	仓差	性质
14:44	3901	1	+0	多换
:33	3901	1	+1	双开
14:48	3901	5	+5	双开
:27	3901	2	+2	双开
:44	3901	2	+2	双开
14:49	3902	2	+2	双开
14:54	3902	2	+2	双开
14:55	3902	1	+1	双开
:14	3902	2	+2	双开
14:56	3902	1	+1	双开

2956

图 8 - 14　鸡蛋 2101 合约成交量持仓量同步减少多空双方逐步退出示意（日 K 线）

（2）成交量与持仓量反方向变化。这里也分两种情况。第一种情况是成交量减少，持仓量增加。这类变化一般是大行情到来的前兆，因为此时成交量的减少，基本归根于价格波动区间的逐步平衡，在这种环境下，短线投资者无法获取收益，市场情况趋于平稳，不会因为短期的交易而导致行情波动。但此时的持仓量的增加，代表着交易双方意见的不一致，紧接着就是资金的对抗且逐步升级，不久就会启动一波大行情。图 8 - 15 是尿素 2005 合约从 2020 年 3 月 12 日至 26 日的 60 分钟 K 线走势图，从该图可以看出，成交量减少，但是空头持仓量在增加，如表 8 - 11 所示。由于空头持仓量增加，后面应该还有行情。

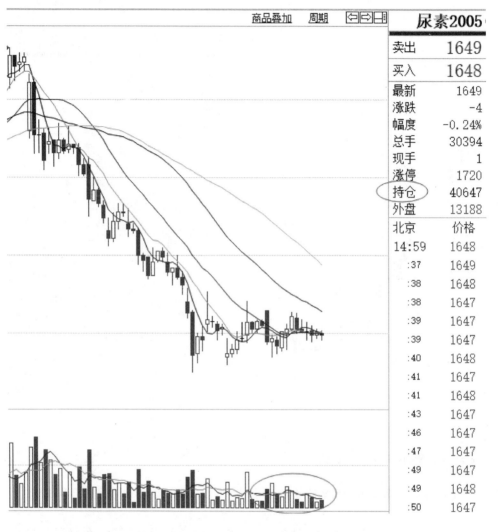

图 8-15　尿素 2005 合约成交量减少持仓量增加示意（60 分钟 K 线）

表 8-11　尿素 2005 合约 2020 年 3 月 26 日空头持仓量增加情况一览

空头持仓龙虎榜			
名次	会员简称	空单量	增减
1	徽商期货	2870	-21
2	方正中期期货	2820	127
3	国泰期货	2519	-18
4	建信期货	2155	295

续表

空头持仓龙虎榜			
名次	会员简称	空单量	增减
5	永安期货	2143	102
6	中信期货	1948	−236
7	东证期货	1875	152
8	一德期货	1737	514
9	招商期货	1614	348
10	鲁证期货	1450	−341
11	宏源期货	1314	−44
12	东吴期货	1174	103
13	弘业期货	1170	180
14	南华期货	1106	127
15	浙商期货	1039	126
16	华泰期货	994	−446
17	新湖期货	990	85
18	招金期货	975	230
19	海通期货	886	−157
20	申银万国期货	883	58
本日合计		31662	1184
上日合计		31091	
总量增减		571	

资料来源：东方财富网数据中心期货龙虎榜。

　　第二种情况是成交增加，持仓量减少。一般是多杀多，空杀空的现象，而这时，行情只对买卖双方中的一方有利，所以另一方就会减少资金的投入，引起持仓量逐步减少。但是根据 K 线图可以推测，如果价格开始上涨且在 K 线图的低价位，那么可以理解为空方在进行平仓，此时的价格很可能出现上涨；而如果价格开始下跌且在 K 线图的高价位，表示多方在积极平仓，价格可能还会下跌。图8－16 是黄豆一号 2005 合约从 2020 年 2 月 6 日至 3 月 27 日的日 K 线走势图，从该图可以看出，成交量增加，但是多头持仓量在减少，如表 8－12 所示。由于多头持仓量减少，加之黄豆一号 2005 合约已到了历史高位，当天又收出一根长上影线，后面可能会下跌了。在这种情况下，投资者不宜做多。

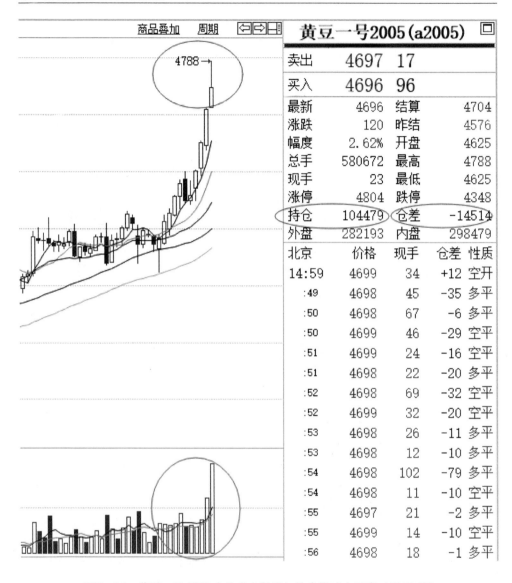

图 8 – 16　黄豆一号 2005 合约成交量增加持仓量减少示意（日 K 线）

表 8 – 12　黄豆一号 2005 合约 2020 年 3 月 27 日多头持仓量减少情况一览

多头持仓龙虎榜			
名次	会员简称	多单量	增减
1	海通期货	8066	– 1376
2	中信期货	6865	610

续表

多头持仓龙虎榜

名次	会员简称	多单量	增减
3	国投安信期货	6523	3125
4	渤海期货	5619	1520
5	国泰期货	3581	2013
6	东证期货	3580	−1812
7	华泰期货	3200	−521
8	东方财富期货	3078	246
9	银河期货	2925	−638
10	海证期货	2410	−87
11	鲁证期货	2301	−1610
12	东华期货	2254	278
13	兴证期货	2026	−132
14	申银万国期货	1949	−281
15	永安期货	1936	−1719
16	首创期货	1831	−20
17	方正中期期货	1718	−1392
18	宝城期货	1640	272
19	宏源期货	1624	−79
20	南华期货	1598	143
本日合计		64724	−1460
上日合计		69681	
总量增减		−4957	

资料来源：东方财富网数据中心期货龙虎榜。

　　除了上述几种组合之外，成交量、持仓量与价格之间还有很多种组合，它们之间的关系是很复杂的，还需要期货投资者不断琢磨，细心体会，才能掌握成交量、持仓量与价格之间的变化规律，才能在实际操作中灵活运用。

　　总之，行情的发展是靠成交量推动的，成交量增加造成价格变化趋向活跃，成交量减少导致价格变化向平缓靠拢。同时，持仓量也是行情发展不可或缺的一个重要因素，对期货价格的涨跌有十分重要的影响。持仓量的增加代表着行情的开始与继续，反之，持仓量的减少则传递了行情即将结束的信息。

三、成交量、持仓量对商品期货价格影响的实证分析

下面就成交量和持仓量对商品期货价格的影响做实证分析，以 2018 年 11 月 3 日至 2018 年 12 月 28 日鸡蛋 2009 合约的收盘数据作为实证分析的数据，并以多元回归模型来进行实证分析，假设鸡蛋 2009 合约的价格为 Y，成交量设为 X_1，持仓量设为 X_2，误差项为 μ，于是有以下多元回归模型并得出表 8-13 的结果。

$$Y = \beta_0 + \beta_1 X_1 + \beta_2 X_2 + \mu$$

表 8-13   成交量和持仓量对鸡蛋 2009 合约价格的相关性分析

变量	相关系数	标准差	t 统计量	p 值
β_0	4299. 015	8. 399084	511. 8433	0. 0000
X_1	− 0. 000166	0. 003504	− 0. 047305	0. 9625
X_2	− 0. 021939	0. 000769	− 28. 52714	0. 0000
判决系数	0. 967112	似然值	− 167. 0606	
修正的判决系数	0. 965334	F 统计量	544. 0087	
回归标准差	16. 38812	概率（F 统计量）	0. 000000	
残差平方和	9937. 106			

资料来源：所有数据均来自同花顺官网。

C = 4299. 015，X_1 = − 0. 000166，X_2 = − 0. 021939；它们分别对应的标准差的估计值为 8. 399084，0. 003504，0. 000769；t 统计量的估计值分别为 511. 8433，− 0. 047305，− 28. 52714。其中，t 统计量对应的 p 值分别为 0. 0000，0. 9625，0. 0000。判决系数为 0. 967112，修正的判决系数为 0. 965334。F 统计量的值为 544. 0087。即

Y = 4299. 015 − 0. 000166X_1 − 0. 021939X_2 + μ

　　（77. 11687）（ − 0. 002182）（ − 28. 52714）

t = （511. 8433）（ − 0. 047305）（1. 186681）

R = 0. 967112   F = 544. 0087

经检验，本次结果的拟合优度为 0. 967112，说明成交量和持仓量对鸡蛋 2009 合约价格确有一定程度的影响。

根据已经确定的回归方程，在知道成交量和持仓量的情况下，可以对当天的收盘价进行预测。下面随机选取两个数据进行分析。

（1）2019 年 1 月 7 日同花顺数据显示，当天的成交量为 4264 手，持仓量为 19124。根据所得回归方程：

$$Y = 4299.015 - 0.000166X_1 - 0.021939X_2 + \mu$$

将数据代入得出收盘价为 3879 元，而实际收盘价为 3989 元。

（2）2019 年 3 月 19 日同花顺数据显示，当天的成交量为 11092 手，持仓量为 5820。根据所得回归方程：

$$Y = 4299.015 - 0.000166X_1 - 0.021939X_2 + \mu$$

将数据代入得出收盘价为 4169 元，而实际收盘价为 4115 元。

由于方程中的不可测因素 μ，在方程中也起很大一部分作用，比如鸡蛋期货受季节性影响明显，所以期货价格还受季节、成本、需求等方面的影响。综合来看，两个数据都是相当接近的，该多元回归方程对成交量和持仓量对商品期货未来价格的涨跌有一定的解释作用。从上面两个结果来看，成交量、持仓量对于鸡蛋 2009 合约的价格的确有一定程度的影响。因此，投资者可以通过商品期货的成交量和持仓量的变化来判断商品期货价格未来的走势，他们之间的相关性可以用 $Y = 4299.015 - 0.000166X_1 - 0.021939X_2 + \mu$ 来表示。

由于本章只采用了鸡蛋 2009 合约一段时间内收盘的数据，所以这个模型原则上只能解释鸡蛋 2009 合约，但不排除对其他期货品种合约起到举一反三的作用。需要说明的是用实证的方法来指导商品期货交易的情形在实际交易当中并不多见，但可以作为一种思路、一种方法在交易中予以适当考虑。

总之，在商品期货投资中，成交量、持仓量及其不同的组合变化对商品期货未来价格的影响基本上有一定的规律可循，应该引起期货投资者高度重视。而到交割月时，现货的价格就会在更大程度上影响期货的价格，两者的价格会基本上接近或趋向接近。因此，期货投资者在交易的时候要尽量多角度考虑，以便找到做多或做空的最佳时机，从而在期货市场获利。

第九章 期货投资的开仓与平仓

在商品期货交易中，开仓十分重要，开仓等于出兵，何时开仓，在什么价位、什么点位开仓，开空仓还是多仓，往往是决定盈亏的关键。有时投资者看对了趋势，但开仓的点位不对，开仓时机不对，结果还是亏损，可见开仓的重要性。开仓以后，何时平仓也很重要，平仓相当于收兵，相当于打扫战场。有的人开仓的时机把握得很好，但由于平仓的时机没有把握好，结果依然欠佳，要么盈利不丰，要么还是亏损。所以，只有对开仓与平仓的技术都把握好了，才能取得理想的效果，才能在期货市场大获全胜，获得丰厚的回报。由于开仓与平仓在期货交易中具有非同寻常的重要性，本章专门从开仓与平仓的角度对布林带、MACD、KD 几个技术指标在商品期货交易中的运用进行研究，以凸显开仓与平仓这两个重要环节在期货交易中的分量，并以鸡蛋、螺纹钢、锰硅、白银、铁矿石等期货合约为例，对商品期货开仓与平仓的具体运用进行技术分析。相对于其他技术而言，开仓与平仓的技术对期货投资者的要求更高、更精准。

一、期货开仓与平仓的主要依据

（1）依据布林带指标发出的多空信号开仓与平仓。布林带指标主要有三条线，其中，上面和下面的两条轨道线分别是价格的压力线和支撑线，中间的线则是价格平均线，也代表价格运行的趋势和方向。上轨压力线则为 20 日均线加 2 倍标准差，下轨支撑线为 20 日均线减去 2 倍标准差。一般来说，价格平均线在压力线与支撑线中间的轨道区域游走，当期货合约价格发生变化时，价格平均线的位置也会发生变化。当轨道区域变窄的时候，就有可能发生激烈的价格波动，并对价格的运行方向做出选择。投资者在运用布林带指标开仓时，要重点考虑中线的方向，原则上中线向上则开仓多单；中间线向下则开仓空单；中线走平则做波段，在上轨开仓空单，在下轨开仓多单。

图 9 - 1 是铁矿 2009 合约从 2019 年 9 月 25 日至 2020 年 1 月 8 日的布林带指标图。从该图可以看出，2019 年 11 月 14 日即在图中圆圈处，铁矿 2009 合约收

盘价站上布林带中轨，并且布林带中轨开始向上，布林带轨道开始成喇叭口张开，因此，可以开仓多单持有。

图9-1 铁矿2009合约布林带中轨开始向上开仓多单示意（日 K 线）

图 9-2 是鸡蛋 2004 合约近期 2 小时的布林带指标图。从该图可以看出，在图中圆圈处鸡蛋 2004 合约收盘价格跌破布林带中轨，并且布林带中轨开始向下，因此可以开仓空单持有。

图 9-3 是焦煤 2005 合约从 2018 年 7 月 20 日至 2019 年 10 月 18 日的布林带指标周 K 线走势图。从该图可以看出，焦煤 2005 合约从 2018 年 7 月 20 日至 2019 年 10 月 18 日，布林带轨道基本上处于一种横盘走势，因此，可以采取在箱体内上轨开仓空单，下轨开仓多单的策略操作。

（2）依据 MACD 指标发出的多空信号开仓与平仓。0 轴、快慢线与红绿柱是 MACD 指标具有的最基本的 3 个要素，当 MACD 指标低位黄金交叉的时候，即这个时候是开仓多单信号，可以选择开仓多单；反之，当 MACD 指标高位死亡交叉的时候，即这个时候是开仓空单信号，可以选择开仓空单。但是 MACD 指标也有自己的缺点，由于 MACD 的移动非常缓慢，MACD 反响市场信息就比较慢，所以

图 9-2 鸡蛋 2004 合约布林带中轨向下开仓空单示意（2 小时 K 线）

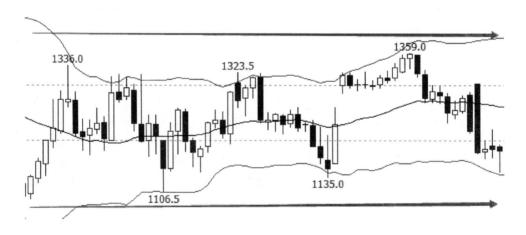

图 9-3 焦煤 2005 合约布林带中轨横盘，开仓多、空单示意（周 K 线）

在期货市场行情变化非常大的时候，MACD 指标无法快速发挥作用。图 9-4 是鸡蛋 2004 合约从 2019 年 4 月 26 日至 2020 年 3 月 6 日的 K 线图，从该图可以看出，MACD 在低位圆圈处黄金交叉，发出了一次开仓多单信号，MACD 在高位圆圈处死亡交叉，发出了一次开仓空单信号。

（3）依据 KD 指标发出的多空信号开仓与平仓。KD 指标适用于中短期的行情分析。KD 指标主要有 3 个数值，分别为未成熟随机值 RSV、K 值与 D 值。其

图 9－4　鸡蛋 2004 合约运用 MACD 指标开仓多单与空单示意（周 K 线）

中，未成熟随机值 RSV 是由今日收盘价减去最近 9 天最低价的差，除以最近 9 天最高价减去最近 9 天最低价的差的商，乘以 100 得来的；D 值就是 2/3 的昨天的 D 值与 1/3 今天的 K 值的和。一般来说，虽然 K 值与 D 值都会往一个方向变化，但是由于 K 值的波动比 D 值的波动大，所以当 K 值与 D 值交叉的时候就会产生明确的多空信号，提醒投资者开仓多单或者开仓空单。比如 K 值大于 D 值时，表示价格将要上涨，如果在低位，K 值向上穿过 D 值，那么就可以开仓多单；当 K 值小于 D 值时，表示价格将要下跌，如果在高位，K 值向下穿过 D 值，

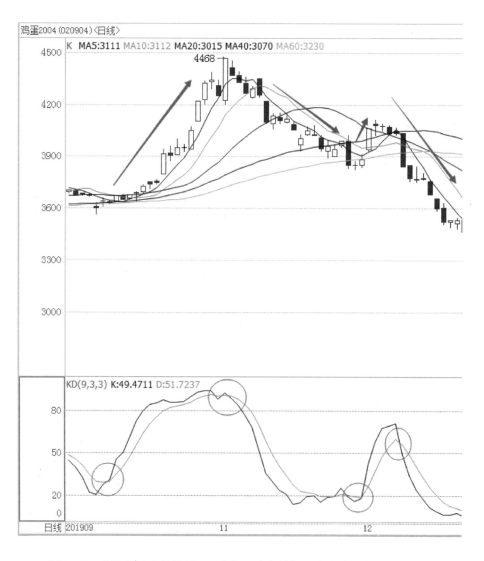

图 9 - 5　鸡蛋 2004 合约运用 KD 指标开仓多单与开仓空单示意（日 K 线）

那么就可以开仓空单。图9－5是鸡蛋2004合约从2019年10月8日到12月19日的日K线图，从该图可以看出，KD指标在低位圆圈处黄金交叉，发出了二次开仓多单信号，KD指标在高位圆圈处死亡交叉，发出了二次开仓空单信号。

二、期货开仓与平仓的具体应用

（一）期货开仓的具体应用

（1）运用布林带指标开仓。在使用布林带指标对商品期货进行开仓的时候，通常将布林带指标与K线一同使用。布林带指标主要通过依靠其三条线来分析价格的涨跌，分别为上轨压力线、下轨支撑线、中线方向线。在运用布林带指标进行开仓时重点要考虑的是开仓时中线的方向，是向上、向下还是走平，如果中线向上则逢低开多单。图9－6是螺纹2010合约从2019年11月13日至2020年1月21日的布林带指标日K线图，从该图可以看出，在图中圆圈处开始，布林带指标中线开始向上走，因此可以开仓多单持有。

螺纹2010(日线) BOLL-M(20) BOLL: 3462.05 UB: 3602.84 LB: 3321.26

图9－6　螺纹2010合约布林带指标中轨向上开仓多单示意（日K线）

如果中线向下则逢高开空单。图9-7是锰硅2005合约从2019年8月2日至11月12日的布林带指标日K线图，从该图可以看出，在图中圆圈处开始，布林带指标中线开始向下走，因此可以开仓空单持有。

图9-7 锰硅2005合约布林带指标中轨向下开仓空单示意（日K线）

如果布林带中线走平则观望休息，不要开仓。当然，如果布林带上下幅度比较宽，也可以考虑在上轨开空仓，在下轨开多仓。

（2）运用MACD指标开仓。投资者在运用MACD指标进行开仓时，要注意MACD指标是通过其三要素不同的表现形态，来帮助投资者发现期货价格的涨跌变化的。MACD指标有比较明显的几个上涨和下跌信号。第一，当DIFF与DEA均大于0时，即DIFF线与DEA线均在0线以上时，两条线都向上移动表示处于多头行情；第二，当DIFF与DEA均小于0时，即DIFF线与DEA线均在0线以下时，但两条线都向上移动则表示行情处于多头行情；第三，MACD黄金交叉，即DIFF线由下向上突破DEA线，表示行情处于多头行情；第四，当MACD柱由绿转红时，即MACD柱由负变正时，市场行情由空头行情转向多头行情。当出现这四种情况的时候，投资者可以选择开仓多单。反之，则开仓空单。图9-8是黄金2006合约从2015年12月31日至2020年3月6日的月K线图，从该图可以看出，在图中两圆圈处，MACD 指标先后二次黄金交叉，因此可以先后二次开仓多单持有。

图 9 - 8 黄金 2006 合约 MACD 指标黄金交叉开仓多单示意（月 K 线）

图 9-9 是沪镍 2006 合约 4 小时 K 线图，从该图可以看出，当 MACD 指标由红柱变为绿柱，并且两条线死亡交叉时，可以开仓空单持有，此后沪镍 2006 合约的价格短期内下跌了 20000 多点，开仓空单的投资者短期获利颇丰。

图 9-9　沪镍 2006 合约 MACD 指标死亡交叉开仓空单示意（4 小时 K 线）

但是在运用 MACD 指标进行开仓时，还有两种特殊情况需要考虑，一种是 MACD 指标的顶背离，另一种是 MACD 指标的底背离。一旦出现这两种情况，则不能单纯依靠 MACD 指标来开仓，还必须结合其他技术指标及期货价格所处的位置等因素，综合考虑是否开仓及开什么仓的问题。

（3）运用 KD 指标开仓。在运用 KD 指标进行开仓时，同样要对 K 线与 D 线进行细致的分析，通过观察 KD 线的表现来发现价格的涨跌趋势。KD 指标能够灵敏地反映价格的变化。一般来说，虽然 K 值与 D 值会朝同一个方向发生变化，但 K 值的波动与 D 值波动相比会更大，所以 K 值与 D 值会发生交叉。K 值如果大于 D 值，则说明价格趋势是上涨，K 线向上突破 D 线时，就是价格开始上涨的信号，可以开仓多单。图 9 - 10 是动力煤 2005 合约的月 K 线走势图，从该图可以看出，当 KD 指标在底部黄金交叉时，可以开仓多单持有，此后动力煤 2005 合约的价格直线上升，开仓多单的投资者获利颇丰。

反过来当 K 值小于 D 值时，价格趋势是下跌，K 线由上往下突破 D 线时，就是价格开始下跌的信号，可以开仓空单。图 9 - 11 是沪铅 2005 合约的周 K 线走势图，从该图可以看出，当 KD 指标在顶部死亡交叉时，可以开仓空单持有，此后沪铅 2005 合约的价格直线下跌，开仓空单的投资者赚了大钱。

在运用 KD 指标进行开仓时，还有两种特殊情况需要考虑，一种是 KD 指标在高位钝化，另一种是 KD 指标在低位钝化。一旦出现这两种情况，则不能单纯依靠 KD 指标来开仓，还必须结合其他技术指标及期货价格所处的位置等因素，综合考虑是否开仓及开什么仓的问题。

（二）期货平仓的具体应用

运用布林带指标、MACD 指标、KD 指标对期货合约进行平仓操作时，操作的技术要求与开仓时相似，只是方向相反而已，因此只要反过来操作即可。具体来说就是，根据三个指标可以开仓多单的时候，也就是平仓空单的时候；而根据三个指标可以开仓空单的时候，也就是平仓多单的时候。

（三）期货开仓与平仓的综合应用

MACD 指标、KD 指标、布林带指标，作为开仓与平仓常用的几个重要技术指标，都有各自不同的优点。MACD 指标能够自动定义市场价格的趋势，是上涨还是下跌，避免因为逆势操作而带来的潜在风险；同时能够避免 MA 产生的多次开仓多单及开仓空单信号，对信号的要求与限制有了更高的要求，使用时比 MA 更有准确度。KD 指标较为灵敏，比较适合短线操作，一般来说具有比较高的准确度，与 KDJ 相比，没有 KDJ 的过于敏感。布林带指标本身就含有震荡与趋势

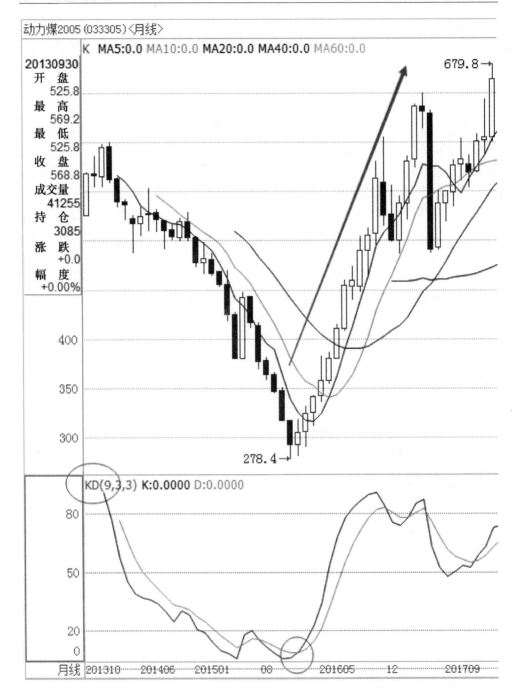

图 9-10　动力煤 2005 合约 KD 指标在底部黄金交叉时开仓多单示意（月 K 线）

图 9 – 11 沪铅 2005 合约 KD 指标在顶部死亡交叉时开仓空单示意（周 K 线）

两个指标，精确度高，压力线与支撑线之间符合正态分布，同时布林带指标可以显示超买超卖，同时具备通道功能。但是每个指标也都有自己的缺点。MACD 指标在使用的时候，如果对行情的判断错误，那么会造成投资者严重亏损，同时 MACD 在涨跌幅度大的场合，会来不及反应，一旦行情大幅涨跌，MACD 就无法立即给出信号。KD 指标在使用的时候，如果行情极强或者行情极弱，那么 KD 指标会一直徘徊在超卖区或者超买区，这时候对市场行情的反应就会出现一定失误。布林带指标的缺点是其上轨与下轨形成开口时，不能给出价格波动的方向，在出现比较极端的行情走势的时候，布林带指标很难给出行情走势与操作时机，而且在操作的时候，指标给出的信号，往往离价格的最高点、最低点及离价格运动趋势反转的点有些距离。因此，有必要综合利用 MACD 指标、KD 指标与布林带指标来指导期货品种的开仓或平仓。只有当三个指标一起发出开仓多单或开仓空单信号的时候，才进行相应的开仓操作。因为三个指标一起发出的开仓信号比三个指标分别发出的开仓信号更准确、更可靠。图 9 - 12 是白银 2006 合约的日 K 线走势图，从该图可以看出，从 2019 年 7 月 16 日开始，即图中三个指标中圆圈处，主图布林带指标的中线开始指示上升方向，MACD 指标底部黄金交叉，KD 指标也底部黄金交叉，三个指标一起发出开仓多单信号，投资者可以放心开仓多单持有，此后白银 2006 合约的价格直线上升，开仓多单的投资者赚得盆满钵满。

下面来讨论三大指标一起发出开仓空单信号的情况。图 9 - 13 是铁矿石 2005 合约的日 K 线走势图，从该图可以看出，从 2019 年 7 月 18 日开始，即图中三个指标中的圆圈处，主图布林带指标的中线开始指示下降方向，MACD 指标顶部死亡交叉，KD 指标也顶部死亡交叉，三个指标一起发出开仓空单信号，投资者可以放心开仓空单持有，此后铁矿石 2005 合约的价格直线下降，开仓空单的投资者又赚得盆满钵满。

图 9 - 14 是鸡蛋 2004 合约的日 K 线走势图，从该图可以看出，从 2019 年 11 月 1 日开始，即图中三个指标中圆圈处，主图布林带指标的中线开始指示下降方向，MACD 指标顶部死亡交叉，KD 指标也顶部死亡交叉，三个指标一起发出开仓空单信号，投资者可以放心开仓空单持有，12 月 9 日三个指标第二次一起发出开仓空单信号，此后鸡蛋 2004 合约的价格直线下降，开仓空单的投资者赚大了。

至于如何综合运用布林带指标、MACD 指标、KD 指标对期货合约进行平仓操作，操作的技术要求与开仓时相似，只是方向相反而已，因此只要反过来操作即可。具体来说就是，根据三个指标可以开仓多单的时候，也就是平仓空单的时候；而根据三个指标可以开仓空单的时候，也就是平仓多单的时候。

图 9-12　白银 2006 合约三大指标共同发出开仓多单信号示意（日 K 线）

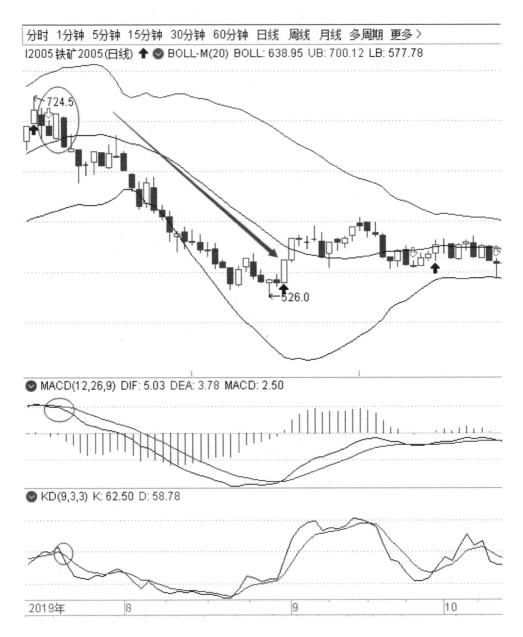

图 9 – 13　铁矿 2005 合约三大指标共同发出开仓空单信号示意（日 K 线）

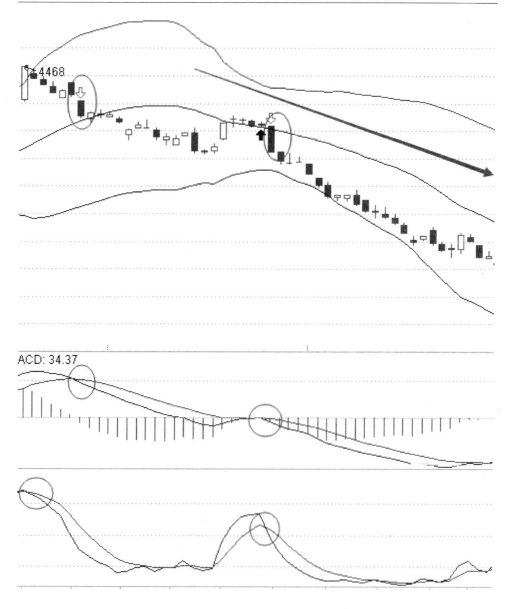

图9-14 鸡蛋2004合约三大指标共同发出开仓空单信号示意（日K线）

由此可知，运用多种技术指标进行综合分析，可以全面分析出一个商品期货合约未来一段时间内的价格趋势，用三个指标共同发出的信号来进行开仓与平仓，比运用单个指标发出的信号来开仓与平仓要可靠得多。

值得注意的是，技术分析虽然有其科学性，但是技术分析在本质上还是对前人经验的总结与深化，其预测的结果不能达到100%的准确率，只是一个大概率的结果，市场也并不一定会完全按照预期的轨迹发展，因为市场并不会完全按照过去的规律来运转，所以，在实际操作中投资者应该具体情况具体分析，避免因为完全依据技术操作带来的损失。此外，商品期货价格不仅受到技术面的影响，还要受到基本面的影响，比如国内外经济发展状况、生产情况、国家政策、市场需求、原材料成本、人工成本、库存、进出口情况、自然气候的变化情况、技术进步的情况以及金融市场的情况等。

总之，在对期货合约进行技术分析并考虑开仓的时候，只用一个技术指标是远远不够的。任何一个技术分析指标都有其优点与缺点，只有不同的技术指标结合使用，才可以弥补单个指标的不足。投资者在进行期货投资的时候，既要坚持技术分析的原则，又要灵活使用技术分析，用多个指标来分析期货品种合约。技术分析是经过前人长期验证的，其广泛性与准确性还是值得认可的，但是只用生搬硬套技术指标来分析期货市场行情，而不考虑现实情况，不具体情况具体分析，也往往会招致损失。技术指标的种类非常多，无论是何种技术指标，都是用来分析价格趋势，因而用任何技术指标分析都没有本质上的区别。关键是投资者要结合自己的情况，采用适合自己投资风格的技术指标，灵活运用，才能应付市场情况的变化。投资者在进行期货投资的时候，要临危不乱，心态很重要。如果碰到一点波动就慌手慌脚，那么结果肯定会失败。另外，投资者还要对相应的现货有足够的了解。期货的价格最终会与现货接近，如果能够彻底了解现货行情，准确预测现货未来的价格，就能对相应的期货品种行情有一个比较准确的把握。一句话，只要能做到坚持原则，灵活运用，具体问题具体分析，找到适合自己的方法，临危不乱，了解现货，就一定能在期货交易中正确开仓与平仓，就一定会在期货市场中盈利。

第十章　期货投资的止盈与止损

止盈就是把盈利变为现实，平仓落袋为安，不让盈利变为"乌云"；止损就是把亏损截住，不让亏损进一步扩大，以便东山再起。期货交易的目的只有两个，对套期保值的交易者来说，买入或卖出与现货相应的期货，是为了规避现货价格将来下跌的风险；而对套利和投机的投资者来说，是为了赚取收益，是为了赚钱。而期货投机又具有很高的风险，面对高风险的交易，为了实现高收益，首先必须完善风险管理，及时止盈止损，才能盈利，或者才能尽可能保住本金，以便再次返场交易。止盈止损在收益保障或保住本金方面有重要作用。但在期货实际交易过程中，多数投资者尤其是散户投资者，往往不进行止盈止损操作，或者即便事先设定了止盈止损计划，往往也因侥幸心理而不能严格执行，最终使止盈止损流于形式，造成期货交易的亏损。因此，本章探讨期货交易的止盈止损问题。

一、期货投资止盈止损策略应用现状

（一）期货交易系统现有止盈止损功能

在期货市场，止损策略可以用来保护投资者，防止损失扩大，有时会被用作特殊的交易策略，充分表明了止损策略对期货交易的重大意义。该策略的成功实施需要交易系统中止损订单的支持，并辅以适当的交易制度来实现。目前，投资者有两种可选择的止盈止损方法。

（1）交易所止盈止损指令。国际上发达成熟的交易所已经为投资者提供了相应制度和措施保障，例如，美国最大的芝加哥商品交易所（CME），为投资者提供了基于合约"预留"状态的次数、系统可接受的价差阈值、集合竞价申报的时间这三个参数的止损逻辑功能。而我国各大交易所在这方面还有很长的路要走。

（2）交易软件止盈止损功能。第一，普通交易软件。目前投资者设置止损单，主要通过使用各大期货交易软件设定，这是一种在投资实践中普遍实行而又简便的方法，大多数投资者主要是依靠交易软件执行止损的。以文化财经软件为例，可以有代表性地分析我国市场上各类交易平台提供的止盈止损功能。在策略选择上，该平台提供了开仓自动止损策略，限价止盈策略等。在止盈止损点差设置方面，提供了两种点差设置方式，一为按跳点数设置，二为按价差设置。在跳点数下，可设置止损跳点数和止盈跳点数，与此同时会折算出相对应的价差。在按价差设置下，提供了止盈价差和止损价差，与此同时也会折算出相对应的跳点数做参考。在止盈止损单的委托价方面，投资者可以选择市价、超价或对手价为委托价，市价可以保证即时成交。但市价具有其自身缺陷，往往容易造成损失，主要是因为成交价有可能偏离预期，因此并没有广泛应用。超价平仓，如果是卖单，就会以低于最新价格平仓出货，相当于承担一定损失来确保成交，一般也很少使用，用得最多的是对手价。

在风险警示方面，各类交易软件在与交易所对接过程中，硬件和网络故障不可避免，增加了投资者的交易风险。尽管各类服务提供商采取了必要措施来降低故障风险和投资者损失，但潜在风险不可避免，因此，必须对投资者提供风险警示，如文化赢顺通用版对风险的警示，如表 10-1 所示。

表 10-1 文化赢顺通用版对风险的警示一览

止损单/条件单/市价单风险揭示

止损单和条件单，是保存在云端服务器端上运行的云端交易。

云端交易只是文华提供的一项软件功能便利，在服务器、网络、软件等故障导致功能失效的情况下，由用户自己承担由此引起的交易损失，文华和期货公司都不会为此担责。

市价单，是以合约的涨/跌停板价下单。

条件单/止损单不保证成交，一般情况下会成交在你看到的对价上，买单以盘口的卖出价成交，卖单以盘口的买入价成交。

风险 1：市价下单，在盘口行情突然发生快速变化的情况下，会成交在最新的对价上，与你下单时看到的价格会有差异。

风险 2：市价下单，交易不活跃的合约有的时候有可能遇到钓鱼单而造成损失：在你涨停板买入的时候恰巧遇到涨停板卖出的挂单，或者在你跌停板卖出的时候恰巧遇到跌停板买入的挂单，都会成交在停板价上，导致你产生巨大的损失。

风险 3：止损单和条件单在行情不活跃或快速发生变化的情况下，不保证成交价为指定价。

风险 4：交易所发布的行情数据是快照方式，最高价/最低价有可能会漏掉，导致有的情况下最高价/最低价上的止损单和条件单无法触发。

风险 5：你在文华软件里设置了损盈单的情况下，如果使用其他软件平仓，需要你回到文华软件手动删除损盈单，否则损盈单会后续误触发，后果自负。

风险 6：损盈单/平仓条件单触发后，如果持仓可用数量不足，会自动撤掉原有挂单。

资料来源：文化赢顺通用版 WH6。

第二，量化交易软件。区别于普通交易软件，量化交易的止盈止损策略给了投资者更多选择的空间，当然对投资者技术水平要求更高。量化交易止盈止损策略的添加，是在投资者设立好自己完整的交易系统后，即一个完善的投资策略体系包括选择投资品种，开仓价位等一系列指标，在此基础上加入止盈止损策略。将这些投资理念转化为计算机语言，可以让投资者减少因情绪波动而导致的非理性投资决策。量化交易相对于普通软件提供的止损策略具有很大的优势，一是投资理念的计算机语言化能帮助投资者严格执行其预先设定的投资决策，避免投资者因损失厌恶心理造成损失进一步扩大。二是量化交易止盈止损策略可以允许投资者设立定制化的止盈止损策略。三是投资者可以使用历史数据，对自己止盈止损策略的合理性进行回测，方便投资者及时修正自己的止盈止损策略。尽管量化交易拥有其独一无二的优势，但量化交易的门槛较高，只有少数拥有计算机编程知识的金融计算机复合型人才，才能用计算机语言将自己的投资理念表达出来，设计独特的止盈止损策略。

（二）投资者应用止盈止损策略现状

可以将商品期货市场的参与主体分为套期保值者和投机者两种。对于套期保值者来说，商品期货市场的主要功能是对冲其在现货市场的风险头寸。而对于投机者来讲，他们选择承担市场风险来获取超额收益，高杠杆的期货投资要求其做好风险管理，止盈止损策略的应用则显得尤为重要。

近年来，参与商品期货交易的投资者数量在逐年上升，截至 2017 年 11 月 7日，全国期货投资者的开户数有所增加，并达到约 130 万户，但是其中机构投资者仅占投资者总数的 3%，约 4 万户。据交易所发布的个人投资者调查报告显示，从我国投资者结构看，2017 年中小投资者是我国商品期货市场的主力军，占75.1%，较前年下降约 2%。根据投资者结构比例可以看出，占主导地位的中小投资者的投资实践往往缺乏理性的预判，更多倾向于经验和投机心理。对于这部分以投机交易为主要目的的投资者来说，止盈止损策略的应用将成为其风险管理的重点。

近年来，随着投资者理财观念的转变，学习和应用止盈止损策略，设置止盈止损位，进行理性投资的投资者数量也在不断上升。2017 年在止盈、止损策略的应用情况调查中发现，有 40% 左右的投资者了解学习过止盈止损策略，并倾向采用止盈止损策略进行理性投资，如表 10−2 所示。

数据显示，在中小投资者中，了解和应用止盈止损策略进行理性投资的数量虽然在上升，但是约 60% 的投资者仍旧未在投资中应用止盈止损策略，可见大部分中小期货投资者仍然没有使用止盈止损策略。

表 10 - 2　投资者止损策略应用情况一览　　　　单位:%

年份	2016	2017
无明确止损策略投资者比例	51.2	59.6
盈利投资者使用止损比例	59.6	42.5
亏损投资者使用止损比例	47.7	38.0

资料来源：根据期货交易所公布的相关数据整理而得。

而通过对不同盈利状况的投资者进一步对比分析，发现使用止盈止损策略的投资者在收益上高于不使用止盈止损策略的投资者，如表 10 - 3 所示。

表 10 - 3　　使用止损策略的投资者盈亏　　　　单位:%

	亏损投资者	盈利投资者
使用止损策略	38.0	42.5

资料来源：根据期货交易所公布的相关数据整理而得。

二、期货投资止损常用策略

市场上常用的止损策略有八大类，分别为绝对金额止损策略、固定百分率止损策略、时间止损策略、分时均价线上下不远处止损策略、日 K 线创新低或创新高止损策略、划线止损策略，追踪止损策略、隐含止损策略。在应用过程中，首先应当理解各个策略的含义，根据策略的特点因时制宜，因境制宜地选择止损策略。

第一，绝对金额止损策略。止损设置可以是投入资金的一个绝对数额。使用这一策略时，要根据投资者投资的品种差异和操作时限差异，设定差异化的止损额度。不同品种和不同时间段期货价格波动幅度不同，采用不同止损额度可以避免波动频繁被震荡出局。止损额度的设立要结合科学预判，止损额度需要在市场上进行检验。因此该策略能够突出资金管理原则，具有严格标准的止损额度是进行资金管理的好工具。此外，通过市场历史数据检验而设定的止损额度在概率上具有很大优势。该策略的使用需要历史的统计数据和专业的科学分析才能进行确定，同时要结合投资者的操作风格、心理预期、投资习惯并找到最佳的止损额度。绝对金额止损是投资者日常最常用的一种策略，操作较为简便快捷，但需要盯盘。

第二，固定百分率止损策略。固定百分率止损是根据平均真实波动的一定比例来计算从进场点到止损点的距离。这个百分比可以是期货带杠杆的百分比，比如 0.5% 或 1%，也可以是不带杠杆的百分比，比如投入资金的 3% 或 5% 等，具体情况可以根据每个投资者的承受能力来定。

　　第三，时间止损策略。时间止损是指在设定的某个时间范围内，获利很少或者产生亏损而偏离初始预期，果断平仓出场。时间止损的实施基础是交易周期，该理论假定时间是有价值的。因此该理论的原理是当价格在空间位置上可能尚未达到止损位置，而时间已超越设定期限，此时投资者未获得预期收益，但为了控制时间的损失，应立即止损。使用时间止损时也应从多个方面进行考虑，首先，投资者应该明确自身投资的期限，根据自身的交易周期来选择合适的时间止损周期。其次，应考虑个人对资金的时间要求。由于时间限制，投资者即便尚未获得收益或者有更高的收益预期，也应在到期前马上退场。最后，投资者还应考虑特殊的时间节点可能引起的市场震荡。例如，一些特殊事件、特殊时间发生的节点比如周末、重大节假日等，会引起市场震荡。这些敏感时间节点，投资者应考虑在止损计划内，当到达某一特殊时间节点时及时止损。时间止损的应用要求投资者对自身的投资风格有清晰的认知，以便设置自己的时间期限，同时要求对市场变化比较敏感，在特殊时点到来时及时止损。

　　第四，分时均价线上下不远处止损策略。操作方法是，当期货价格向上突破分时均价线，并在分时均价线上方不远处企稳时，第一时间建仓多单，止损点就设在分时均价线的下方不远处；相反，当期货价格向下突破分时均价线时，第一时间建仓空单，止损点就设在分时均价线的上方不远处。分时均价线上下不远处止损一般只适合用于日内短线操作止损。图 10 - 1 是白糖 2005 合约 2020 年 3 月 9 日上午的分时走势，从该图可以看到，该合约上午开盘时在分时均价线上方往上走，可以建仓多单，但向下跌破分时均价线即图中划红线处时，应立马止盈或止损，以免造成亏损或亏损扩大。

　　图 10 - 2 是热卷 2005 合约 2020 年 3 月 9 日下午的分时走势，从该图可以看到，如果投资者在分时均价线下面的红箭头处建仓空单，当期货价格向上突破分时均价线即图中分时均价线上方划红线处时，应立马止损，以免造成亏损扩大。

　　第五，日 K 线创新低或创新高止损策略。日 K 线创新低或创新高止损法一般只适用于做大波段，而且仓位比较轻的投资者。图 10 - 3 是玻璃 2005 合约从 2019 年 11 月 19 日至 2020 年 3 月 9 日的日 K 线走势图，从该图可以看到，2020 年 3 月 9 日期货价格跌破前期的低点，创了新低，如果投资者在前 3 天建仓了多单，当日 K 线跌破了前低的时候，应立马止损，以免造成以后亏损扩大。

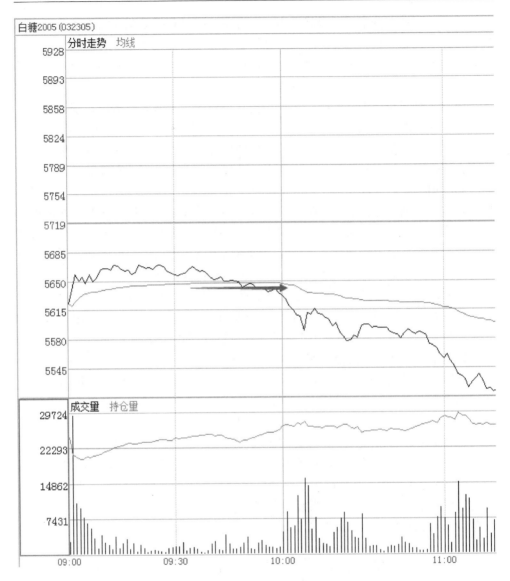

图 10 - 1　白糖 2005 合约 2020 年 3 月 9 日上午多单跌破分时均价线时止损示意

图 10 - 4 是鸡蛋 2004 合约从 2019 年 7 月 10 日至 2019 年 11 月 1 日的日 K 线走势图，从该图可以看到，2019 年 10 月 21 日期货价格向上突破前期高点，创了新高，如果投资者在 10 月 21 日以前建仓了空单，当日 K 线向上突破了前高的时候，应立马止损，以免造成亏损扩大。

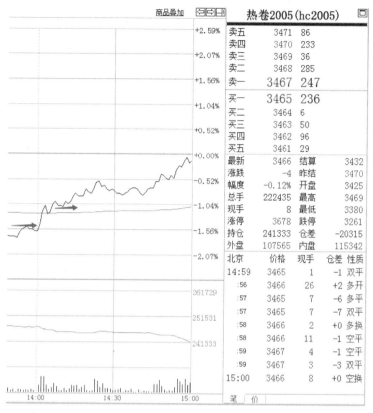

图 10－2　热卷 2005 合约 2020 年 3 月 9 日下午空单向上突破分时均价线时止损示意

图 10－3　玻璃 2005 合约日 K 线创新低时多单止损示意

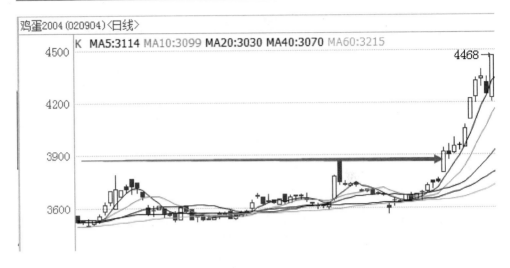

图 10 - 4　鸡蛋 2004 合约日 K 线创新高时空单止损示意

第六，划线止损策略。文化赢顺通用版即 WH6 交易系统有一种划线下单的功能，在这个功能里面划线平仓的功能就可以来止损。具体操作方法是建仓以后，投资者就可以在应该止损的位置，用平仓键画一条线将止损位定下来，一旦方向做错，在平仓的位置系统会自动平仓，自动控制风险。而且划线单属于条件单，可以永久保存。该方法简单方便适用，适用于没有时间盯盘的投资者，如图 10 - 5 所示。

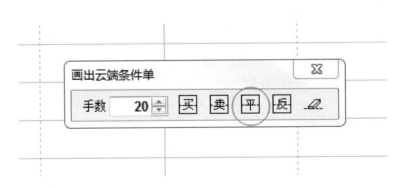

图 10 - 5　用划线条件单的平仓键止损示意

第七，追踪止损策略。当合约价格未创新高，止损价设为开仓价减去止损价差，当合约价格随市场波动超越开仓价创新高，止损价随之波动，设为当前最高价减去止损价差。追踪止损策略的特点是当市场价格不断上升，允许盈利无限上涨。在该策略的使用过程中，投资者首先要根据科学预判和自己的心理预期设定追踪回撤价差，这一回撤价差的设置可以防止投资者出局。举例来说，某投资者以 3400 元的价格买入鸡蛋 2005 合约，设置追踪回撤价差为 40 元，当合约价格一直低于 3400 元时，止损价设为 3360 元，当超过 3400 元却一直未创新高，以最高价回撤 40 个点的价差为止损位，当合约价格上涨超过 3400 元时，止损价跟随价格波动自动调整，假设合约上涨至 3540 点时，止损价则为 3500 点。采用追踪止损的方式可以在价格反转，锁定损失量时及时关闭头寸。而当价格朝着预期方向运动时，止损价格的不断提高允许了盈利的无限扩大。

第八，隐含止损策略。隐含止损策略是最受投资者欢迎的止损策略，通常包含大量的技术层面止损指标。隐含止损就是指根据开仓方法设定止损点，在反向进场信号出现时执行平仓，从而实现止损功能。在使用隐含止损策略时，要保证进场和止损的方向相反，口径一致。事实上，并非所有的交易系统都包含隐含止损策略。只有同时具备做多和做空的系统才包含有该止损策略。

上述止损策略是部分投资者常用的一些策略，每种策略有不同的设置方式，这里只做简明扼要的论述，要熟练使用还需要期货投资者认真学习研究。此外，量化交易中还有更多定制化的止损策略，由于使用量化交易的投资者不多，在此不再论述。

三、期货投资止盈及其策略

止盈一言以蔽之就是把盈利变为现实，落袋为安，不让盈利化为"乌云"。至于期货交易的止盈策略则比较好说，一般是首先运用分时均价线止盈的方法试探，一旦某一天在某期货合约的重要点位，运用分时均价线止盈的方法获利丰厚，同时又在第二天及以后大幅盈利，则说明投资者做对了趋势，可以将日 K 线逐日上移或下移的划线止盈方式，对所做的合约进行逐日顺势止盈，直至拐点出现时再平仓了结。这种止盈的方法一般要结合交易系统进行趋势判断，在重要拐点作对趋势才行。图 10 - 6 是鸡蛋 2004 合约 2019 年 10 月 21 日全天的分时走势图，如果投资者在这一天开盘买入，当天获利丰厚。而这一天又处于图 10 - 7 中画圆圈的日 K 线位置，从图 10 - 7 可以看出，10 月 21 日鸡蛋 2004 合约刚好突破前高，系统主图前 3 天已发出买入做多信号，均线、K 线系统均属多头走势，系统附图的 MACD、KD 指标也是多头走势。因此，10 月 21 日开盘做多的投资者就可以采取将日 K 线逐步上移的划线止盈方式，对鸡蛋 2004 合约进行逐日不断划线顺势止盈，直至 11 月 1 日为止，获利十分可观。

图 10 - 6　鸡蛋 2004 合约 2019 年 10 月 21 日全天的分时走势

上面说的是做多止盈,如果是做空止盈,原理、方法还是一样,只是方向相反而已。图 10 - 8 是鸡蛋 2003 合约 2019 年 12 月 9 日全天的分时走势图,如果投资者在这一天开盘卖出,当天收盘跌停,就会大获全胜。而这一天又处于图 10 - 9 中画圆圈的日 K 线位置,从图 10 - 9 可以看出,12 月 9 日鸡蛋 2003 合约交易系统主图已发出卖出做空信号,均线、K 线系统均属空头走势,交易系统附图的 MACD、KD 指标也在高位死叉,属于空头走势。因此,12 月 9 日开盘做空的投资者就可以采取将日 K 线逐日下移的划线止盈方式,对鸡蛋 2003 合约进行逐日不断顺势划线止盈,直至 2020 年 2 月 18 日为止,获利丰厚。

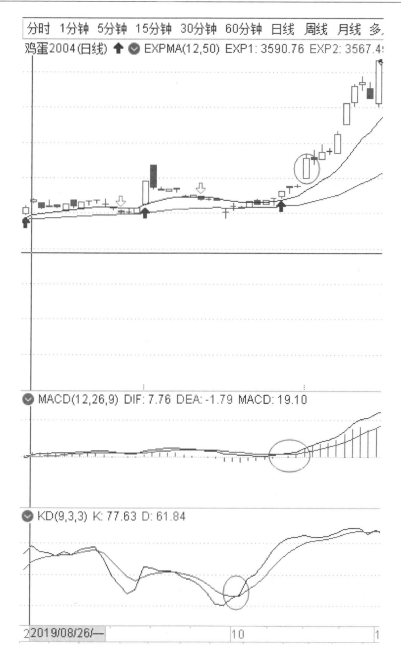

图 10 – 7　图 10 – 6 分时走势对应的日 K 线位置及止盈上移示意

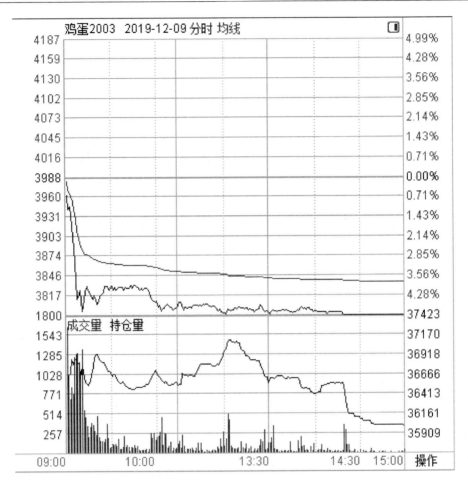

图 10 −8　鸡蛋 2003 合约 2019 年 12 月 9 日全天的分时走势

四、期货投资止盈与止损的辩证关系

投资者要想在期货市场盈利，必须搞清楚止盈与止损的辩证关系。一般来说，止盈是目的，因为投资者到期货市场来交易的目的主要是为了赚钱；止损只是手段，止损是为了在操作失误的情况下，保住本金不遭受大的损失，是为了保住本金的安全，以便还有条件和资本再一次入场操作盈利，止损的最终目的是为止盈服务的，从这个意义上来说，止损最终只是手段。明白了止盈与止损的关系之后，在具体操作的时候，还必须注意止盈与止损的比例关系。一般来说入场操

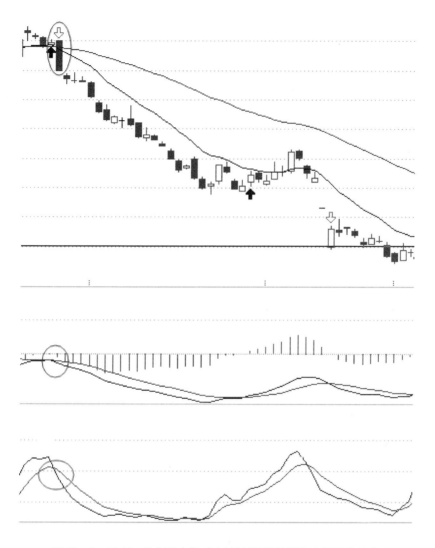

图 10 - 9　图 10 - 8 分时走势对应的日 K 线位置及止盈下移示意

作之前，一定要把握好每次操作的盈亏比，盈亏比至少要有 3∶1，甚至以上才行，也就是说可能盈利一定要是可能亏损的 3 倍以上才能入场操作，只有把握住这一点才能保证总体赚钱，才可以入场操作。如果进场操作的盈亏比低于 3∶1，最好还是先管住自己的手，观望为宜。因为，期货市场有的是机会，有时候等待也是一种策略。当然，如果从更广泛的关系上来说，投资者到期货市场来交易的最终目的都是为了赚钱，不管是止盈还是止损都是为赚钱服务的，止盈与止损都是手段，也未尝不可。

止盈与止损的关系是辩证统一的关系。在大幅盈利的前提下，止盈是投资者面临的主要矛盾或者矛盾的主要方面，这个时候投资者要重点考虑如何止盈；而在出现亏损的前提下，止损则成了投资者面临的主要矛盾或矛盾的主要方面，投资者要重点考虑的是如何止损，考虑如何保住本金不遭受大的损失。止盈与止损谁主谁次，不是一成不变的，而是随着盈亏的变化而变化的。止盈与止损的辩证关系需要投资者灵活掌握，活学活用，才能在期货市场立于不败之地，才能盈利。

目前在期货投资中，应用止盈止损策略存在的主要问题有：

第一，交易所止损指令缺失。我国的期货交易所并没有直接为投资者提供止盈止损的功能，仅有市场上各大交易软件和交易平台为投资者提供了简单的止盈止损功能，允许投资者在建仓下单时设置止损。止盈止损单是保存在云端服务器上运行的交易。而云交易在实际应用时是一把双刃剑，优点是由各种交易软件提供的止盈止损功能方便投资者使用；缺点是这类交易存在着技术风险，会给投资者增加隐性的交易风险。而期货公司和服务提供商是不会替投资者承担损失的。在历史上，曾有投资者因期货公司客户端的交易系统，错误地发出交易指令，随机平掉投资者的持仓，造成了巨大的损失。这类偶发的错误很有可能引发交易纠纷。由此可知，交易所平台提供的止盈止损功能与交易系统提供的止盈止损，在功能上存在较大差异。成功执行止盈止损应要求交易所以适当的交易系统支持止损订单，而我国的期货交易所并没有直接为投资者提供止盈止损的功能。交易所止损指令的缺失说明我国期货市场还有待进一步完善。

第二，应用止盈止损策略的投资者不多。对于成熟的机构投资者，专业的投资素养和超前的投资意识，决定了他们一般会采取止损措施，来进行合理的风险管理与控制。在我国投资者结构中，比例最大的仍是中小投资者。近60%的投资者不会使用止盈止损策略来进行风险管理，止盈止损策略应用不多。可见在我国中小投资者中，多数没有意识到止盈止损在风险管理过程中的重要作用，只有少数投资经验较为丰富的投资者会运用止盈止损策略。数据表明止盈止损策略对投资盈利有显著影响，但多数投资者并没有意识到这一点。止盈止损策略的应用不广泛，一方面，是由我国商品期货市场中小投资者占主导的投资者结构现状决定的。与中小投资者相比，机构投资者尽管知识水平较高，但在投资实践中，制定好的止盈止损策略往往也容易被忽略。因而，造成止盈止损在投资主体的实践应用中发挥较少的作用。另一方面，在我国有超过20%的投资者缺乏止盈止损的意识，有近40%的投资者对止盈止损根本不重视。

第三，投资者难以选择比较合适的止盈止损策略。市场上已经存在一定数量的止盈止损策略，专业的机构投资者会利用计算机，在自己的投资模型中加入止盈止损策略，对止损策略的有效性进行检测，在测量多个策略的结果后，进行横向比较，根据自身投资周期和投资风格来选择合适的止盈止损策略。由于止盈止损策略的选择过程需要对大量历史数据进行回测，这将耗费大量的时间，同时对投资者本身的技术和知识水平有较高要求。而多数中小投资者不具备筛选合适的止盈止损策略的条件，只能依据自身投资特点和历史经验，选择自认为合理的止盈止损策略。但在哪个价位设定合适的止盈止损点，仍会对投资收益产生较大影响。合适的止盈止损点的设置也对投资者的量化能力有较高要求，多数个人投资者往往只能依据一些专家给出的建议，来设定止盈止损点。由于无法定量测算基于自身特点的合适的止盈止损策略和止盈止损点，投资者往往追求最简洁易懂，方便快捷的策略进行预判和投资，而并未结合自己的投资方向、资产份额、风险承受能力等方面去选择适合的策略。尽管机构投资者可以运用资金和技术优势，定量选择合适的策略类型和止盈止损点，但选择是基于历史数据计算，而事实上，未来的变化是不可预测的。因此，合适的止盈止损策略及止盈止损点的设置是有一定难度的。

第四，投资者不能严格执行止盈止损策略，尤其不能严格执行止损策略。投资者遭受损失时，由于基于对盈亏情况的主观判断，常常不愿意平仓，产生浮亏时，容易受心理因素的影响，不愿兑现损失，不愿意执行止损策略，寄希望于未来获利。也有大量投资者虽然设立了止盈止损策略，却受市场行情动荡的影响，没有执行止盈止损。设置了止损，但不执行止损，究其原因，一是频繁的价格波动和经常错误地止损。当市场震荡剧烈而止损价差设置较小时，止损位总是会很轻易达到，导致投资者频繁被迫出局。而事后发现止损的位置只是市场正常的波动，这种情况的出现会对投资者产生一定程度的打击，从而破坏下一次止损。二是损失厌恶情绪的影响。

而要解决上述问题，则需要采取以下措施：

第一，完善交易所的功能，推出止盈止损指令。交易所要从投资者的利益角度进行考虑，新增止盈止损交易系统，并且要在交易系统支持止盈止损订单方面有效降低交易成本。同时，要从市场角度考虑，让支持止盈止损指令的交易系统更有吸引力，吸引更多投资者。交易所应当发挥强大的网络和技术优势，从最基本的技术层次推出新的止损指令，降低因中介服务机构的存在而逐级累加的风险。若交易所推出止盈止损指令可以在很大程度上丰富交易者可用的交易指令组合，有助于投资者及时捕捉获利机会并防范风险。因此，完善交易所交易系统功能，推出新的合适的止盈止损指令，不仅有利于缓解服务提供商的技术压力，同时可以降低投资者面临的隐含风险，甚至降低整个期货市场的系统性风险。因此，随着投资者结构的改善和投资者风险意识的提升，交易所应当顺应发展趋势，推出完善的止盈止损单功能设置，提供多样化的止盈止损策略。而对于各大交易平台，应该推出更加完善的止盈止损功能，满足各类投资者需求。首先应当给投资者更多止盈止损策略选择的余地，而不应局限于简单的止盈止损策略。

第二，进一步加强对期货投资者的风险教育。我国投资者中有近60%的人不会倾向于使用止盈止损策略，折射出的是投资者风险防范意识的缺失。当前急需改善的问题是优化投资者结构，同时引导投资者培养正确的投资习惯。因为投资者风险防范意识的确立，能帮助投资者更好地管理风险、提高收益。目前，投资者教育需要多方共同努力，一是在国家层面进行政策引导，各级监管部门和期货机构制定详细的监管措施，保证按正确方向出台投资者教育举措。二是期货及其监管机构应通过多种渠道适时开展投资者风险教育活动，例如，社区宣传，网络宣传，充分告知投资者期货中隐含的金融风险。三是从个人层面来看。外部因素是正确引导投资者控制风险，而个人因素对期货的风险防范有更大的影响。投资者自身应该加强学习，而不能依赖侥幸心理和单纯依据历史数据所得的狭隘经验，同时要摒弃贪婪心理，才能严格执行止盈止损。止盈止损策略应用主体占比少，主要是因为多数投资者缺乏正确的风险防范意识和风险防范能力，只注重片面而不切实际的盈利。投资者应采取科学合理的风险防范措施，才能保障投资收益，即便不能获取超额收益，也能减少损失，保留继续投资的本金。总之，投资者应当树立合理的止损理念，科学运用止损策略，依据个人状况制定合理的止损计划，尽可能提升个人投资收益。投资者风险防范意识和风险控制能力的提升，不仅取决于各级期货监管部门和期货公司开展的投资者教育活动，更重要的是，投资者个人应不断学习，努力提高自身控制风险的能力。

第三，完善个人风险评估机制，量化投资者的风险承受度。当前我国对期货投资者的风险评估都是通过单纯的问卷调查来实现的，依据投资者的简单选择将投资者划分为保守型、稳健性、激进型。这样的风险评估分类分级跨度较大，在一定程度上并不能准确衡量投资者的风险状况。各级期货监管部门应当推动建成更为完善的个人风险评估机制，细化风险评级，例如，采取打分制风险评估制度，细化不同风险级别，同时对不同期货品种的风险进行不同的风险级别细化，帮助期货投资者更好地依据个人风险承受能力选择期货品种和合适的止盈止损策略。同时，期货机构的风险测量可以导入更多数据，定量计量风险，而不是仅依靠问卷调查结果对风险进行测量。可以依据大数据下的个人消费和信贷状况来综合评估个人风险承受能力。

第四，改善投资者非理性行为。在我国期货市场，个人投资者受到自身素质、资本和能力等方面的限制，在与期货市场机构参与者的博弈中，处于绝对的弱势地位，因此，急需加强对个人期货投资者的风险教育，防止他们的非理性期货投资行为。开展投资者教育是整个行业的一种自觉行为，不仅要依靠政府引导，同时，期货监管部门、期货公司和各类中介机构作为主要参与者更要重视投资者教育。而投资者更需要从多方面进行学习，尤其需要加强对期货投资的风险防范知识和止盈止损技术的学习。

第十一章　期货的套利

　　套利是利用不同合约、不同品种、不同市场及期货与现货之间的价格差，低买高卖，赚取价格差的行为。套利虽然收益不及投机，但风险也比投机小得多。因此，深受稳健投资者尤其是相关企业的青睐。近几年来，可以进行套利的品种越来越多，既有农产品期货合约如鸡蛋、红枣、苹果等期货合约，又有金属合约如硅铁、螺纹钢等期货合约，也有化工类的期货合约如 PP 期货合约等期货合约。可以说，几乎所有的品种都可以进行套利。随着我国期货市场的不断深入发展，从事套利的个人和企业也会越来越多。因此研究套利意义重大，有助于投资者尤其是企业及时发现套利机会，获取套利收益，并能促进期货合约价格和现货价格合理化，有利于期货和现货市场的稳健运行。套利分为基本面套利、统计套利、跨合约套利、跨品种套利、跨市场套利、期现套利等。

一、套利的原理与特征

　　套利是指通过对同一市场不同期货品种或合约、不同市场同一期货品种，进行买入或者卖出操作的同时，卖出或买入与该品种、合约相关的另外一种品种、合约，并时刻关注两个品种、合约之间的价格差，一旦价格差有明显的缩小时，就进行平仓操作，以赚取利差的行为。从套利的定义可以看出，套利的目的是为了赚取利差，只有在存在利差的时候，才有套利的机会，才可以进行套利操作。套利的特征主要有：第一，在通常情况下，套利交易的收益预期总是大于风险预期。收益来源于价差，只有存在较高的收益预期，套利者才会乐于参与。第二，买卖的期货合约、品种之间必须具有很高的相关性。只有存在较强的关联度，价格走势才会相似，才会更容易出现套利的时机。尽管不同时期、不同合约、不同品种、不同市场形成利差的大小、原因各不相同，但由于它们之间存在这种关联性，价格差在一定的条件具备的时候，迟早会缩小乃至消失，这就是可以进行套利的缘由或原理，也是可以套利的依据。第三，风险依然存在。套利交易并不能保证 100% 的收益，建立相反头寸的同时也意味风险的存在，有时可能会带来不可预计的经济损失。跨合约、跨品种、跨市场套利是如此，期货与现货之间的套利也是如此。

二、套利的功能与作用

套利的功能与作用体现在以下几个方面：首先，套利交易可以增加市场流动性并使市场交易更加活跃。其次，套利交易可以使被扭曲的期货价格恢复到正常水平。被扭曲的市场价格使相关合约的价格差远远超出正常范围，因为价格急剧变化，套利机会就会出现，于是套利者以相对较低的价格买入，以相对较高的价格卖出，驱使价格差缩小或消失，从而使被扭曲的期货价格恢复到正常的水平。大量套利者经常买卖合约可以影响供需，套利交易行为也可以反映市场供求关系。从这个角度来看，套利交易在调节市场经济中也起到了一定的作用，稳定了市场价格。最后，套利交易可以稳定期货市场价格，抑制过度投机行为的发生。在投机资金的影响下，期货市场价格往往会偏离价值比较远，而套利可以驱使价格向价值靠拢。

三、套利的主要种类

套利分为基本面套利、统计套利、跨合约套利、跨品种套利、期现套利、跨市场套利。

（1）基本面套利。基本面套利是一种比较宏观的套利方法，通过基本面进行套利的方法主要是根据整体的宏观经济状况、行业、商品的供求关系及企业的发展状况进行套利操作。这种套利方法更加具有主观性，对决策者判断市场趋势的能力以及选择进行套利合约品种等都有很高的要求。在进行基本面套利的过程当中，要及时根据市场动态进行套利决策，在市场发展好的时期，果断开仓买入活跃合约，卖出不活跃合约，从而可以抓住一些套利的时机；反之，在市场发展趋势逐渐变差的时候，就应该及时进行反向操作，把握好时机，卖出之前所买入的期货合约，买入之前所卖出的期货合约，以此来获得收益。需要注意的是，采用基本面套利的方法，在买卖时点的把握上也必须借助技术方法，把基本面和技术面结合起来使用，才能取得令人满意的套利效果。

（2）统计套利。这种方法比较注重品种合约的历史价格和当前价格之间的关系，通过对价格进行对比来制定对策。因为相关品种的期货合约的价格大多都是围绕中线并在无套利区间内进行上下波动，一旦价格出现异常的波动，其波动范围超出无套利区间，就可以根据这些波动，通过对这一品种合约及相关品种合约的价格差异制定买入卖出策略，以获取套利收益。这种套利方法要求套利决策者必须清晰了解计划进行套利合约之间的关系，因为这些合约的价格波动长时间都是处于正常范围内，一旦超出正常区间，套利时机便会出现。

基本面套利和统计套利作为两种常用的套利方法，虽然看起来有很大的差别，但是在实际操作过程中并不是不相容的，两者在套利决策中应该共同发挥作用，以达到最优的套利目的。

（3）跨合约套利。跨合约套利主要根据同一品种不同合约之间的涨跌幅大小来进行的，如果当天主要以跌为主，则卖出跌幅大的合约，买入跌幅小的合约。表11-1是鸡蛋合约2020年1月22日上午收盘时的涨跌幅一览表，从表中数据可以发现，上午鸡蛋2006合约跌幅最大，跌了151点，而鸡蛋2009合约只跌了66点，相比鸡蛋2009合约，鸡蛋2006合约多跌了85点。如果当天上午开盘时卖出鸡蛋2006合约，同时买入鸡蛋2009合约，到上午收盘前全部平仓，则鸡蛋2006合约与鸡蛋2009合约套利盈利85点。

表11-1　鸡蛋合约2020年1月22日上午收盘时的涨跌幅一览

名称	最新	现手	买价	卖价	买量	卖量	成交量	涨跌
鸡蛋2006	3345	1	3344	3345	13	13	4982	-151
鸡蛋2004	3197	1	3196	3197	4	16	20291	-142
鸡蛋2002	2953	1	2952	2955	1	5	5939	-126
鸡蛋2003	3090	4	3092	3093	1	2	34947	-125
鸡蛋主力	3428	12	3428	3430	5	145	299547	-136
鸡蛋2005	3428	12	3428	3430	5	145	299547	-136
鸡蛋指数	3444	16	—	—	0	0	383869	-124
鸡蛋2007	3434	1	3433	3438	7	26	2016	-121
鸡蛋2008	3961	2	3961	3963	5	1	1564	-78
鸡蛋2009	4052	4	4052	4054	5	3	13717	-66
鸡蛋2010	3749	1	3743	3750	2	1	257	-61
鸡蛋2012	3811	1	3807	3813	1	4	74	-54
鸡蛋2011	3722	1	3723	3732	1	1	98	-49
鸡蛋2101	3891	2	3886	3891	1	5	437	26

如果当天的商品期货主要以涨为主，则买入涨幅最大的合约，卖出涨幅最小

的合约。表 11 - 2 是红枣合约 2020 年 1 月 22 日上午收盘时的涨跌幅一览表，从
该表发现，这天上午红枣 2009 合约涨了 40 点，而红枣 2005 合约只涨了 30 点，
相比红枣 2005 合约，红枣 2009 合约多涨了 10 点。如果当天上午开盘时买入红
枣 2009 合约，同时卖出红枣 2005 合约，到上午收盘前全部平仓，则红枣 2009
合约与红枣 2005 合约套利盈利 10 点。

表 11 - 2 红枣合约 2020 年 1 月 22 日上午收盘时的涨跌幅一览

名称	最新	现手	买价	卖价	买量	卖量	成交量	涨跌
红枣 2101	10895	1	10795	10900	1	3	8	80
红枣 2009	10675	1	10660	10675	4	1	334	40
红枣 2012	11020	1	10980	11020	1	1	21	40
红枣指数	10575	4	—	—	0	0	35534	32
红枣主力	10530	4	10530	10535	21	30	35071	30
红枣 2005	10530	4	10530	10535	21	30	35071	30
红枣 2007	10600	1	10585	10600	1	1	32	30
红枣 2003	10700	1	10690	10710	1	1	68	0

（4）跨品种套利。跨品种套利的原理跟跨合约套利的原理基本一致，主要
也是根据两个品种之间的涨跌幅大小来进行的，如果当天两个品种以跌为主，则
卖出跌幅大的品种，买入跌幅小的品种。表 11 - 3 和表 11 - 4 分别是 2020 年 1
月 22 日上午收盘时橡胶和白糖两个品种的涨跌幅一览表，从这两个表可以看出，
当天上午橡胶比白糖跌得厉害，如果当天开盘卖出橡胶 2005 合约，同时买入白
糖 2005 合约，则当天上午橡胶与白糖跨品种套利都会盈利。

表 11 - 3 橡胶合约 2020 年 1 月 22 日上午收盘时的涨跌幅一览

名称	最新	现手	买价	卖价	买量	卖量	成交量	涨跌 ↓
橡胶 2003	12270	1	11680	—	1	0	16	- 250
橡胶 2007	12530	1	—	12950	0	1	2	- 260
橡胶 2101	13565	1	13545	13580	1	1	412	- 355
橡胶 2011	12710	1	12595	12740	1	1	109	- 360
橡胶连三	12340	2	12335	12340	24	13	212635	- 395
橡胶 2005	12340	2	12335	12340	24	13	212635	- 395
橡胶主力	12340	2	12335	12340	24	13	212635	- 395

续表

名称	最新	现手	买价	卖价	买量	卖量	成交量	涨跌↓
橡胶指数	12379	2	—	—	0	0	246631	−396
橡胶2009	12565	4	12560	12565	2	1	33419	−400
橡胶2006	12445	1	11980	12500	1	1	20	−435
橡胶连四	12445	1	11980	12500	1	1	20	−435
橡胶2008	12595	1	—	—	0	0	10	−525
橡胶2010	12620	1	12295	13110	1	1	1	−600
橡胶2004	12240	1	—	12495	0	1	7	−880
橡胶2002	—	0	—	—	0	0	0	—
橡胶2012	—	0	—	—	0	0	0	—
橡胶连续	—	0	—	—	0	0	0	—

表 11 – 4　白糖合约 2020 年 1 月 22 日上午收盘时的涨跌幅一览

名称	最新	现手	买价	卖价	买量	卖量	成交量	涨跌↓
白糖连三	5706	5	5702	5705	5	6	8082	4
白糖2003	5706	5	5702	5705	5	6	8082	4
白糖2007	5689	3	5685	5694	10	1	479	−5
白糖2101	5681	1	5676	5683	1	1	400	−5
白糖2005	5692	10	5692	5693	3	6	254399	−9
白糖主力	5692	10	5692	5693	3	6	254399	−9
白糖指数	5693	11	—	—	0	0	289700	−10
白糖2009	5694	1	5693	5696	13	6	26329	−15
白糖2011	5677	1	5690	5706	1	1	11	−23
白糖连续	—	0	—	—	0	0	0	—

　　如果当天两个品种以涨为主，则买入涨幅大的品种，卖出涨幅小的品种。表 11 – 5 和表 11 – 6 分别是 2020 年 3 月 13 日收盘时焦炭和焦煤两个品种的涨跌幅一览表，从这两个表可以看出，当天焦炭和焦煤期货两个品种都涨，但焦炭比焦煤涨得更多，如果当天开盘买入焦炭 2005 合约，同时卖出焦煤 2005 合约，在暂不考虑手续费的情况下，当天焦炭与焦煤跨品种套利赚了 3.13% − 2.30% = 0.83% 。

表 11 - 5 焦炭合约 2020 年 3 月 13 日收盘时的涨跌幅一览

序号	开盘	最高	最低	昨结	幅度%↓	代码
1	1815.0	1880.5	1805.0	1822.0	3.13	020790
2	1815.0	1880.5	1805.0	1822.0	3.13	j2005
3	1815.4	1878.7	1804.6	1821.7	3.12	020788
4	1818.0	1879.5	1804.0	1822.0	3.10	j2009
5	1780.0	1837.5	1770.0	1788.0	2.77	j2101
6	1781.5	1792.5	1781.5	1794.5	-0.11	j2012
7	—	—	—	1797.0	—	020723
8	—	—	—	1889.0	—	020720
9	—	—	—	1826.0	—	020724
10	—	—	—	1889.0	—	j2003
11	—	—	—	1797.0	—	j2006
12	—	—	—	1846.0	—	j2008
13	—	—	—	1826.0	—	j2007
14	—	—	—	1808.5	—	j2010
15	—	—	—	1852.5	—	j2004
16	—	—	—	1829.5	—	j2011
17	—	—	—	1818.5	—	j2102

表 11 - 6 焦煤合约 2020 年 3 月 13 日收盘时的涨跌幅一览

序号	开盘	最高	最低	昨结	幅度%↓	代码
1	1265.5	1291.5	1260.0	1261.0	2.30	020890
2	1265.5	1291.5	1260.0	1261.0	2.30	jm2005
3	1260.3	1284.6	1255.4	1256.3	2.17	020888
4	1179.0	1200.0	1179.0	1183.5	1.35	jm2101
5	1216.0	1233.0	1207.0	1216.0	1.27	jm2009
6	1193.5	1200.0	1193.5	1226.5	-2.16	jm2010
7	—	—	—	1242.5	—	020824
8	—	—	—	1252.0	—	020823
9	—	—	—	1292.0	—	020820
10	—	—	—	1292.0	—	jm2003
11	—	—	—	1309.5	—	jm2004

序号	开盘	最高	最低	昨结	幅度%↓	代码
12	—	—	—	1201.0	—	jm2008
13	—	—	—	1242.5	—	jm2007
14	—	—	—	1252.0	—	jm2006
15	—	—	—	1214.5	—	jm2012
16	—	—	—	1221.0	—	jm2011
17	—	—	—	1182.0	—	jm2102

（5）期现套利。期现套利就是在期货与现货之间进行套利，从事期现套利的一般是种植大户如苹果种植大户，或者养殖大户如蛋鸡养殖大户，当然也有大型企业或个人投资者进行期现套利的。期现套利跟套期保值不一样，套利是为了直接赚取价差，而套期保值主要是为了规避现货价格下跌的风险。表 11 – 7 是鸡蛋现货价格与鸡蛋期货合约的价格对照表，从表 11 – 7 可以看出，2019 年 12 月 26 日鸡蛋的现货价格全国的均价是 4.23 元/斤，期货价格是每 3669 元/500 千克，如果卖出现货，买入期货进行套利是可以赚钱的。

表 11 –7　鸡蛋现货价格与鸡蛋期货合约的价格对照

日期	10 – 24	11 – 02	11 – 11	11 – 20	11 – 29	12 – 08	12 – 17	12 – 26	01 – 04	01 – 13	01 – 21
现货价格	11.18	11.36	10.70	9.15	8.90	9.33	8.94	8.46	7.79	7.62	7.40
主力合约	4692	—	4595	4404	4022	—	3810	3669	—	—	—
最近合约	5250	—	4974	4378	4539	—	4204	4171	—	—	—

注：上表中现货单位为元/公斤，期货单位为元/500 千克；换算公式为元/平方米×80 = 元/吨。

资料来源：表 11 –7 来自生意社官网截图。

（6）跨市场套利。跨市场套利主要是对国内外两个不同期货交易所同一或相近交割月的期货品种进行买卖，并利用潜在的地域价差来获利的行为。在不同的国家和地区之间，由于信息物流、汇率、人力资源成本以及当地经济的差异，且对于同一期货品种在距离遥远的两个或两个以上不同的期货市场，价格上往往会存在差异。根据"一价法"原则，同一品种期货在不同市场应具有相对固定的价格比。然而，考虑到供需因素的影响，如果商品价格波动在两个市场都不匹配，并且出现比较固定的价格比率，那么两个期货市场上相同类型期货的均衡价格比率在短期内将是不平衡的，这种偏差就会导致出现套利机会。投资者可以视情况确定套利的交易方向与进入退出的时机。例如，芝加哥商品交易所的聚丙烯期货和大连商品交易所的聚丙烯期货的价格经常出现超出正常价格波动范围，就可以进行跨市场套利。表 11 - 8 是我国棕榈油各个合约 2020 年 3 月 13 日的收盘价，表 11 - 9 是马来西亚棕榈油各个合约 2020 年 3 月 13 日的收盘价，从表 11 - 8 可以看出，2020 年 3 月 13 日我国棕榈油 2005 合约的收盘价是 4676 元，从表 11 - 9 可以看出，2020 年 3 月 13 日马来西亚棕榈油 2005 合约的收盘价是 2278 元，我国的棕榈油 2005 合约与马来西亚棕榈油 2005 合约之间就可以进行套利操作。

表 11 - 8 我国棕榈油各个合约 2020 年 3 月 13 日的收盘价

名称	最新	现手	买价	卖价	买量	卖量	成交量↓	涨跌	持仓量
棕榈油指数	4678	31	—	—	0	0	1334472	-78	434511
棕榈油主力	4676	16	4678	4680	2	138	1068356	-50	250128
棕榈油2005	4676	16	4678	4680	2	138	1068356	-50	250128
棕榈油2009	4676	15	4676	4678	153	88	260622	-118	169496
棕榈油2101	4734	1	4732	4744	1	1	5376	-134	14336
棕榈油2006	4688	1	4604	4746	1	3	85	10	37
棕榈油连三	4666	2	4660	4746	1	3	6	-94	317
棕榈油2012	4694	1	4754	4848	1	2	17	-184	172
棕榈油2102	4768	2	4768	5094	2	3	8	-194	3
棕榈油2007	4666	2	4660	4746	1	3	6	-94	317
棕榈油连四	4652	1	—	4950	0	3	1	-214	2
棕榈油2008	4652	1	—	4950	0	3	1	-214	2
棕榈油2011	4654	1	4718	4810	1	3	1	-228	9
棕榈油2010	—	0	4666	4970	1	3	0	—	5
棕榈油2004	—	0	4686	4782	1	1	0	—	6
棕榈油2003	—	0	—	—	0	0	0	—	0
棕榈油连续	—	0	4686	4782	1	1	0	—	6

表 11 - 9 马来西亚棕榈油各个合约 2020 年 3 月 13 日的收盘价

序号	名称	最新	买价	卖价	买量	卖量	成交量↓	持仓量
1	马棕油连	2278	2262	2303	1	1	29576	70798
2	马棕油05	2278	2262	2303	1	1	29576	70798
3	马棕油06	2263	2210	2323	2	4	18272	53108
4	马棕油07	2268	2203	2558	1	1	13352	42658

续表

序号	名称	最新	买价	卖价	买量	卖量	成交量↓	持仓量
5	马棕油 09	2260	2239	2600	1	1	8332	29932
6	马棕油 08	2250	2250	2288	101	1	6436	19564
7	马棕油 11	2258	2248	2700	1	1	4569	39693
8	马棕油 10	2257	2040	2286	1	1	3870	18658
9	马棕油 12	2266	2209	2837	1	35	2614	14669
10	马棕油 04	2324	2280	2613	40	1	1680	8753
11	马棕油 01	2330	2079	2325	1	10	1558	9000
12	马棕油 02	2348	2341	2356	1	5	226	1473
13	马棕油 03	—	—	—	0	0	0	1603

表 11 - 10 是我国橡胶各个合约 2020 年 3 月 13 日的收盘价，表 11 - 11 是日本东京橡胶各个合约 2020 年 3 月 13 日的收盘价，从表 11 - 10 可以看出，2020 年 3 月 13 日我国橡胶 2009 合约的收盘价是 10810 元，从表 11 - 11 可以看出，2020 年 3 月 13 日日本东京橡胶 2008 合约的收盘价是 165.40 元，我国的橡胶 2009 合约与日本东京橡胶 2008 合约之间就可以进行套利操作。

表 11 - 10　我国橡胶各个合约 2020 年 3 月 13 日的收盘价

名称	最新	现手	买价	卖价	买量	卖量	成交量↓	涨跌	持仓量
橡胶指数	10722	18	—	—	0	0	378995	136	219314
橡胶主力	10540	9	10540	10545	11	13	249160	130	108981
橡胶 2005	10540	9	10540	10545	11	13	249160	130	108981
橡胶 2009	10810	7	10810	10815	2	142	125724	125	99010
橡胶 2101	11860	1	11850	11865	3	2	3842	100	9333
橡胶 2011	10985	1	10865	11000	2	2	229	150	1799
橡胶 2006	10465	1	10595	11190	1	2	15	-85	42
橡胶连三	10465	1	10595	11190	1	2	15	-85	42
橡胶连四	10630	2	10480	10700	1	1	13	65	24
橡胶 2007	10630	2	10480	10700	1	1	13	65	24
橡胶 2004	10465	1	10255	10660	1	1	6	110	41
橡胶 2008	10705	1	10700	11430	1	2	6	-130	21
橡胶连续	—	0	—	—	0	0	0	—	50

续表

名称	最新	现手	买价	卖价	买量	卖量	成交量↓	涨跌	持仓量
橡胶 2010	—	0	10680	—	1	0	0	—	13
橡胶 2012	—	0	—	—	0	0	0	—	0
橡胶 2003	—	0	—	—	0	0	0	—	50
橡胶 2102	—	0	—	—	0	0	0	—	0

表 11-11　日本东京橡胶各个合约 2020 年 3 月 13 日的收盘价

序号	名称	最新	买价	卖价	买量	卖量	成交量	持仓量↓
1	日胶连续	165.4	163.2	165.8	1	2	681	6785
2	日橡胶 08	165.4	163.2	165.8	1	2	681	6785
3	日橡胶 07	164.0	152.0	173.0	1	1	41	2448
4	日橡胶 06	163.1	150.0	165.0	1	1	17	1420
5	日橡胶 05	160.1	150.0	175.0	2	1	5	1250
6	日橡胶 04	158.0	150.0	173.0	1	1	4	1014
7	日橡胶 09	—	—	—	0	0	0	411
8	日橡胶 03	150.0	148.2	153.0	1	1	26	352
9	日橡胶 11	—	—	—	0	0	0	204
10	日橡胶 01	—	—	—	0	0	0	0
11	日橡胶 10	—	—	—	0	0	0	0
12	日橡胶 02	—	—	—	0	0	0	0
13	日橡胶 12	—	—	—	0	0	0	0

　　总之，期货的跨市套利涉及到国外市场，比较复杂。如果不考虑币种、汇率等因素，原则上当某种商品的运输成本低于两个市场的价格差时，跨市套利就可以进行。但实际上个人投资者很少进行跨市套利交易，一般是大的企业才进行跨市套利交易。

四、套利的效果评价

　　（1）评价标准：对套利效果的评价，可以用下面的几个指标来衡量：第一，收益率。这里所提到的收益率不仅包括潜在的最高收益率，还包括一个代表着长期收益的稳定收益率。前者的收益率代表着参与套利操作的期货合约品种的活跃性的高低。期货合约越是活跃，套利的机会就会越多，获得的收益就会越大。但是也必须知道，如若套利潜在的最高收益率很高，那么可能产生的损失也是十分可怕的，所以还是应该考虑长期的稳定收益率。第二，交易周期的长短。周期的长短是影响套利交易收益高低的一个重要影响因素。因为套利本身的收益率并不是很高，所以套利者如果想通过套利操作获取较高的收益，就必须缩短套利交易周期，增加套利交易的数量，做到积少成多。第三，本金损失的风险大小或本金压力。在期货市场当中，一切的交易行为都存在风险。套利者一旦成功建仓以后，就要时刻做好本金因期货合约价格变动所导致的风险。本金压力这一指标对于衡量套利效果是十分重要的，决定着套利操作是否可以顺利地开展。通过本金压力这一指标，套利者可以清晰地知道自身所可以承担的损失风险的大小，也可以确保套利者在进行套利交易的过程当中，每时每刻都保证资金账户有足够的资金可供使用，还可以对准备进行的套利操作进行收益和风险评价，从而确定是否值得进行套利操作。

（2）套利实际效果评价。在实际套利过程中，投资者可以从收益率、套利周期长短、本金损失的风险程度三个主要指标对每次的套利进行实际评估。因为，每次套利的结果是不一样的。

五、套利失败后的风险控制

投资者一定要知道，在期货投资过程中，虽然套利的风险比投机小很多，但还是有风险的，一旦套利失败，不管是什么原因，都要及时终止套利，以免损失进一步扩大。同时，为了控制套利风险，套利前和套利进行中必须做到：第一，深入研究并了解套利合约。期货市场当中存在的风险是巨大的，如果投资者对自己要参与交易的期货合约并不了解，风险是很大的。投资者必须对合约的基本面和技术面进行深入的研究，必须了解合约对保证金的要求、交割时间、交割所采取的方式等基本情况。第二，关注合约流动性。一旦其中某一个期货合约的活跃度下降，成交量逐渐萎缩，那么投资者必须考虑更换新的进行套利的合约品种。这也就要求投资者在进行已有跨合约套利交易的同时，还必须关注相关的期货品种合约的价格走势。只有这样，才能进退自如，才能使投资者的资金更为安全，套利交易更为准确，做到有备无患。第三，资金管理分散化。不能把资金都放在期货套利交易中。因为，一切投资行为都存在风险，套利也是一样。而在实际套利操作中更是要做好风险控制，避免不必要的风险产生。

六、套利案例分析

套利用得最多的还是跨合约套利，因此案例分析也只探讨跨合约套利。至于跨品种套利、期现套利、跨市场套利的原理基本上是一样的，在此不再论述。

（一）案例一

先以硅铁商品期货为例，进行套利案例分析。硅铁属于一种合金，在工业生产中发挥着不可替代的作用，全球的工业生产离不开硅铁。例如，常见的炼钢行业就对硅铁有巨大的需求，每锻造一吨钢材大致需要耗费 4 千克左右的硅铁。在价格方面，近些年来硅铁价格为 6000~9000 元/吨，个别年份波动较为剧烈。从近几年的情况来看，硅铁的价格走势具有一定的规律性，一般每年 4 月是硅铁价格的低谷，在接近 9 月时，硅铁价格比较高。因此，可以在硅铁 2005 合约、硅铁 2009 合约之间进行套利。表 11-12 是硅铁 2005、硅铁 2009 合约 2020 年 3 月 13 日的收盘价。从表 11-12 可以看出，硅铁 2009 合约比硅铁 2005 合约高出 106 点，从当天两个合约走势的强弱来看，硅铁 2009 合约比硅铁 2005 合约略强。短线跨合约套利操作根据买强卖弱的套利原则，可以买入硅铁 2009 合约，卖出硅铁 2005 合约进行套利。

表 11-12　硅铁 2005、硅铁 2009 合约 2020 年 3 月 13 日跨合约套利情况

名称	最新↓	现手	买价	卖价	买量	卖量	成交量	涨跌	持仓量
硅铁2009	5702	1	5696	5704	10	10	3813	4	11988
硅铁2101	5646	3	5638	5654	2	2	22	4	1738
硅铁指数	5614	1	—	—	0	0	45001	1	77338
硅铁2005	5596	1	5596	5598	115	5	41166	0	63575
硅铁主力	5596	1	5596	5598	115	5	41166	0	63575
硅铁2004	—	0	5750	5852	1	1	0	—	1
硅铁2007	—	0	5600	5748	1	1	0	—	2
硅铁2008	—	0	5520		1	0	0	—	1
硅铁2003	—	0	—	6200	0	20	0	—	20
硅铁2010	—	0	5586		12	0	0	—	12
硅铁2011	—	0	—	6008	0	1	0	—	0
硅铁2012	—	0	—		0	0	0	—	1
硅铁2006	—	0	—		0	0	0	—	0
硅铁2102	—	0	—		0	0	0	—	0

从技术面来看，两个用于套利的硅铁合约在价格上存在明显的关联，下面对这两个硅铁合约进行比较。图 11 - 1 是硅铁 2005 合约近期的日 K 线走势图，图 11 - 2 是硅铁 2009 合约近期的日 K 线走势图，从图 11 - 1 和图 11 - 2 可以看出，硅铁 2005 合约和硅铁 2009 合约的走势基本相同，都是下跌走势，但硅铁 2009 合

图 11 - 1 硅铁 2005 合约近期日 K 线

约比硅铁 2005 合约抗跌一些，硅铁 2005 合约已经跌破了前期平台，硅铁 2009 合约尚未跌破前期平台，也就是说硅铁 2009 合约相对而言略显强势。根据短线跨合约套利买强卖弱的操作原则，从日 K 线图来看，也可以买入硅铁 2009 合约卖出硅铁 2005 合约，进行跨合约套利操作。

图 11-2　硅铁 2009 合约近期日 K 线

可以构建套利模型进行跨合约套利,该方法操作起来比较复杂、比较麻烦,在套利实践中普通期货投资者很少使用,作为一种套利方法和研究方法还是可以参考的。现以硅铁 1805 合约与硅铁 1809 合约为例进行论述。

1. 构建硅铁 1805、硅铁 1809 套利模型

(1) 数据来源:选取硅铁 1805 合约和硅铁 1809 合约 2017 年 10 月 9 日至 2018 年 3 月 30 日每日的收盘价作为样本。通过运用 Eviews 建立模型对以上数据进行分析讨论。首先对选取的样本特征进行一下梳理,如表 11 – 13 所示。

表 11 – 13   样本特征

合约品种	硅铁 1805	硅铁 1809
样本数	119	119
最大值	7378	7050
最小值	5756	5748
平均值	6502	6399
标准差	343. 735	277. 848

在对样本数据的特征进行计算后,再运用 Eviews 做出两组样本数据的时间序列,如图 11 – 3 所示,发现其整体走势大致相同,但是其中的一些小的走势存在一定的区别。

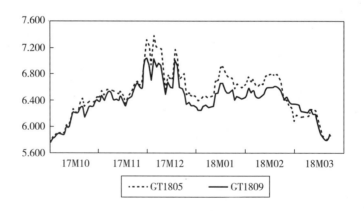

图 11 – 3   硅铁 1805 合约、硅铁 1809 合约样本数据走势

对样本数据进行平稳性检验,即 ADF 检验,检验结果如表 11 – 14 所示,为了保证数据的平稳,首先要对样本数据进行差分化处理,然后再对样本数据的滞后项进行单位根的检验,结果如表 11 – 15 所示,不难发现,样本数据经过处理

后已平稳，接下来就可以选用经过处理后的样本数据来建立模型进行套利分析。
表 11-14 为未经处理的样本数据的平稳性检验：

表 11-14　未经处理的样本数据平稳性检验

ADF 检验结果	硅铁 1805 合约	硅铁 1809 合约
t - Statistic	- 2.169	- 2.346
Prob	0.2186	0.1597

注：在 10% 的显著水平下。

表 11-15 是处理后的样本数据的平稳性检验：

表 11-15　处理后的样本数据平稳性检验

ADF 检验结果	硅铁 1805 合约	硅铁 1809 合约
t - Statistic	- 11.120	0.00
Prob	- 11.247	0.00

注：在 10% 的显著水平下。

（2）模型选择：通过对数据进行处理后，计划通过 Eviews 建模软件建立阈值协整模型，构建此模型的重要条件就是在有较长均衡关系的时间序列上才可以进行构建，从而可以对想要研究的变量波动进行分析研究。

构建阈值模型关键问题就是如何去得到变量之间的协整关系，并根据残差区设立最大以及最小的阈值，从而为序列勾画出合理的活动范围，并对走势状况进行限制，在超出最大或最小阈值范围的时候，套利机会就出现了，从而可以根据两合约的价格及时进行套利操作，对硅铁 1805 合约、硅铁 1809 合约当中被低估的期货合约建仓多单，对被高估的期货合约建仓空单，当到了未来某一时刻，硅铁 1805 合约、硅铁 1809 合约重新回归到最大和最小阈值所限定的范围当中时，应该及时进行与之前相反的操作，即卖出之前买入的被低估的期货合约，买入之前卖出的被高估的期货合约进行平仓，最终从期货合约的买入卖出当中赚取套利收益。因此，需要选择建立阈值协整模型对样本数据进行分析。

（3）参数估计及检验：在建立模型的过程当中，第一步应该先对硅铁 1805 合约、硅铁 1809 合约的收盘价格之间的均衡关系进行估计，从而才可以求出硅铁 1805 合约、硅铁 1809 合约收盘价所满足的均衡方程。在前面已经对样本数据进行了平稳性检验，即单位根检验（ADF 检验），根据前面的检验结果，不难看出硅铁 1805 合约、硅铁 1809 合约的收盘价格都是一阶协整的数列，用字母表示即 X ~ 1805（1），Y ~ 1809（1），在模型建立当中存在解释变量和被解释变量，在此选取硅铁 1805 合约收盘价（X）为被解释变量，选取硅铁 1809 合约收盘价（Y）为解释变量。

在确定完模型的解释变量与被解释变量以后，再对硅铁 1805 合约、硅铁 1809 合约的收盘价通过运用最小二乘法进行计算，最终求得硅铁 1805 合约、硅铁 1809 合约收盘价之间的均衡关系，如表 11 – 16 所示。

表 11 – 16　最小二乘法参数估计

变量	系数	标准差	t 统计量	p 值
X	1. 20	0. 03	42. 68	0. 00
Y	– 1171. 11	179. 94	– 6. 51	0. 00

注：在 10% 的显著水平下。

通过 Eviews 软件运用最小二乘法最终确定的硅铁 1805 合约和硅铁 1809 合约收盘价之间的均衡关系用数学模型可以表示为：Y = 1. 20X – 1171. 11 + U。

得到硅铁 1805 合约和硅铁 1809 合约收盘价之间的均衡方程之后，需要对方程当中的残差进行检验，最终得到硅铁 1805 合约和硅铁 1809 期货合约收盘价格的残差分布，如图 11 – 4 所示。

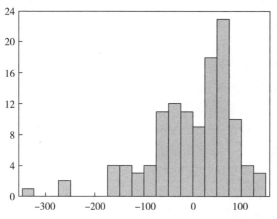
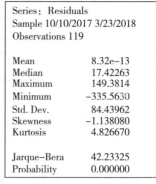

Series：Residuals	
Sample 10/10/2017 3/23/2018	
Observations 119	
Mean	8.32e–13
Median	17.42263
Maximum	149.3814
Minimum	–335.5630
Std. Dev.	84.43962
Skewness	–1.138080
Kurtosis	4.826670
Jarque–Bera	42.23325
Probability	0.000000

图 11 – 4　残差趋势分布

对残差项进行趋势分析后，再对模型进行显著性检验，最终得到模型的 p 值为 0. 04，满足构建的要求。从而说明硅铁 1805 合约和硅铁 1809 合约的收盘价格之间存在协整关系，构建阈值协整模型是可行的。

模型构建的最后环节就是对阈值进行一个简单的估计，在这一步骤要引入 R 软件，通过 R 软件来完成最后一步的阈值估计操作。在这个步骤当中，需要打开 R 软件的 tsDyn 软件程序包的 1m 和 selectSETAR 功能来完成，得到图 11 – 5 的结果。

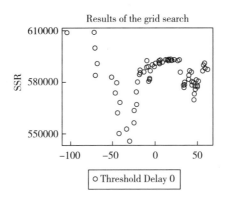

图 11 – 5　阈值估计结果

　　根据图 11 –5，通过 GSM 方法对阈值进行大概的计算，可以得出阈值为 – 28.88 及 47.1。因此，也就可以得出阈值协整模型的上轨道（High Regime）范围区间是（47.1，+∞），中轨道（Mid Regime）的范围区间为（– 28.88，47.1），下轨道（Low Regime）的范围区间为（–∞，– 28.88），阈值所确定的轨道范围也恰恰划定了活动的范围区间。在观测的 119 个样本中，21 个样本处于模型上轨道当中，64 个样本处于模型中间轨道当中，34 个样本处于模型下轨道当中，这 119 个样本在分布上也不是完全对称的。

　　2. 确定套利策略

　　根据上面对阈值的计算，可以清楚地了解到，在进行套利操作的时候，要以阈值为核心，在残差脱离运行轨道的时候，就是套利操作可以进行的时候，可以买入被市场所低估的期货合约，卖出被市场所高估的期货合约，当残差的游走重新回归到轨道当中的时候，再进行平仓来获取套利收益。

　　（二）案例二

　　期货投资者在进行跨期套利时，使用最广泛的方法是价差套利法，即根据自己的经验，分析历史数据来确定价差趋势范围，再根据价差的趋势范围设定价差变动区间，如果价差的变化接近区间的上限，则确定该价差相对较大，未来的价格趋势将是价差逐渐缩小，在这个时候及时建仓，等价格差异在未来某个时间降至预期值时，套利者可以平仓获利。

以聚丙烯期货即 PP1909 合约和 PP1912 合约为例进行说明，投资者在卖出 PP1909 合约的同时，买入 PP1912 合约，等到它们之间的价格差缩小到合适时机时，再买入 PP1909 合约，卖出 PP1912 合约进行对冲平仓。聚丙烯期货跨合约套利的交易策略，主要是利用聚丙烯期货不同合约之间的价差变化，来进行对冲交易并从中获利的。

本案例选取的数据是从 2018 年 12 月 17 日至 2019 年 5 月 8 日 PP1909 合约与 PP1912 合约的每日收盘价，如表 11 - 17 所示：

表 11 - 17 PP1909 合约与 PP1912 合约收盘价格一览

日期	PP1909	PP1912	日期	PP1909	PP1912	日期	PP1909	PP1912
2018 年 12 月 17 日	8301	8198	2019 年 1 月 31 日	8573	8692	2019 年 3 月 22 日	8352	8298
2018 年 12 月 18 日	8295	8144	2019 年 2 月 1 日	8587	8692	2019 年 3 月 25 日	8359	8298
2018 年 12 月 19 日	8334	8164	2019 年 2 月 11 日	8468	8600	2019 年 3 月 26 日	8322	8298
2018 年 12 月 20 日	8246	8168	2019 年 2 月 12 日	8477	8533	2019 年 3 月 27 日	8320	8303
2018 年 12 月 21 日	8184	8080	2019 年 2 月 13 日	8380	8505	2019 年 3 月 28 日	8232	8291
2018 年 12 月 24 日	8125	8080	2019 年 2 月 14 日	8412	8505	2019 年 3 月 29 日	8308	8216
2018 年 12 月 25 日	8052	7989	2019 年 2 月 15 日	8347	8483	2019 年 4 月 1 日	8430	8305
2018 年 12 月 26 日	8170	8087	2019 年 2 月 18 日	8371	8330	2019 年 4 月 2 日	8476	8305
2018 年 12 月 27 日	8260	8226	2019 年 2 月 19 日	8526	8393	2019 年 4 月 3 日	8528	8379
2018 年 12 月 28 日	8300	8231	2019 年 2 月 20 日	8530	8500	2019 年 4 月 4 日	8549	8365
2019 年 1 月 2 日	8180	8195	2019 年 2 月 21 日	8511	8532	2019 年 4 月 8 日	8810	8521
2019 年 1 月 3 日	8210	8181	2019 年 2 月 22 日	8501	8532	2019 年 4 月 9 日	8760	8521
2019 年 1 月 4 日	8407	8251	2019 年 2 月 25 日	8450	8503	2019 年 4 月 10 日	8781	8521
2019 年 1 月 7 日	8417	8368	2019 年 2 月 26 日	8533	8503	2019 年 4 月 11 日	8807	8561
2019 年 1 月 8 日	8315	8307	2019 年 2 月 27 日	8430	8503	2019 年 4 月 12 日	8814	8561
2019 年 1 月 9 日	8364	8434	2019 年 2 月 28 日	8416	8429	2019 年 4 月 15 日	8730	8571
2019 年 1 月 10 日	8326	8381	2019 年 3 月 1 日	8584	8454	2019 年 4 月 16 日	8713	8603
2019 年 1 月 11 日	8430	8483	2019 年 3 月 4 日	8686	8501	2019 年 4 月 17 日	8715	8603
2019 年 1 月 14 日	8325	8463	2019 年 3 月 5 日	8648	8719	2019 年 4 月 18 日	8624	8603
2019 年 1 月 15 日	8360	8447	2019 年 3 月 6 日	8670	8719	2019 年 4 月 19 日	8649	8603
2019 年 1 月 16 日	8476	8468	2019 年 3 月 7 日	8567	8675	2019 年 4 月 22 日	8643	8603
2019 年 1 月 17 日	8468	8527	2019 年 3 月 8 日	8502	8580	2019 年 4 月 23 日	8690	8617
2019 年 1 月 18 日	8571	8591	2019 年 3 月 11 日	8542	8580	2019 年 4 月 24 日	8672	8617

续表

日期	PP1909	PP1912	日期	PP1909	PP1912	日期	PP1909	PP1912
2019 年 1 月 21 日	8607	8665	2019 年 3 月 12 日	8580	8580	2019 年 4 月 25 日	8623	8477
2019 年 1 月 22 日	8499	8647	2019 年 3 月 13 日	8568	8580	2019 年 4 月 26 日	8578	8477
2019 年 1 月 23 日	8526	8556	2019 年 3 月 14 日	8509	8549	2019 年 4 月 29 日	8605	8477
2019 年 1 月 24 日	8470	8588	2019 年 3 月 15 日	8404	8679	2019 年 4 月 30 日	8682	8477
2019 年 1 月 25 日	8458	8635	2019 年 3 月 18 日	8239	8536	2019 年 5 月 6 日	8602	8442
2019 年 1 月 28 日	8448	8591	2019 年 3 月 19 日	8250	8505	2019 年 5 月 7 日	8651	8442
2019 年 1 月 29 日	8358	8497	2019 年 3 月 20 日	8240	8481	2019 年 5 月 8 日	8501	8442
2019 年 1 月 30 日	8537	8613	2019 年 3 月 21 日	8310	8291			

资料来源：Wind 资讯。

以下内容都是基于表 11 - 17 PP1909 合约与 PP1912 合约从 2018 年 12 月 17 日至 2019 年 5 月 8 日的价格数据进行应用案例分析的。

在接下来的应用案例分析中为了方便叙述，仅考虑期货跨期套利合约之间的价差，没有涉及套利的成本。下面对价差套利具体操作进行举例说明：首先，求出 PP1909 合约与 PP1912 合约的价差，根据表 11 - 17 的收盘价绘制 PP1909 合约减去 PP1912 合约的价差走势图，时间是从 2018 年 12 月 17 日至 2019 年 5 月 8 日，如图 11 - 6 所示。

图 11 - 6 PP1909 合约与 PP1912 合约价差套利示意

资料来源：根据 Wind 资讯数据绘制。

从图 11-6 的价差走势图中可以看到，在这段时间内 PP1909 合约与 PP1912 合约的价格差基本上在 -300 到 300 这个区间内来回波动，也可以说 PP1909 合约与 PP1912 合约的价差围绕 0 这个中间位置上下在 300 点之间波动。

如果两个合约的价差是正数，则近期期货合约价格高于远期合约价格；相反，如果价差为负数，则近期期货合约的价格低于远期期货合约的价格。如果合约价差的波动接近区间的上限，例如，接近 300，此时价差相对较大，下一次价差可能会逐渐下降。因此，应该卖出聚丙烯的近期合约，买入远期合约，等待合约价格差距缩小，将远期合约与近期合约平仓以获取收益。而当价差接近 -300 这个位置的时候，则再买入近期合约卖出远期合约，等到价差逐渐增大到预期时，再进行平仓获利了结。例如，在 2019 年 3 月 18 日，PP1909 合约的价格是 8239 元，PP1912 合约的价格是 8536 元，其合约价差为 -297，根据历史数据与价差走势趋势来看，可以认为合约价差会逐渐回升，所以，在 2019 年 3 月 18 日这天可以入场套利，买入 PP1909 合约，同时卖出 PP1912 合约，即以 8239 元/吨的价格买入 PP1909 合约，同时，以 8536 元/吨的价格出售 PP1912 合约；等到 4 月 8 日，PP1909 合约价格为 8810 元/吨，PP1912 合约价格为 8521 元/吨，此时价差为 289，可以进行对冲平仓，即卖出 PP1909 合约，同时买入 PP1912 合约。投资者在 3 月 18 日入市，在 4 月 8 日进行平仓，这半月的套利获得了 586 点的价差收益。如果套利量大的话，套利收入将十分可观。

第十二章　期货的套期保值

运用商品期货进行套期保值的目的在于锁定未来现货市场交易的商品价格，分散转移价格风险，同时也是稳定现货市场价格乃至我国商品经济市场价格的重要方式。如何使有套期保值需求的交易者明白套期保值的利弊，准确利用套期保值四原则有效地进行套期保值，是促使我国商品期货市场稳健发展的重要问题。套期保值不同于投机、套利，但这两者的存在对于顺利地进行套期保值有着不可忽视的作用。套期保值和投机、套利的目的、方法都有所不同，套期保值是交易者出于对未来在现货市场上进行交易商品价格向不利方向波动的担心，进入期货市场买入或者卖出与现货交易相反的期货合约进行保值的行为。当价格呈现波动的趋势时，可以用一个市场的盈利填补另一个市场的损失。

一、期货套期保值的原理与原则

（一）期货套期保值的原理

（1）现货价格与期货价格的总体趋势基本一致。现货市场的交易商品与期货合约的标的商品有很多相同或相似的地方，因此，当市场上经济因素或者非经济因素发生波动时，两个市场的价格反应大致相同，变动趋势具有一致性，一般情况下期货与现货价格相差不会太大，如表 12 - 1 所示。现货价格与期货价格的总体走势具有动态相似的特征，给套期保值者创造了保值的前提条件，通过在两个市场进行方向相反，数量规模相当的交易，转移分散价格风险，降低损失发生的概率。

表 12 - 1　2020 年 2 月 28 日商品现货与期货价格对比一览　　单位：元/吨

商品	现货	最近合约			主力合约		
	价格	代码	价格	现期差 1	代码	价格	现期差 2
上海期货交易所							
铜	44830.00	2003	44670	160	0.36%	2004	44810	20	0.04%
螺纹钢	3498.00	2003	3390	108	3.09%	2005	3354	144	4.12%

续表

商品	现货	最近合约				主力合约			
	价格	代码	价格	现期差1		代码	价格	现期差2	
上海期货交易所									
锌	16600.00	2003	15975	625	3.77%	2004	16010	590	3.55%
铝	13170.00	2003	13205	−35	−0.27%	2004	13240	−70	−0.53%
黄金	370.75	2003	366.16	4.59	1.24%	2006	371	−0.25	−0.07%
线材	3645.00	2003	4063	−418	−11.47%	2005	3687	−42	−1.15%
天然橡胶	10400.00	2003	10745	−345	−3.32%	2005	10800	−400	−3.85%
铅	14550.00	2003	14380	170	1.17%	2004	14390	160	1.10%
白银	4247.33	2003	4209	38	0.89%	2006	4234	13	0.31%
石油沥青	3420.00	2003	2782	638	18.65%	2006	2760	660	19.30%
热轧卷板	3547.50	2003	3546	1.50	0.04%	2005	3382	165	4.65%
镍	100650.00	2003	98940	1710	1.70%	2004	99290	1360	1.35%
锡	137750.00	2003	137020	730	0.53%	2006	133490	4260	3.09%
纸浆	4500.00	2003	4488	12	0.27%	2005	4478	22	0.49%
不锈钢	13662.50	2003	13210	452	3.31%	2006	12525	1137	8.32%
郑州商品交易所									
PTA	4245.56	1101	4484	−238	−5.61%	2005	4274	−28	−0.66%
白糖	5940.00	1101	5689	251	4.23%	2005	5672	268	4.51%
棉花	13110.50	1101	13170	−59	−0.45%	2005	12260	850	6.48%
普麦	2408.00	1101	2285	123	5.11%	2007	2252	156	6.48%
菜籽油 OI	8197.50	1101	7247	950	11.59%	2005	7410	787	9.60%
玻璃	20.37	1101	1420	209	12.83%	2005	1397	232	14.24%
菜籽粕	2306.67	1101	2211	95	4.12%	2005	2293	13	0.56%
油菜籽	5125.00	2007	4289	836	16.31%	2007	4289	836	16.31%
硅铁	6100.00	1101	5736	364	5.97%	2005	5710	390	6.39%
锰硅	6116.67	1101	6064	52	0.85%	2005	6040	76	1.24%
甲醇 MA	2022.50	1101	2157	−134	−6.63%	2005	2048	−25	−1.24%
动力煤 ZC	573.75	1101	545.2	28	4.88%	2005	543.2	30	5.23%
棉纱	22150.00	1101	21865	285	1.29%	2005	20320	1830	8.26%
尿素	1750.00	1101	1696	54	3.09%	2005	1756	−6	−0.34%

续表

商品	现货	最近合约			主力合约		
	价格	代码	价格	现期差1		代码	价格	现期差2
大连商品交易所							
棕榈油	5136.00	2003	5060	76	1.48%	2005	5070	66	1.29%
聚氯乙烯	6337.50	2003	6585	−247	−3.90%	2005	6240	97	1.53%
聚乙烯	6816.67	2003	6000	816	11.97%	2005	6785	31	0.45%
豆一	3666.67	2003	3634	32	0.87%	2005	4165	−498	−13.58%
豆粕	2890.50	2003	2586	304	10.52%	2009	2719	171	5.92%
豆油	5810.00	2003	5618	192	3.30%	2005	5696	114	1.96%
玉米	1851.43	2003	1890	−38	−2.05%	2005	1925	−73	−3.94%
焦炭	1773.33	2003	1889	−115	−6.48%	2005	1791	−17	−0.96%
焦煤	1490.00	2003	1292	198	13.29%	2005	1243.5	246	16.51%
铁矿石	651.67	2003	677.5	−25	−3.84%	2005	617	34	5.22%
鸡蛋	5.65	2003	2513	312	11.04%	2005	3300	−475	−16.81%
聚丙烯	6933.33	2003	6749	184	2.65%	2005	6897	36	0.52%
玉米淀粉	2450.00	2003	1928	522	21.31%	2005	2235	215	8.78%
乙二醇	4500.00	2003	4230	270	6.00%	2005	4340	160	3.56%
苯乙烯	6700.00	2004	6610	90	1.34%	2005	6740	−40	−0.60%

注：①现期差＝现货价格－期货价格（这里的期货价格为结算价）；②单位分别是，黄金为元/克，白银为元/千克，玻璃现货为元/平方米，鸡蛋现货为元/公斤，鸡蛋期货为元/500千克，其余元/吨；③焦炭现货规格是：一级冶金焦，焦炭期货规格：介于一级和二级之间，焦炭现期差仅供参考；④铁矿石现货价格是：湿吨，铁矿石期货价格是：干吨。

资料来源：生意社官网。

（2）现货价格与期货价格最终具有收敛性。当期货合约的交割日期或现货市场交易日期逐渐来临，现货价格与期货价格也会逐渐趋于一致，收敛于某一确定的价格。若是现货价格与期货价格之间不具有收敛性，那么两个市场一定会出现价差，这时套利者便会蜂拥而至，他们不断地进行套利交易，会使两个市场的价差逐步消失。基于投机套利者在市场上存在的客观性，现货市场与期货市场的价格差异随着套利者的参与必定会消失。

（二）期货套期保值的原则

套期保值广泛认同的四大操作原则分别是"产品种类相同或相近的原则""产品数量基本相同的原则""方向相反的原则""月份相同或相近的原则"，遵

期货投资理论与实操

循这几条原则进行保值操作，可以取得良好的套期保值效果，达到转移或分散价格风险的目的。

（1）商品种类相同或相近的原则。在期货市场买入或者卖出的期货合约，必须与未来在现货市场进行交易的商品一致或者相近。因为同种商品即使不同市场，价格走向也会呈现一致的趋势，而不同种类的商品，因为对不同的变化因素可能出现截然相反的反应，导致价格的走势也会出现较大的差异，期货市场与现货市场上基本一致的价格走势更是无从谈起，在这样的情况下，不但不能起到套期保值的作用，反而有可能会承担两个市场同时亏损的风险。经典套期保值理论认为，期货市场与现货市场各自的规则存在较大的差异，虽然简单来说都是进行商品交易，但是期货市场的基本规则要比现货市场多很多，受到这些基本规则的限制，期货市场上的产品种类必定比现货市场上的商品种类少。所以，套期保值者在期货市场上寻找与在现货市场上进行交易的商品对应的期货合约时，并不能保证找到完全与之匹配的合约。这样的情况下，仍然呆板僵硬地应用产品种类相同的原则是行不通的，会影响套期保值的顺利进行。对于这一情况，现代套期保值理论认为，商品间套期保值交易是最佳的解决方法。商品间套期保值交易具体是指套期保值者对在现货市场上交易的商品有套期保值需求时，也可以考虑选择一种与该产品具有相同价格走势的产品替代。在操作得当的情况下，一样可以达到套期保值、降低风险的目的，但在选择替代产品时需要强调的是产品之间必须要有高度的相关性，比如黄金与白银，就是一对具有高度相关性的两种产品，可以互相替代。

（2）产品数量基本相同的原则。产品数量基本相同原则，即交易者在期货市场上买入或者卖出的期货合约代表的交易量要与未来在现货市场上进行交易的商品数量基本相当，只有如此才能在价格波动时，利用两个市场价格波动具有一致性的特点，使最终的成交价格锁定在一个稳定的范围。经典套期保值理论认为，期货市场每张合约代表的商品数量都是确定的，没有灵活的调节空间；而现货市场上的交易则更加随意，无论是价格还是数量都取决于交易双方的协商。两个市场的基本原则不同，若是完全遵从数量等同原则，期货合约的数量可能无法确认，从而影响套期保值的进行。所以，合适的做法是，套期保值者必须对套期保值操作中存在的价格风险、基差风险等有一个清醒的认识，并能根据期货市场以及现货市场现有的信息，利用科学的方法预测两个市场价格的未来走势，灵活选择套期保值的持仓数量。

（3）方向相反的原则。方向相反的原则具体是指套期保值者为了达到保值的目的，必须同时在期货市场与现货市场进行方向相反的操作，一个买入一个卖出，形成互逆交易。若是在现货市场上进行的是卖出交易，则在期货市场上必须进行买入交易，反之亦然。关键是两个市场上的交易必须是相反的。该原则是基于由于同一种商品对波动因素有着相同的敏感度而确立的，因为商品的现货价格和期货价格随着交割时间的推进，会逐渐趋于一致。这一原则的重要性体现在它可以保证若现货市场发生亏损时，期货市场必将盈利，在两个市场交易量相差不大的情况下，两个市场上亏损与盈利的金额相近。这一原则在两个市场之间建立了一种互补机制，充分利用两个市场的联动性抵冲风险。无论期货市场还是现货市场上价格出现怎样的波动，交易者都能转移和分散风险，将风险降低到最小的程度。当现货市场遭遇不利情况时，期货市场一定表现为利好，盈利与亏损互抵，使交易者发生亏损的风险大大降低，实现套期保值。

（4）月份相同或相近的原则。月份相同或相近原则是指为了实现套期保值者的需要，要使现货市场上的交易时间与期货市场上交易的期货合约交割日期相同或靠近，使两个市场的交易时间间隔尽可能地缩小。虽然现货市场与期货市场具有收敛性，但前提是两个市场上交易的时间要相近，否则即使是同类产品，在不同时间的两个市场上受各方面的波动因素影响也会表现出差异。因此，只有在期货市场上选择交割时间与现货市场交易时间相近的期货合约才能最大限度地降低基差风险，使套期保值者在整个套期保值的过程中承担更少的风险。如果两个市场的时间差较大，从本质上来说这样的操作其目的已经不是套期保值，更类似于投机操作。

二、期货套期保值的策略与程序

（1）判断是否需要套期保值。在套期保值的过程中，交易者首先要判断是否需要对自己将在现货市场上进行交易的商品进行套期保值。一方面，要考虑市场上是否有足够的交易者对该期货有兴趣，且持有不同的看法；另一方面，还要考虑未来交易的商品对风险的敏感程度。如果未来交易的现货规模较大，数目较多，同时交割的时间固定，不易调整，则可以考虑在期货市场上进行套期保值。相反，如果现货规模不大，数目较少，并且持有的时间也很有弹性，就可以考虑不进行套期保值。

（2）确定采取空头套期保值还是多头套期保值。当交易者确定需要进行套期保值后，首先要确定是进行多头套期保值，还是空头套期保值。如果套期保值者预计在未来的某一时刻需要买入某种商品，则需要做多头套期保值，锁定价格，避免价格上涨的风险。表 12 - 2 是铁矿石各个合约 2020 年 2 月 28 日的收盘价。从该表可以看出，铁矿石 2009 合约 2020 年 2 月 28 日的收盘价是 602 元，如果钢铁厂 2020 年 9 月需要买入铁矿石，且担心到时的价格高于 602 元，则可以在 2 月 28 日买入适量的铁矿石 2009 合约，做买入套期保值，避免到时价格上涨的风险。

表 12 - 2　铁矿石各个合约 2020 年 2 月 28 日的收盘价

名称↓	最新	现手	买价	卖价	买量	卖量	成交量	涨跌	持仓量
铁矿石主力	616.5	3	616.0	616.5	2556	378	1277992	-19.5	708123
铁矿石指数	611.4	3	—	—	0	0	1564163	-18.5	1059725
铁矿石 2102	572.0	1	569.0	585.5	1	1	20	-17.0	97
铁矿石 2101	574.0	2	574.0	575.0	44	10	27131	-16.0	34737
铁矿石 2012	577.5	1	573.0	590.0	2	1	17	-16.5	303
铁矿石 2011	585.5	1	582.0	588.0	1	23	406	-16.0	5354
铁矿石 2010	591.5	1	590.0	609.5	1	1	27	-16.0	62
铁矿石 2009	602.0	4	601.5	602.5	291	121	221311	-15.5	283300
铁矿石 2008	611.5	1	605.0	614.5	1	1	44	-12.0	179
铁矿石 2007	612.0	1	611.0	613.0	73	1	12372	-16.0	13089
铁矿石 2006	615.5	1	614.5	623.5	1	1	9955	-15.5	3952
铁矿石 2005	616.5	3	616.0	616.5	2556	378	1277992	-19.5	708123
铁矿石 2004	644.5	3	644.5	647.0	16	30	14765	-18.0	8289
铁矿石 2003	685.0	2	668.5	689.0	8	2	123	-18.0	2240

　　而空头套期保值更适合在未来某个时刻需要卖出某商品的交易者。为防止商品价格未来下跌造成收入减少，套期保值者可以提前卖出与现货相应的期货合约进行套期保值。表 12 - 3 是鸡蛋各个合约 2020 年 2 月 28 日的收盘价。从该表可以看出，鸡蛋 2009 合约 2020 年 2 月 28 日的收盘价是 4246 元，如果养殖户 2020 年 9 月需要卖出鸡蛋，且担心到时的价格低于 4246 元，则可以在 2 月 28 日卖出适量的鸡蛋 2009 合约，做卖出套期保值，避免到时价格下跌的风险，及时锁定利润。

表 12 - 3　鸡蛋各个合约 2020 年 2 月 28 日的收盘价一览

名称	最新↓	现手	买价	卖价	买量	卖量	成交量	涨跌	持仓量
鸡蛋 2009	4246	2	4244	4246	34	14	87838	-97	54169
鸡蛋 2008	4189	5	4189	4192	15	1	15181	-140	13940
鸡蛋 2101	4080	1	4080	4083	8	11	3749	-70	6243
鸡蛋 2012	4080	2	4081	4085	1	1	357	-67	1607

续表

名称	最新↓	现手	买价	卖价	买量	卖量	成交量	涨跌	持仓量
鸡蛋2011	3910	1	3910	3915	3	1	865	-74	1557
鸡蛋2010	3838	1	3829	3838	4	9	4080	-102	9453
鸡蛋2007	3638	1	3637	3638	5	11	19944	-134	14689
鸡蛋2102	3630	1	3615	3630	1	4	1042	38	1603
鸡蛋指数	3458	58	—	—	0	0	1033776	-140	389852
鸡蛋2006	3334	1	3331	3334	1	8	30852	-166	23575
鸡蛋主力	3268	4	—	3268	0	335	659492	-172	230681
鸡蛋2005	3268	4	—	3268	0	335	659492	-172	230681
鸡蛋2004	2899	23	2899	2900	1	4	196700	-176	31402
鸡蛋2003	2540	1	2540	2545	57	22	13676	-124	933

（3）选择特定合约进行套期保值。选择合约时要特别注意月份相同或相近的原则。虽然期货市场上并没有与现货完全一致的期货合约，基差风险总是存在的，但可以尽量降低这一风险，达到更好的保值效果。同时，还需要考虑期货合约在市场上的成交量以及成交活跃度，如果按第一个原则所选择的合约在市场上成交量小，波动幅度不大，即使基差风险相比其他合约小，但流动性风险较大，当需要交易时市场上的成交量不能满足套期保值者在市场上交易的需要，同样不能有效地达到套期保值的目的，因此套期保值不能选择成交量小、成交不活跃的合约。表12-4是苹果各个合约2020年2月28日的成交量与持仓量。从该表可以看出，苹果2011合约、苹果2012合约、苹果2101合约的成交量都比较小，如果果农想做卖出套期保值，就必须要考虑这种量能不能满足套期保值的需要。如果果农估计新果的量很大，那苹果2011合约、苹果2012合约、苹果2101合约恐怕就不能满足套期保值的需要，可以选择苹果2010合约进行套期保值。所以在选择套期保值的合约时一定要考虑合约的成交量和持仓量，回避用成交量和持仓量很小的合约进行套期保值，避免影响套期保值的顺利进行。

表12-4　苹果各个合约2020年2月28日的成交量与持仓量一览

名称	最新	现手	买价	卖价	买量	卖量	成交量↓	涨跌	持仓量
苹果指数	6901	3	—	—	0	0	392538	-158	153798
苹果主力	6763	3	6763	6764	30	8	370099	-186	127207
苹果2005	6763	3	6763	6764	30	8	370099	-186	127207

名称	最新	现手	买价	卖价	买量	卖量	成交量↓	涨跌	持仓量
苹果2010	7817	1	7818	7819	6	4	11548	-125	11119
苹果2007	7167	3	7167	7168	1	41	7565	-4	7209
苹果2003	5992	1	5935	5993	1	1	2204	-310	230
苹果2011	7595	1	7592	7601	1	1	454	-142	3972
苹果2101	7618	1	7615	7629	2	1	415	-150	1227
苹果2012	7625	1	7608	7626	1	1	253	-141	2834

（4）确定套期保值规模。进行套期保值时，另一点需要注意的是套期保值者需要根据现货的数量，确定在期货市场上买入或者卖出多少张期货合约。由于期货交易所对每一张合约背后所代表的交易量都有严格的规定，不能随交易双方协商而定。因此，需要依据现货市场上的交易量确定期货合约的规模，即需要套期保值者确定套期保值比率，灵活地确定套期保值规模。比如说，铁矿石期货是每手100吨，如果某钢铁厂将来需要买入1亿吨铁矿石现货的话，那就要在期货市场买入100万手铁矿石期货，这样现货与期货套期保值的数量才匹配。

（5）入市建仓。在确定好套期保值需要的期货合约、月份以及套期保值的规模后，交易者需要做的前期准备工作就全部准备就绪了，下一步就是正式进入期货市场入市建仓，在期货市场上买入或者卖出所需要的期货合约，建立期货头寸。建仓时需要注意的是，如果建仓量比较大的话，要有一个逐步建仓的计划，要避免大量建仓造成价格大幅波动，避免建仓成本过高。

（6）结束套期保值。结束套期保值时，套期保值者需要特别注意的是选择在什么时间结束套期保值。结束套期保值的具体方法主要有两种，第一种方法是简单地将现货交易的时间与期货合约的结束时间匹配，即两个市场同时结束。这种方法比较简单、直接，科学计算、数据分析要求较低，但过于武断，缺乏灵活性。第二种方法是策略性地选择结束时间。当套期保值者能够比较清晰地判断出期货价格的未来走势，而且这种趋势对套期保值者有利的话，则可以灵活掌握结束套期保值的时间。策略性选择结束时间更加灵活，可以带来更好的套期保值效益，但对套期保值者的分析判断有较高的技术要求。

三、期货套期保值的经济效益案例分析

表12-5是从2019年12月2日至2020年2月21日鸡蛋现货与期货价格对

照一览表，从该表可以看出，在 2019 年 12 月 2 日全国鸡蛋现货均价是每公斤 8.9 元，每市斤 4.45 元，而到了 2020 年 2 月 21 日全国鸡蛋现货均价是每公斤 5.38 元，每市斤 2.69 元。短短 3 个多月时间，鸡蛋现货每市斤跌了 1.76 元，跌幅将近 40%。如果蛋鸡养殖户没有在期货上进行卖出套期保值，则短短 3 个多月时间，蛋鸡养殖户就因为鸡蛋跌价而损失将近 40%。如果蛋鸡养殖户知道通过期货市场卖出与鸡蛋现货数量相当、交割时间相近的鸡蛋期货合约进行套期保值，那情况就完全不同了。不但鸡蛋现货的亏损可以通过卖出鸡蛋期货合约得以弥补，而且还会大赚一笔。因为鸡蛋期货最近合约 2019 年 12 月 2 日的价格 4645 元/手，而 2020 年 2 月 21 日的价格是 2609 元/手，同期每手跌了 2047 元，跌幅是 44%，大于鸡蛋现货 40% 的跌幅，更为重要的是鸡蛋期货合约 44% 的跌幅是有杠杆的，鸡蛋期货的杠杆一般高达 10 倍。而鸡蛋现货的跌幅没有杠杆。这就是蛋鸡养殖户是否采用套期保值在经济效益上的重大区别。如果蛋鸡养殖户在卖出鸡蛋期货合约时敢于一路盈利加仓，那赚钱的效果是不可思议的。可见，如果蛋鸡养殖户通过期货市场卖出鸡蛋合约进行套期保值的经济效益是十分明显的。

表 12-5　从 2019 年 12 月 2 日至 2020 年 2 月 21 日鸡蛋现货与期货价格对照

日期	2019 年 12 月 2 日	2019 年 12 月 11 日	2019 年 12 月 20 日	2019 年 12 月 29 日	2020 年 1 月 7 日	2020 年 1 月 16 日	2020 年 1 月 25 日	2020 年 2 月 3 日	2020 年 2 月 12 日	2020 年 2 月 21 日
现货价格	8.90	9.70	8.48	8.34	7.98	7.45	7.40	5.64	5.36	5.38
合约	4129	3882	3785	—	3502	3494	—	3203	3282	3511
最近合约	4645	4585	4046	—	3090	3007	—	2728	2405	2609

注：表中现货单位为元/公斤，期货单位为元/500 公斤。

资料来源：生意社官网。

第十三章　期货投资的资金管理

期货投资的资金管理实质上就是在期货投资过程中，投资者的资金应该如何分配、使用和处置的问题。由于期货交易是带杠杆的，隐含的风险很大，期货投资者一旦操作失败，如不及时采取措施，资金损失就会很大。因此，研究期货投资的资金管理，尽量控制期货投资资金损失的风险就显得十分重要。

一、期货投资资金管理的理论依据

与期货投资资金管理直接有关的主要理论有：第一，现代资产组合理论。根据这一理论，投资者在期货投资过程中应该把资金分散到相关度不高的品种中去，这样的资金组合可以分散投资者投资的风险。因此，投资者在管理和使用资金时，要对有互补和替代性质的期货品种特别注意。第二，波浪理论。在波浪理论中，一个波浪的周期都是以8浪的形式存在，而8浪又分为主浪和调整浪。投资者在考虑何时投放资金时，要尤其注意趋势浪。在上涨浪的时候，投资者只能选择使用资金买进商品期货；反之，在下跌浪的时候，投资者则只能选择使用资金卖出商品期货。波浪理论可以为投资者提供按波浪的趋势去顺势使用资金的方法。第三，移动平均线理论。投资者通常可以依据移动平均线 MA 与价格的走势来决定是否使用资金做多或做空及使用资金的量。上述三种理论是与期货投资资金管理直接相关的。在实际资金管理过程中，由于每个投资者的资金实力、技术水平等具体情况不同，每个人都应该有最适合自身的资金管理方法。投资者只有依据上述理论并根据自身的实际情况，才能找出最适合自身的资金管理方法。

二、期货投资资金管理存在的主要问题

期货投资者尤其是新入市的期货投资者，在期货投资过程中，往往因为风险意识不强，不太注意用于期货投资的资金来源是否合适，也不太注意进行资金管

理，或者因为资金管理经验不足而出现了一系列问题。

（一）用于期货投资的资金来源风险过高。

笔者在多年的期货交易过程中，经常听说有人借钱进行期货投资。这是在期货投资中一个非常危险的行为。因为，在高杠杆性的期货投资中，盈亏本来就是被放大几倍甚至十几倍。如果投资者用于期货投资的资金是通过借款获得，那对投资者承受风险的能力又是一个非常大的挑战。因为，投资者还要承受借款资金的利息，这样就会使投资者承受的投资风险变得更大。投资者所面临的不仅是投资风险的增大，还会面临还本付息的压力。在投资过程中，如果投资者的期货投资是盈利的状态，则投资者与其债权人便可以做到相安无事；如果投资者在期货投资中亏损了，则投资者不仅要面对投资的失败，还有还债的压力。如果投资者借的是高利贷，甚至还会引起生活中的一系列麻烦。

（二）投入期货市场的资金占家庭总资金的比例太大

对于期货投资者而言，要将家里多少资金投入期货市场也是直接关系到投资风险大小的一个重要因素。因此，投资者在进行期货投资时要考虑所用的资金占其家庭资金的比例大小。因为期货市场是一个高杠杆的投资市场，而且有许多个人投资者进入市场并不是为了套期保值而是为了投机获利，这就更加大了市场的风险。按照资产组合理论，不能把鸡蛋放在一个篮子中，因此也不能把自己的资金全部投放进期货市场。当投资者把资金分散投入到不同的领域中所承担的风险是最小的。因此，期货投资者把大部分资金投入到期货市场中是不合理的。但投资者在进行期货投资时往往不能很好地确定好这个比例，尤其是投资者会在投资中不断地改变这个投入比例。有的期货投资者把自己的一半以上的资金投入期货市场，这就是一个不合理的资金投放比例，大多数刚开始投资的期货投资者，只重视开仓平仓的时间点，看重行情走势分析，不关注仓位占账户资金的比重，几乎都是重仓交易。当把自己家庭一半以上的资金投放进期货市场时，这对于投资者的资金账户来说风险是极高的，不仅因为期货的高风险性，而且资产投放过度集中，以至于无法分散风险。此外，投资者还要注意对资金的动态规划。即使在最初的时候投资者的资金投放是合理的，但随着投资者在期货市场上盈亏的变化，投资者很有可能会改变最初对期货市场投入资金的比重。在投资者盈利的情况下，投资者会倾向于投入更多的资金去得到更大的收益；在投资者亏损的情况下，为了弥补资金的不足，投资者也可能会挪动自己的资金进入期货市场以获得更多的流动性。当然，投放进期货市场的资金如果太少了，也会对投资者的盈利能力有很大的影响。因此，投入期货市场的资金占家庭资金的比重不能过高，也不能太少。

（三）在期货投资前，没有制定具体的期货投资资金管理计划

经常有许多投资者从其他的投资领域进入期货市场时，并没有对期货市场的规则进行深入的研究和了解，也没有对期货投资资金的运用进行具体计划，而是任意把自己的资金投入到自己喜欢的期货品种中去。没有具体资金运用计划的投资者在期货市场上很大的概率便是面临资金的亏损，而且由于期货投资高杠杆性的特点，投资者的资金亏损往往又是成倍的。

（四）在期货投资过程中，账户仓位控制不合理

仓位控制不合理有两种情况，一种是仓位过重，另一种是仓位太小。这两种情况都有问题。如果仓位太重，一旦行情没有按预期的方向走，那亏损就很严重，而仓位太小的话，虽然方向做错时，可以减少损失，但一旦方向做对了，那盈利也不会太大。所以，合适的仓位最好。那什么样的仓位才是合适的仓位呢？这要根据每个人的情况来定。资金实力雄厚，抗风险能力强，抗技术水平高的投资者可以重仓甚至满仓，还可以盈利加仓。相反，没有资金实力，抗风险能力弱，技术水平低的投资者一般还是轻仓比较好。具体比例也要根据具体情况来定。因此，合理确定建仓资金与账户总资金的比例是投资者必须要考虑的问题。表 13 – 1 是一个小账户 2020 年 2 月 18 日的建仓情况，上午开盘时因满仓追涨买入鸡蛋 2005 合约 15 手，仅仅 2 个小时就亏损 4800 元平仓出局。

表 13 – 1　一个小账户 2020 年 2 月 18 日满仓买入鸡蛋 2005 合约亏损情况一览

持仓	委托	成交	预备单	条件单	损盈单	资金	合约			
时间 ▲	合约	买卖	开平	成交价	平仓盈亏(逐笔)	平仓盈亏(盯市)	手续费	成交量		
09:03:43	jd2005	买	开	3380			79.85	15		
11:05:41	jd2005	卖	平	3348	−1280	−1280	21.09	4		
11:05:41	jd2005	卖	平	3348	−1600	−1600	26.37	5		
11:05:41	jd2005	卖	平	3348	−1280	−1280	21.09	4		
11:05:41	jd2005	卖	平	3348	−320	−320	5.27	1		
11:05:41	jd2005	卖	平	3348	−320	−320	5.27	1		
					−4800	−4800	158.94	30		

（五）止损、止盈点设置不合理

止损、止盈点设置的主要目的是保护投资者的资金实力，以便能在期货市场上继续进行投资。就止损点而言，投资者通常犯的错误就是把止损点设置得过于

宽松。把止损点设置得太宽松，一旦造成损失，想要把亏损的资金再赚回来就很困难了。图13－1是鸡蛋2005合约2020年2月18日上午的分时走势图，上午追高以3380的价位买入，在跌破分时均价线3365左右的价位时就应该第一时间止损，价位跌到3348时止损已经太晚了，止损区域太宽。

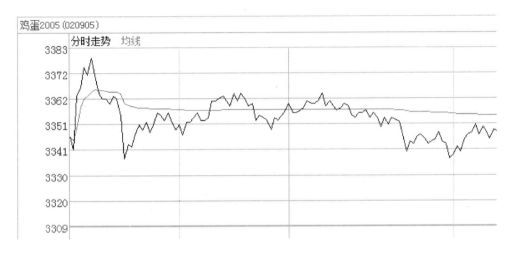

图13－1　鸡蛋2005合约2020年2月18日上午的分时走势

止盈点的设置是为了保住投资者已经获得的利益。止盈点的设置相比止损点的设置而言，投资者心中的压力会小很多。但在设置止盈点的过程中，投资者往往会因为贪婪，而造成对已有利润的侵蚀。就设置止盈点而言，投资者常常会将止盈点的标准设置过高。若止盈点标准设置过高，则投资者可能会面临利润的减少甚至亏损。因此，将止盈点设置得过高也是不合适的。

三、造成上述期货投资资金管理问题的主要原因

（1）期货投资者资金风险管理意识薄弱。期货投资者中的中小散户，对资金管理不重视不了解，主要的原因是风险意识淡薄。他们在进行期货投资时，很少想过自己的资金分配问题。他们不知道期货是带杠杆的，进行期货投资必须加强对资金的管理。这一问题主要表现在中小散户投资者中，在对资金风险管理方面的重视度远远不够，同时，对期货资金风险管理的专业知识也掌握得不够。另外，由于个人投资者大多数是从股票市场来的，他们把对期货资金管理等同于对股票资金的管理了。期货与股票差距还是很大。在股票市场上，即使自己所买的一只股票在亏损，对于股票投资者而言，只要一直持有而没有变卖，这些都不算

实际的亏损。只要一直拿着等它以后价格回升即可，对于投资者而言投资资金仅仅只有变现的压力而已。而期货投资却不同，期货实行的是有保证金的每日无负债结算制度，当天的亏损会变成现实的亏损，投资者面临的资金压力就会大很多。期货投资者中的中小散户在进行期货投资时，没有资金管理的意识或是资金管理意识不强，他们不能合理使用资金就会使投资面临亏损。因此，必须加强期货投资者的资金风险管理意识，使他们合理使用资金。

（2）期货投资者资金风险管理能力不强。在期货投资者中，中小散户比起机构投资者而言，在对资金的管理能力上还是有很大的差距的。一般来说，个人投资者的资金风险管理能力并不是很强，也不知道如何对资金风险进行管理。这些投资者进行期货交易或许仅仅只是看见了期货市场的高收益，从而进行期货交易，但是对期货缺少系统的学习。这就导致了即使他们知道要进行资金的风险管理，但是也不知道如何进行资金风险管理，往往出现上述一系列的问题。如投入到期货市场的资金比例不合理，对止损点设置过于宽松等。同时，期货资金运用中的"羊群"现象也是比较严重的，投资者在信息不确定的环境下，跟风他人的操作，或是过度依赖别人的信息。当市场上某个期货品种的价格飙升时，投资者一般都很难控制住自己不进行交易。当其他的期货投资者都在买卖一个期货品种合约时，投资者极有可能也会对这个期货品种合约进行疯狂的买卖，甚至全面打破自己的资金管理计划，动用其他的资金孤注一掷地把资金全部投在一个期货品种合约上。还有一些中小投资者在期货的资金风险管理中，有时做了很好的资金计划，设置的各种比例也是较为合理的，但是对自己的资金管理计划并没有严格执行，而是不断地修改其原定的计划。例如，他们在按照一定的比例把资金投入到期货市场后，可能发现此时期货市场的行情比较好，因此他们便会临时把投入到其他金融市场的资金也投入到期货市场以换取更高的收益。此时，投资者资金账户的风险相比起以前而言，也就会变大了许多。一旦亏损，那投资者的损失也会是比较大的。又例如，当投资者把某期货合约的止损点设置为总资金亏损3.5%时就平仓出局，当某个期货品种的损失已经达到3.5%时，按照投资者的资金管理计划，应该进行平仓操作。可是此时，投资者往往会抱有一种侥幸的心理，会觉得现在的亏损只是暂时的，熬过这段时间，损失一定会赚回来的。因此他们往往会选择不平仓或是把平仓点改为损失大于3.5%。但随意改变平仓点有可能会造成更大的亏损。所以，即使在已经制定好资金管理计划的前提下，也有可能因为自己随意改变计划而造成进一步的亏损，从而不能达到最初制定资金管理计划时的目的。因此，投资者对设置的止损点不要轻易改变，要克服自己在交易中的侥幸心态。在期货投资中要有良好的资金风险管理计划，要有良好的专业知识与素质，不要让自己的情绪随意影响原定的资金风险管理计划。

四、解决上述期货投资资金管理问题的对策建议

（1）进一步强化期货投资者的资金风险管理意识，制定符合期货投资者自身实际情况的期货投资资金管理计划。资金管理对一个期货投资者而言是十分重要的，它能够帮助投资者减少风险和损失，使他们的收益最大化。投资者在进行期货投资分析时，不仅要对期货品种进行技术分析，更要考虑对资金的分配管理。一项投资的失败往往都是由于不重视资金管理而引起的。因此，首先要强化投资者的资金风险管理的意识。因为市场是变幻莫测的，价格的升降往往也会影响投资者的情绪，而使其改变最初的资金管理计划。例如，当投资者面临亏损时，他们不想及时平仓，而是期待期货价格会在短时间内反转，但一旦没有反转，可能会让投资者损失更多的资金。又例如，在持仓一个正在盈利的品种时，没有按照之前的资金规划及时止盈，而是把自己的绝大多数资金全部投入。如果趋势反转，投资者就会面临着巨大亏损的风险。要测算自己能承受的风险。每个投资者的风险偏好不一样，自己愿意和能够承受的风险也不一样，因此他们的资金风险管理计划也不一样。每个投资者在制定自己的资金管理计划时一定要明白自己的风险承受能力。若自己是风险偏好者，则可以在期货投资资金管理上宽松一些，在建仓时，建仓的资金量也会大一些。若是风险规避者，在期货投资上的资金量就会相应少一些，在建仓时资金的量也会少一些，在情形不好时，会尽力平仓以保住本金。这样才能防范期货市场波动的风险。因此，要强化资金风险管理意识，要在投资前制定一个资金管理方案，并且在后续的投资过程中落实好所制定的方案。要坚决杜绝借钱炒期货。

（2）分散投资资金风险。投资者在期货投资中应该非常注重分散投资资金回避风险。首先投资者要把自己的资金投入不同的金融市场如股票市场、债券市场或存在银行，来避免风险。当投资者把资金分散投入到不同的领域中时，其所承担的风险是最小的。因此不能把自己的资金全部投入期货市场。其次，即便是在期货市场，投资者也可以把自己的资金分别投资到不同的期货品种上去分散风险。比如在投资沪镍期货时，投资者还可以投资相关度不强的农产品期货豆粕，分散期货投资品种来规避风险，通过品种的分散化来尽量降低非系统性风险。比如，2020年2月20日，期货投资者可以卖出沪镍2004合约（见表13-2），还可以买入豆粕2005合约（见表13-3），也可以同时卖出这两个合约，当天操作的结果是盈利的。如果当天同时买入这两个合约，虽然当天是亏损的，但亏损比单独买入沪镍要少。

表 13 – 2   沪镍各个合约 2020 年 2 月 20 日涨跌情况一览

名称	最新↓	现手	买价	卖价	买量	卖量	成交量	涨跌
沪镍 2008	104410	1	104000	104410	1	5	404	290
沪镍 2010	104390	1	102880	104660	1	1	58	−10
沪镍 2011	104280	1	103570	104460	1	1	28	30
沪镍 2009	104260	1	104200	104270	1	2	3690	−70
沪镍 2007	104190	2	104180	104200	1	10	2639	−170
沪镍 2012	104170	1	103500	105000	1	2	40	−190
沪镍 2006	104170	13	104160	104170	6	2	187233	−250
沪镍 2102	104160	1	104160	111990	39	8	53	−340
沪镍 2005	104150	6	104140	104150	2	4	46860	−280
沪镍 2101	104130	1	104000	104200	2	2	633	−400
沪镍指数	104095	24	—	—	0	0	474521	−189
沪镍主力	104080	3	104080	104090	74	6	222224	−150
沪镍 2004	104080	3	104080	104090	74	6	222224	−150
沪镍 2003	103710	2	103680	103850	4	29	10659	−190

表 13 – 3   豆粕各个合约 2020 年 2 月 20 日涨跌情况一览

名称	最新	现手	买价	卖价	买量	卖量	成交量	涨跌
豆粕连续	2642	1	2638	2643	1	23	1797	13
豆粕连三	2733	5	2720	2735	12	1	1109	6
豆粕指数	2707	557	—	—	0	0	711575	6
豆粕主力	2664	29	2663	2664	500	346	465812	7
豆粕 2003	2642	1	2638	2643	1	23	1797	13
豆粕 2005	2664	29	2663	2664	500	346	465812	7
豆粕 2007	2695	1	2692	2695	2	10	55015	4
豆粕 2008	2733	5	2720	2735	12	1	1109	6
豆粕 2009	2752	2	2751	2752	112	569	178337	5
豆粕 2011	2775	4	2768	2787	8	5	5534	2
豆粕 2012	2799	1	2799	2805	8	1	50	−3
豆粕 2101	2810	1	2810	2812	5	2	3921	5

此外，投资者还可以通过不同的期货交易类别来降低风险。投资者在期货投资过程中不要把自己的资金全部拿来进行投机交易，也可以做套保或是套利的交易。套保与套利的风险性相比起投机性交易来说风险要低很多。

表13-4是鸡蛋合约2020年2月20日的涨跌幅情况一览表，从该表可以看出，2020年2月20日鸡蛋期货12个合约的涨跌幅是不一样的，其中，鸡蛋2004合约涨幅最大，达7.01%，而鸡蛋2007合约却跌了2%。如果投资者当天买入鸡蛋2007合约后，发现不对。可以尽快买入同样数量的鸡蛋2004合约，到收盘时，两个合约盈亏相抵，当天还可以赚5%左右。也可以同时买入2004合约，卖出2007合约套利，当天的收益率是7%左右。

表13-4　鸡蛋各个合约2020年2月20日的涨跌幅情况一览

序号	开盘	最高	最低	昨结	幅度%↓	代码
1	3000	3174	2998	2951	7.01	jd2004
2	2301	2456	2247	2317	6.00	jd2002
3	2699	2776	2678	2644	4.99	jd2003
4	3610	3655	3587	3579	1.42	020988
5	3485	3534	3445	3443	1.39	020990
6	3485	3534	3445	3443	1.39	jd2005
7	4321	4336	4295	4328	-0.05	jd2009
8	4170	4173	4112	4185	-0.41	jd2101
9	3636	3685	3575	3619	-0.41	jd2006
10	4326	4336	4292	4326	-0.46	jd2008
11	4171	4178	4125	4189	-0.74	jd2012
12	4025	4035	3987	4045	-1.26	jd2011
13	3996	4000	3950	4008	-1.37	jd2010
14	3860	3867	3767	3859	-2.00	jd2007

表13-5是鸡蛋12个合约2020年2月20日的收盘价，期货投资者还可以卖出最高价的鸡蛋2009合约，买入最低价的鸡蛋2002合约进行套利，如果不考虑手续费，当天收益6.05%。对于蛋鸡养殖户来说，还可以进行期货与现货的套利。如果养殖户估计自己9月有鸡蛋产出，2月20日就可以卖出鸡蛋2009合约，到时拿鸡蛋现货进行交割，这样既可以回避鸡蛋现货价格下跌的风险，通过期货提前锁定鸡蛋现货的利润，又可以解决卖鸡蛋的后顾之忧，做到两全其美。

表13-5　鸡蛋12个合约2020年2月20日的收盘价

名称	最新↓	现手	买价	卖价	买量	卖量	成交量	涨跌
鸡蛋2009	4326	5	4325	4326	7	32	60670	-2
鸡蛋2008	4306	1	4306	4309	1	2	5095	-20

续表

名称	最新↓	现手	买价	卖价	买量	卖量	成交量	涨跌
鸡蛋2101	4168	1	4164	4168	2	2	2960	-17
鸡蛋2012	4158	1	4157	4165	1	2	378	-31
鸡蛋2011	3994	1	3991	3994	1	1	534	-51
鸡蛋2010	3953	1	3950	3953	11	84	4198	-55
鸡蛋2007	3782	4	3781	3783	1	2	19836	-77
鸡蛋指数	3630	121	—	—	0	0	1218458	51
鸡蛋2006	3604	5	3604	3606	5	11	22910	-15
鸡蛋主力	3491	35	3489	3490	41	1	902421	48
鸡蛋2005	3491	35	3489	3490	41	1	902421	48
鸡蛋2004	3158	6	3156	3158	16	15	162030	207
鸡蛋2003	2776	1	2776	—	1835	0	37404	132
鸡蛋2002	2456	1	2456	—	4	0	22	139

（3）顺势变仓。投资者在进行期货交易时一定要技术熟练，根据技术面、基本面的情况，顺势而为，果断调整仓位，千万不要逆市场而动。当发现期货的价格有上涨的趋势时，投资者便要果断做多，逐步增加多头的头寸，不能逆势做空。例如，图 13-2 是鸡蛋 2003 合约从 2019 年 10 月 23 日至 2020 年 2 月 21 日的日 K 线走势图，从该图可以看出，该合约从 2019 年 11 月 1 日出现 4580 点的高点以后就一直走低，到 2020 年 2 月 14 日的最低点 2485 点，短短 3 个多月的时间跌了 2095 点，在这一波下跌趋势中，投资者就只能顺势做空，甚至可以盈利加仓做空，千万不可做多。但到 2020 年 2 月 19 日，该合约突破了短期下跌趋势线，开始呈现上涨趋势，此时投资者就要果断根据技术的走势及时做多或者盈利加仓做多，此时就不能逆势做空了，相反，应该第一时间平仓以前所有的空单。

（4）在特殊的交叉或转势点调整仓位。投资者在期货投资中当遇见黄金交叉点时，期货的价格将会上涨，则是比较好的做多时机，此时投资者可以投入资金买进看涨期货合约。相反，当出现死亡交叉点时，投资者便可以把资金投入看跌期货合约，顺势做空。因此，投资者可以根据一些特殊的交叉点来规划或变更资金计划，在期货交易中盈利。图 13-3 是鸡蛋 2004 合约从 2019 年 9 月至 2020 年 1 月这一段时间的日 K 线走势图，从该图可以看出，该合约在 2019 年 10 月出现了一次黄金交叉，即图中第一个圆圈处，此时投资者可以动用资金做多；而在 2019 年 12 月出现了一次死亡交叉，即图中第二个圆圈处，此时投资者就只能动用资金顺势做空了，甚至可以盈利加仓做空，千万不可做多。

图 13 – 2　鸡蛋 2003 合约多空转换日 K 线走势

图 13 – 3　鸡蛋 2004 合约黄金交叉资金做多与死亡交叉资金做空示意（日 K 线）

（5）采用金字塔形期货投资资金管理法。金字塔形期货投资资金管理法一般对投资者第一次入场方向判断的准确性要求比较高，但这种方法在趋势判断正确的情况下，投资者的收益率是比较高的。

（6）合理设置止损、止盈点并及时平仓。设置止损、止盈点是一个十分重要的程序，它们就如同一个心理的预期转折点。止损点意味着这已经到了投资者能承受的损失的底线了，即使在此之后还有赢的把握，但是投资者已经承受不起再次亏损的结果了。这时投资者就应该及时止损，进行平仓，将自己的损失控制在自己能够承受的范围内，让自己的总体资金实力不会受到过大的削减。而设置止盈点则是在已经获利的状态下，预测价格将会出现反转，因而及时平仓防止利润受到损失。设置止损、止盈点都是在和期货投资者自己的欲望做斗争。亏损的期货投资者希望走势能反转而减少点亏损，盈利的会觉得指不定价格还会往上涨，希望继续持有。这两种心态都会使投资者不愿意平仓。投资者做资金风险管理其实也就是为了减少这种不愿意平仓的赌徒心态，以此来防止投资者变盈为亏甚至亏得更惨。当然，由于每个人的资金实力不同，对风险的偏好不同，资金管理的风格不同，因此对自己的止损点止盈点的设置也不同。就止盈点设置而言，当认为趋势可能会发生反转时，投资者就可以及时止盈。在此之前，可以一直采取移动止盈的方法止盈。图 13－4 是棕榈油 2005 合约 4 小时 K 线走势图，如果投资者在 6400 点左右做空，那就可以采取移动止盈的方法，将止盈点逐步下移，一直拿到技术面出现反转时再平仓或反手做多。

图 13－4　棕榈油 2005 合约 4 小时 K 线走势

对于止损点设置而言，建议投资者最好事先设置好资金的最大损失比例，一般是将损失控制在总资金的3%～5%，不要大于这个比例，以免造成太大的损失。至于具体的止损方法很多，有开仓就设置好止损点，也有开仓以后再根据具体情况及时设置止损点等多种止损方法，只要期货投资者熟练掌握交易软件就可以运用了。而为了尽量避免止损，投资者最好只做自己熟悉的品种、做得比较顺手的品种，甚至只做某个品种里的某个合约。

第十四章　期货的结算风险

商品期货市场系统按性质划分，一般分为交易系统和结算系统两大部分，分别构成商品期货市场的前台与后台。期货的交易系统是期货市场赖以存在的基石，而期货结算系统则对保障期货市场运行效率与交易的安全性起着重要作用，对于维护期货市场的稳定与有效运作意义重大，因而结算业务也经常被业界人士称为整个期货市场的心脏部分。期货结算风险主要是指期货市场上相关交易主体，如期货投资人、期货公司、交易所等，在期货交易过程中因结算环节存在的问题可能蒙受的损失。我国期货市场发展迅速，交易规模日益扩大、期货品种不断增加，期货市场规则日渐完善，期货行业正朝着规范化、有序化的方向不断发展。但在结算风险管理方式、措施，特别是担保金设置、结算会员准入门槛、会员分级优化等方面仍然存在有待于进一步优化的问题，只有不断优化并彻底解决这些问题，才能促进我国期货市场的进一步发展。

一、我国期货结算风险管理现状

在国家有关部门的统一领导和部署下，经过最近几十年的吸收、发展和完善，我国的期货交易所建立了一系列风险管理的规范性制度，为保证结算操作的高水准和高效率提供了较好的保障，在结算风险管理方面也采取了一系列举措，主要体现在下面几个主要方面。

第一，建立了基本符合我国国情的期货结算机构。期货市场是一个交换风险的市场，回避价格风险和发现价格两大功能，决定了期货市场存在的必要性。期货合约必须以平仓或交割两种方式终止，从这个意义上讲，正常的结算才是期货市场运转的关键。期货合约的交易需要在未来某一时间段或时间点进行商品或金融资产的缴付，因此不可避免地面临对手方风险、流动性风险、操作风险等一系列风险，而期货合约的结算可被视为市场主体控制风险的过程。在我国期货交易实务中，交易所的场内交易和部分通过场外完成的期货合约交易，都是由相关期货交易所内专门设置的结算机构完成的。我国当前各大期货交易所的结算系统，是在早期确立的期货市场投资结算制度总体框架的基础上建立起来的，交易所内结算系统具备一定程度的独立性，能够各司其职，负责提供本交易所内的结算业务服务。结算机构的级别设置为交易所下辖的一个职能部门，与交易所设立的交易部等职能部门处于平行关系。期货结算对于减少期货的交易风险，促进期货交易有效运行，以及在保障期货市场良性可持续发展方面功绩卓越。但目前我国期货结算机构的风险管理制度与期货交易的现实状况衔接得不是很完美，需要进一步优化。

第二，采用了符合期货交易特点的保证金制度。在期货结算风险管理制度中处于中心地位的是保证金制度。从其性质来看，保证金制度是降低结算会员逆方向选择以及道德违约风险的重要方式之一，通过在期货合约进行交易之前，让会员缴纳一定的保证金，可以提高交易主体的违约成本，防止违约。由此可见，保证金制度是维护期货市场交易安全性以及交易效率的关键所在，同时根据市场交易情况，适时、适当调整保证金费率，对保证金制度的运行效率有一定的提高作用。但不合理的保证金费率设置，将会对期货市场交易流动性产生负面效应。如果保证金费率设置低于市场实际水平时，那么保证金的缴纳对于违约风险的管控将失灵，交易主体违约成本的降低，极有可能产生对交易对手方违约的反向激励，导致期货合约交易违约情况发生，提高了期货市场的结算风险。如果保证金费率设置过高，必定增加期货市场投资人的交易成本以及门槛，从而减少投资人的交易意愿。因此，保证金费率的设置既不能过低，也不能过高，必须适中，过低控制不了风险，过高则会降低期货投资者交易的积极性。

第三，引进分级结算会员制度。分级结算会员制是在交易所结算会员制度的基础上演化而来的，是国内期货结算业务开展到一定程度必然出现的风险管理方式。分级结算会员制设立的出发点是有效管控结算过程中可能出现的风险。其主要目的有两个：一是对结算机构中会员结算业务中可能出现的对手方违约风险进行管控；二是降低结算会员在结算业务方面的交易成本，进一步增强市场活力。一般而言，期货市场会员分为两种，一种是交易会员，另一种是结算会员。而我国期货市场在这方面的实际状况是具备交易会员资格的主体，必然也兼具结算会员资格，被称为全员结算会员制。从期货市场出现至今的运行历史来看，结算会员由于个别行为所产生的风险极易传导至局部市场，进而发生连锁反应，甚至演变为期货交易市场的系统性风险。为了杜绝这一状况，在参考国际市场成熟管理机制的基础上，我国期货交易所引进分级结算会员制，以此增强交易所乃至市场整体应对期货结算风险的抵抗力。由于分级进行结算的特点，分级结算会员制在风险管理方面具有逐层吸收，多层控制的结算风险管理特点，进一步保证了结算风险在制度运行过程中能够得到管控。

二、期货结算风险的主要表现形式

期货市场风险，根据风险来源主体进行区分，一般可分为：结算环境风险、结算对手方风险、结算法律风险、结算价格风险四类，也是期货结算风险的主要表现形式。

第一，结算环境风险。结算环境风险主要是指提供结算服务的平台，如结算机构、结算业务涉及的商业银行等在结算业务所需的硬件设施或软件设施发生技术性故障、人工主观性失误，致使结算业务运作效率、结算机构管理等方面的运作遇到阻碍，甚至导致结算系统业务中断、瘫痪的风险。这一类风险表现形式被称为结算环境风险。结算环境风险通常划分为主观性操作带来的风险和客观性故障带来的风险。前者主要是由于结算业务提供平台的相关工作人员未按规范性指标操作或恶意破坏行为产生操作偏差的风险。后者主要是由于结算机构所依托的硬件设备产生技术性故障所产生的风险。但无论是主观因素还是客观因素产生的风险，结算环境风险发生的概率一般不大。

第二，结算对手方风险。结算对手方风险顾名思义，是指在期货合约结算过程中，因对手方会员在履行相应结算义务方面出现问题而产生的结算风险，风险来源于对手方会员。这一类风险比较多，也是期货交易结算中最为常见的风险。造成这一结算风险的原因，通常是相关结算会员自身交易失败，产生资金损失或所代理的非会员客户资金违约，进而产生结算会员资金出现断链，丧失结算能力，难以履行合约中所需承担的结算义务造成的。结算对手方风险一旦发生，由于其结算履约能力下降或者丧失履约能力，将给期货市场带来不稳定。为了避免这一问题，结算部门应当强化对结算会员资金状况的审查，以及对相关履约能力进行监督，要求结算会员在保证最低资本充足率的前提下，方可进行期货交易以便控制这一类风险的发生。

第三，结算法律风险。法律风险在期货结算风险中虽不如结算对手方风险多，但也存在于各类期货合约的结算业务中。期货结算的法律风险主要是指在结算业务发生过程中，由于各结算会员以及结算会员与结算机构之间受到较为模糊或不是很完善的法律、法规条文的影响，致使各结算主体权责划分不明晰而产生的风险。期货结算的法律风险也包括在诸多结算矛盾的处理方面，存在较多争议以及不确定性，结算具体运行过程透明度不够，最终导致结算主体在进行结算业务时，因权利与义务划分或归属问题而产生交易损失的风险。

第四，结算价格风险。本书探讨的主要是个人和法人的期货投资问题，因此，当天的结算价格对个人期货投资者或者法人有重要影响，只要当天的建仓没有在下午3点之前进行平仓处理，对他们来说就存在一个结算价格的风险。这种风险是每天都存在的，是必须要面对的风险，作为期货投资者一定要注意结算价格给自己带来的风险。下面举例说明：

图14-1是棕榈油2005合约2020年1月10日的分时走势图，如果投资者在当天下午以6444的价位买入，到下午3点收盘之前平仓，这位投资者是赚的；如果买入之后下午收盘之前没有平仓，那这位投资者收盘以后就是亏的，因为收盘以后，结算部门是按当天的均价6404结算，因此，每手亏损40点。一旦晚上该合约以低于下午的买入价开盘，并且低开低走，那这位投资者就被套住了。这就是做多当天收盘之前没有平仓给多头带来的结算风险。

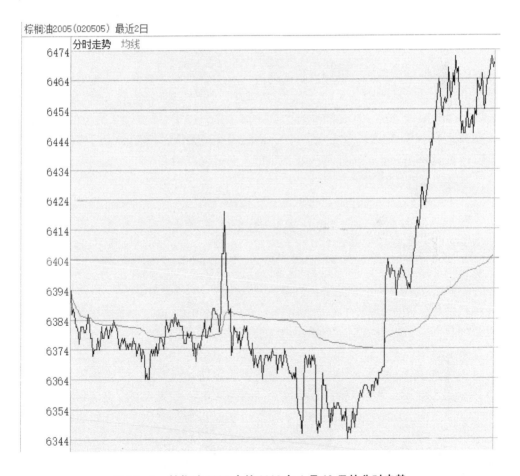

图14-1　棕榈油2005合约2020年1月10日的分时走势

图 14-2 是沪铜 2005 合约 2020 年 3 月 3 日的分时走势图及 3 月 4 日开盘的分时走势图，如果投资者 3 月 3 日在 45656 点位做多，到下午 3 点收盘之前平仓，这位投资者是赚的；如果当天收盘之前没有平仓，那收盘以后结算公司按当天的结算价 45780 结算，这位投资者就是亏的。第二天该合约跳空低开，这位投资者就更亏了。这也是做多当天收盘之前没有平仓，给做多的投资者带来的结算风险和第二天低开的风险。

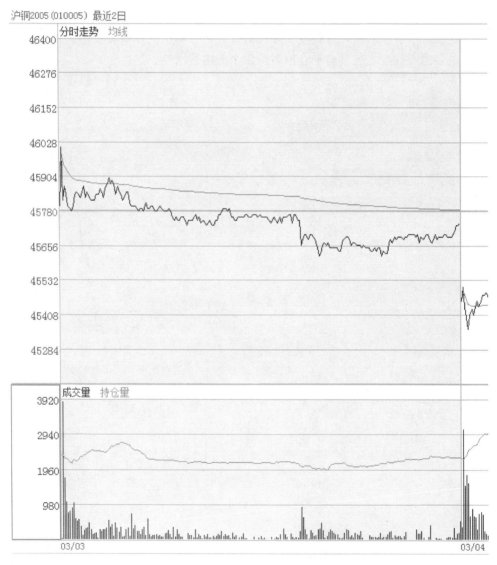

图 14-2 沪铜 2005 合约 2020 年 3 月 3 日的分时走势及 3 月 4 日开盘时的分时走势

下面再看投资者做空之后，当天下午 3 点之前没有平仓带来的结算风险。图 14－3 是鸡蛋 2005 合约 2020 年 1 月 9 日的分时走势图，如果投资者在当天下午以 3436 的价位卖出，到下午 3 点钟收盘之前平仓，这位投资者是赚的；如果卖出之后下午收盘之前没有平仓，那这位投资者收盘以后就是亏的，因为收盘以后，结算部门是按当天的均价 3454 结算的，因此，每手亏损 18 个点。一旦次日该合约以高于前一天的做空价开盘，并且高开高走，那这位投资者也被套住了。这就是做空当天收盘之前没有平仓，给做空的投资者带来的结算风险。

图 14－3　鸡蛋 2005 合约 2020 年 1 月 9 日的分时走势

　　图 14－4 是黄金 2008 合约 2020 年 3 月 3 日的分时走势图及 3 月 4 日开盘的分时走势图，如果投资者 3 月 3 日在 361.82 点做空，到下午 3 点钟收盘之前以 361.70 的收盘价平仓，这位投资者是赚的；如果当天收盘之前没有平仓，那收盘以后结算公司按当天的结算价 361.82 结算，这位投资者就没有赚钱，还亏手

续费。第二天该合约以 371.80 点的价格高开，这位投资者就更亏了。这也是做空当天收盘之前没有平仓，给做空的投资者带来的结算风险和第二天高开的风险。

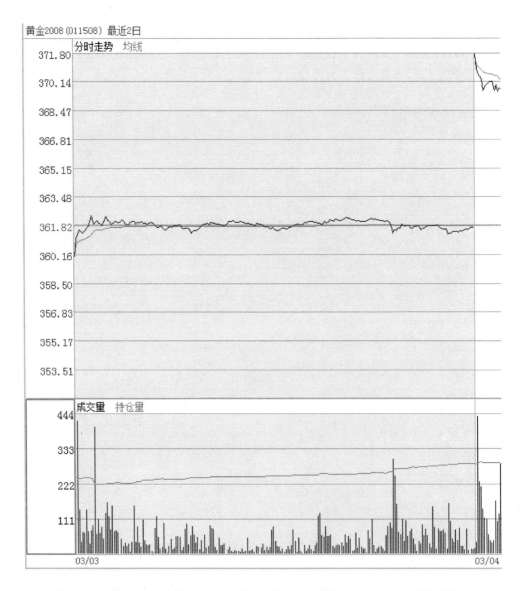

图 14-4　黄金 2008 合约 2020 年 3 月 3 日的分时走势及 3 月 4 日开盘的分时走势

三、期货结算风险管理存在的主要问题

第一，结算机构的设置有待进一步优化。我国期货市场结算机构本身的独立性不强，结算机构是依托各大期货交易所而存在的，不是一个独立的提供期货结算服务业务的法人单位，没有自己独立的资产，人事安排以及经济来源都完全依赖于所在交易所，因而业务开展受到诸多限制。从目前结算机构在制度设置方面来看，期货交易所对结算机构拥有绝对的控制权，在结算业务方面，期货交易所对结算机构有领导权、管控权、监督权，实际上交易所不光拥有交易职能，还拥有期货结算的功能。这种状况不利于充分发挥结算机构和结算人员对期货结算的主动性、积极性和创造性，不利于期货结算风险的进一步主动管控。

第二，期货交易保证金费率的确定需要进一步及时紧密联系我国期货市场的实际运行状况。要对期货结算的风险实行有效控制，必然需要设置合理的保证金费率。但我国当前期货保证金费率的高低在实际设置过程中，有时偏离了市场的实际运行状况，并未完全根据计算市场风险的具体状况灵活确定保证金费率，或者适应期货市场不同交易品种的保证金费率确定得不是很及时，没有及时跟上期货品种交易情况变化的步伐。有时是根据交易所对保证金费率的行政决策来设定的，依然带有一定的行政色彩。

第二，分级结算会员制度在实际运作过程当中透明度不是很高，加之个别期货经纪公司高管职业操守存在一定程度的问题，也制约了分级结算会员制度的进一步完善和优化。

四、管控期货结算风险的建议

第一，进一步完善并优化结算体系。我国的期货结算体系虽然已经运行多年，基本上能够满足我国期货交易结算的需要，但在运行过程中也或多或少存在各种问题，需要吸收国外市场的成功经验并根据我国期货市场的实际情况进一步完善和优化。

第二，不断完善结算会员制度。结算机构可以采取定期或者抽查方式，检查各会员公司的账目，发现问题及时要求处理，并监督执行。

第三，强化内部监督。为了管控期货市场的结算风险，各有关单位和部门，必须进一步强化对单位或部门内部的监管，争取把风险化解在萌芽状态。

总之，期货市场交易的稳定性以及期货合约交易的顺利进行都有赖于期货结算系统的有效运作，因而通过保证金制度、分级会员制等方式对我国期货结算风险进行及时管控，具有重大意义。而我国期货市场相对于西方发达国家的期货市场而言出现较晚，在结算方面还需要不断的逐步完善，我国当前所实行的期货结算制度，在结算系统的自主性方面还有待进一步完善，各大结算机构的独立性、自主性、创造性发挥得还不够。而在期货交易结算的风险管控方面，各级结算会员的相关交易成本处于高位运行态势，并且总体效率还有待提高。因此，应当在现有期货交易结算模式的基础上，对期货结算的保证金制度、结算会员制度以及结算机构内部设置等方面进行进一步改革，充分发挥各种期货结算风险管理措施对我国期货市场稳健发展的作用。

第十五章　期货投资的风险控制

商品期货交易是带杠杆的交易，盈亏的幅度一般都比较大。因此，在进行商品期货交易的时候控制风险是摆在期货投资者面前的一项首要任务。只有控制住风险，尽力保证本金的安全，才能在期货市场长期生存下去，才有可能考虑如何实现盈利。我国的商品期货市场虽然经历了 20 多年的发展，交易规则和监管政策正在不断地完善，抗风险能力也正在不断增强，但鉴于期货本身的高风险属性以及曾经发生过的一些风险事件，控制商品期货市场的风险无论是从投资者的角度，还是从监管的角度来说都依然刻不容缓。

一、我国期货市场风险现状

20 世纪 90 年代商品期货被引入我国，而引进商品期货的初衷是规避现货商品的价格波动风险，实现商品交易的套期保值。如今商品期货成了一种投资产品，不仅可以实现套期保值，也可以让投资者在商品期货市场进行投机交易。在20 多年的发展历程中，我国商品期货发展迅速，交易品种不断增多，市场规模不断扩大，从业人员不断增加，结算机制、交割机制也在不断地完善，抗风险能力也在不断增强，然而由于我国的商品期货市场存在的时间短，发展得还不是很成熟，加之投资者过度投机、个别期货经纪公司管理松懈等原因，有关商品期货的风险事件也先后发生过，诸如硬麦 309 事件、大豆 A205 事件、中航油期权亏损事件、国储铜事件等。每一个风险事件所带来的损失是巨大的，给投资者带来的伤害也是很大的。由此可见，我国商品期货市场的发展与风险是相伴而生的，这些风险事件阻碍了我国商品期货市场的进一步发展，也挫伤了投资者的积极性。由上述风险事件可以看出，我国商品期货市场还存在诸如监管不到位、投资者非理性投资、交易与交割机制还有待进一步完善等问题，这些问题制约了我国商品期货市场的进一步发展，如不彻底解决这些问题，还会导致风险事件的再度发生。因此，要想推动我国商品期货市场进一步稳健发展，则必须解决这些问题。每个风险事件的发生都是由相关的风险因素导致的，因此，需要找出这些风险事件的诱因，分析存在的风险问题，提出解决问题的对策。

二、我国期货市场的主要风险

（1）法律风险。法律风险是指有关期货方面的法律法规不健全或者期货投资者违法操作而产生的风险。一些具体的法律法规条文要么缺失，要么已经过时，针对性不强，导致有的期货投机者钻法律空子，或者风险产生以后难以依法处置。法律风险主要体现在以下两个方面：一方面是因为法律法规条文缺失或过时产生的风险；另一方面是监管法律法规变化产生的风险，由于监管法律法规的变化，可能会影响期货公司正常运营，或削弱其竞争能力、生存能力。此外，有些机构投资者钻法律法规的漏洞进行期货交易，从而影响商品期货市场正常运行，给商品期货市场带来了一些不可预见的风险。

（2）信用风险。信用风险指的是在商品期货市场当中，由于买方或卖方不履行合约而产生的风险。这种信用危机也会影响到商品期货市场的发展，侵犯投资者的利益。信用风险的产生归根于我国的市场大环境，第一，虽然我国经济在飞速发展，国家也在不断地走向富裕，但是贫富差距还是挺大，社会上也存在各种不公平现象，因此也会出现一些信用危机；第二，我国商品期货市场发展得并不成熟，交易和运行机制并不是十分完善，期货市场庄家的操控现象时有发生，最为主要的是，没有一个比较公平的期货市场准入的信用评级机构。因此，各种类型的人进入商品期货市场，难免夹杂着一些信用等级不高的人，从而使我国商品期货市场产生风险隐患。信用风险主要体现在期货交易者身上，期货交易者的违约行为会影响期货市场。信用风险的主要表现形式为，在商品期货交易中，由于交易的一方违约而给对方带来损失的可能性，主要表现为信用方面的危机。

（3）价格风险。商品现货价格的波动与商品期货价格的波动息息相关，价格风险的表现形式主要是由于商品现货价格的波动而影响商品期货的价格，并给商品期货投资者带来损失的可能性。此外，期货投机者对期货品种合约的恶意操控也会引起期货价格的异常变动，并给期货散户投资者带来损失，形成价格风险。

（4）操作风险。操作风险是指由于期货公司内部管理不当，交易员行情预测失误，或者一些自然灾害等原因导致期货公司和投资者发生损失的可能性。期货公司的操作风险主要表现在开户、交易、结算、风控等方面。操作风险的主要表现形式为交易员技术缺陷、业务人员的欺诈、客户保证金穿仓等。就个人投资者而言，操作风险主要表现为重仓操作，甚至满仓操作，一旦方向做反又不及时止损而产生严重亏损，甚至被强行平仓的风险。首先是开户风险，一些业务人员在给客户开户的过程中，并没有对客户说清楚开户流程和关于期货交易的风险，也没有审核客户资金来源，所以后期可能会出现客户资金来源不合法，甚至出现一些纠纷。其次是交易风险，交易风险主要体现在交易员下错单，没按照客户指令下单，下单时机器出现故障，客户未及时补充保证金等，这些问题很有可能给客户和期货公司带来一定的损失。再次是结算风险，结算主要是客户保证金的结算、追加保证金等，结算部门一定要保证每天的结算单都准确无误，要及时进行结算单的核对。其中可能发生的风险主要有，客户保证金率过低，容易出现穿仓，网络出现异常，客户资金监管不到位等。最后是稽核风险，稽核部门需要对期货公司的各项业务进行风险监控，主要是对期货公司的市场开发、开户过程、交易过程等进行风险监控。这其中可能存在对客户保证金的监控不到位，对错单处理不当等问题，这些都会给期货公司和投资者带来风险。

三、造成我国期货市场风险的主要原因

（1）期货投资者法律意识薄弱。产生法律风险的原因主要是投资者法律意识薄弱，有的甚至目无法纪，跟法律法规对着干，专门钻法律法规空子。当然也有法律法规的条文没有及时修改，以适应变化的新情况。

（2）期货公司内部管理制度不完善。很多期货交易是通过期货经纪公司委托完成的，因此期货经纪公司的风险控制尤为重要。期货公司的风险成因主要是公司内部控制制度不完善、公司在人员管理上的不完善以及从业人员交易操作上的失误，这些问题都会给期货公司和期货市场带来风险。这些期货经纪公司内部的管理问题会加大客户的交易风险，更为严重的是可能影响到整个商品期货市场的发展，给期货市场带来风险。所以要想保证我国商品期货市场的规范运行，则需要首先建立健全的期货公司内部管理制度，这也是我国期货经纪公司赖以生存的根本前提和条件，也是我国期货市场进一步稳健发展的前提条件。

（3）期货投资者风险意识较差。在商品期货市场当中，最主要的两个投资主体就是个人投资者和机构投资者，这两个投资主体的投资活动也会影响整个期货市场的行情变化。如果个人投资者和机构投资者本身就存在问题，那么就很有可能让商品期货市场的秩序变得混乱，从而产生风险。而恰恰我国很多个人投资者在期货交易当中，就存在对商品期货专业知识了解不多不深，对风险意识认识不够到位的情况，常常重仓操作，甚至满仓操作。只要是市场交易就会存在一定程度的风险，更何况期货市场具有高杠杆性，这种风险会放得更大。所以期货交易对于投资者的要求比较高，如果不具备相应的要求，那么他们所进行的商品期货交易就和赌博差

不多，对于盈亏是没办法知道的，也将会加大期货市场的整体风险。

（4）监管有时不是很及时，有时也没有完全到位。商品期货市场的有序运行离不开监管部门的有效监管，我国商品期货市场发展得不是很成熟，在监管方面也做得不是很到位，存在监管力度不够、监管不是很及时等问题，这些问题都会加大期货市场的风险。监管不到位主要体现在以下三个方面：一是在信息披露方面做得不够到位，一些需要披露的信息并没有及时披露出去，这样信息就不能得到有效的传递和利用，投资者们无法获知这些信息，所以在进行投资决策时可能会做出一些错误的投资决定，从而给投资者带来损失。二是保证金制度和交易制度的不完善，国际上对于期货保证金的规定比例相对比较高，然后我国有些期货交易品种的保证金比例偏低。较低的保证金会加大期货交易的杠杆效应，从而加大期货市场的风险。并且我国在期货交易制度上也设计得不够完善，例如，没有采用"逐笔盯市"的结算制度，以至于交易所不能够进行动态监管，从而不利于更好地控制期货市场的风险。三是对于异常的市场交易情况的监控不及时，我国期货市场上出现了多次异常的交易情况，如在没有重大消息发生的情况下，一些投机者集体对某一期货品种合约做空或做多，这种情况就属于异常的交易情况了，但是监管部门有时并没有做出及时的监控和处置，从而导致了期货市场风险事件的发生。

四、控制我国期货市场风险的建议

（1）进一步建立健全期货法律法规，有效回避法律风险。任何市场都离不开依法监管，没有法律的监管，这个市场可能就会变得混乱无序，当然商品期货市场也是如此。我国的商品期货市场发展的时间并不是很久，所以在依法监管方面做得并不是很完善。法律的缺陷也让一些机构投机者或者大户投机者钻了漏洞，进行了一些操控市场的交易，让期货市场的价格发生了异常的变动，从而给其他期货投资者尤其是中小散户期货投资者带来了损失，并间接扰乱了期货市场的正常秩序。因此，进一步建立健全商品期货市场的法律法规是非常有必要的。而要进一步建立健全我国期货市场的法律法规，就要做到以下两点：一是将滞后的期货法律、法规内容进行修改完善。法律、法规的内容必须适应不断变化的期货市场的发展状况，只有这样，法律、法规才能够更好地为期货市场的正常运转服务，才不会有法律漏洞的产生，从而达到防范我国期货市场法律风险的目的。二是要进一步细化对各种期货违规、违法行为的追责条款，并加大追究力度。

（2）进一步建立健全商品价格调控体系，有效防范价格风险。商品现货价格的波动会影响商品期货市场的行情变化，因此只有确保商品现货价格的平稳运行，防止商品现货价格的剧烈波动，才能够降低商品期货市场的价格波动风险。所以进行商品期货市场交易时，一定要关注商品现货价格的波动情况，防止由于现货市场商品价格的波动而造成商品期货价格暴涨暴跌，从而给投资者带来损失。而想要防范价格风险，则需要做到以下三点：第一，国家要进一步建立健全现货价格调控体系，保证商品现货供需基本平衡，现货价格基本稳定。第二，发展适度的期货套利机制。适度的期货套利机制将会在一定程度上防范价格波动风险，因为套利交易者进行交易，是通过对期货行情的准确预测从中赚差价钱，当商品期货市场上的供过于求时，这个时候的市场价格就会比较低了，套利者就会在这个时候低价买进这个期货合约，然后就拉动了其需求，这个时候价格就会上涨，往均衡价格趋近，反之，则远离均衡价格。这种套利机制将价格往均衡价格拉近，就可以在一定程度上防范价格波动风险了。这种价差套利行为，既可以增加期货的交易量，又可以降低商品期货市场的价格波动风险，并且这一行为还活跃了商品期货市场。第三，进一步完善商品期货交易制度。完善的商品期货交易制度在防范商品期货价格波动风险中也是极为重要的。而要进一步完善商品期货交易制度，重点要抓以下两方面。一方面，要进一步完善商品期货的实物交割制度，期货交易双方必须在最后交易日之前对交易合约进行平仓处理，如果不平仓，就只能进行实物交割了，而要顺利地进行实物交割就必须有完善的实物交割制度。这样做也是为了防止有人操作商品期货市场价格，从而维护投资者的利益。另一方面，要想尽一切办法制止我国商品期货交易中投机者的恶意操作行为。例如，在交易日收盘的前5分钟，一些资金大户可能就会钻空子，价格可能就会出现"单边市"，这样就会导致非正常价格的出现，然后给期货市场带来价格波动风险。对于上述问题，交易所一方面需要制定出更加完善的交易规则，来规范投资者和投机者的交易行为，另一方面还需要严厉打击那些恶意钻空子的投机机构和投机者，从而保证商品期货市场的正常运行。

（3）进一步建立健全期货市场的信用制度，有效防止信用风险。我国的商品期货市场常常发生一些信用问题，这些信用问题都会影响我国商品期货市场的进一步发展，带来信用风险。所以我国期货市场急需进一步建立健全信用制度，构建一个完善的信用评级体系。第一，要建立健全期货交易所会员的信用评估指标体系。期货交易所需要制定完善的信用评估体系，对期货经纪公司的规模和实力、经营状况、风险控制等进行严格把控，防范由期货经纪公司带来的信用风险，达到维护投资者合法权益的目的。第二，要建立期货经纪公司对客户信用风险的监控体系。按正常流程，客户想要进行期货投资，就必须先去期货公司开户，然后再缴纳一定比例的保证金，进行期货交易。客户交易之前必须保证账户的保证金是充足的。当然也有可能存在客户不履行约定给期货经纪公司带来信用风险的问题。所以，期货经纪公司需要对客户的信用进行评级，来防范信用风险的发生。对于客户信用的监控，可从以下两点着手：第一是根据客户的风险承受能力和期货品种确定一个适合的保证金比例，从而防止信用风险的发生。例如，我国可以根据风险准备金制度来建立赔偿基金，建立健全社会保障基金，保障投资者的基本利益，这样即使发生了信用风险，也可以用社会保障基金进行一定程度上的补救。第二是要对客户进行风险分类，可以根据客户对于风险的承受力不同分为风险爱好者、风险中立者、风险厌恶者。当客户下单时，交易系统对于不同风险类型的客户要进行提醒，要对客户充分说明风险和损失的大小，防止客户非理性下单行为带来的信用风险。

（4）进一步建立健全期货公司内部管理制度，培养客户交易的止损习惯，有效防范操作风险。期货经纪公司的经营管理也会影响客户资金的安全性，甚至期货市场的发展。如果期货公司在内控管理上存在问题，很有可能就会引发操作风险。一些期货公司的员工为了吸引客户，对于客户的保证金并不要求足额甚至允许客户的资金发生透支，这些现象都会严重影响期货市场的正常交易，甚至带来操作风险。因此期货经纪公司必须重视这些问题，要建立健全公司内部管理制度，管理公司员工的行为，要有严格的内部管理机制，监控员工严格按照法律规定给客户办理业务。期货经纪公司要严格按要求进行开户，开户时要跟客户说清楚各种风险，将开户手续办理完整。尤其是在交易下单的时候，要根据客户的指令进行下单，防止下错单，给客户带来损失。并且期货经纪公司要加强对从业人员专业技术的培养，防止从业人员犯一些专业技术上的错误，要定期对从业人员进行专业考核，以提升他们的专业能力，以便能够更好地服务客户。期货经纪公司只有进一步建立健全公司内部管理制度，才能从根本上防范操作风险。

作为投资者，在交易的时候一定要学会止盈和止损的技术，养成止盈止损的良好交易习惯。在期货投资生涯中，学会止盈和止损，就好比飞行员要学会跳伞一样必需、一样重要。下单之前，一定要考虑好盈亏比，不要轻易建仓，建仓一定要根据技术要求，建仓以后要立马做好止损点的设置，以防亏损时止损犹豫不决，抱有侥幸心理而最后亏得不可收拾。下面具体探讨一下投资者止损的方法。由于每个投资者的情况和兴趣不一样，有的喜欢做日内交易，有的喜欢做波段，有的喜欢做长线，因此，止损点的方法也不一样。如果作日内交易的话，建议围绕分时均价线开仓并在均价线上下方不远的地方设置止损。具体分两种情况，第一种情况，当期货价格上穿分时均价线并企稳开始往上走的第一时间建仓多单，止损设在分时均价线下方不远。图15-1是沪镍2006合约2020年3月5日上午的分时走势图，投资者可以在上午10点钟以后期货价格上穿分时均价线102780点位（图中圆圈）的第一时间建仓多单，建仓以后立马把止损点设在102780点位下方不远的地方即可。

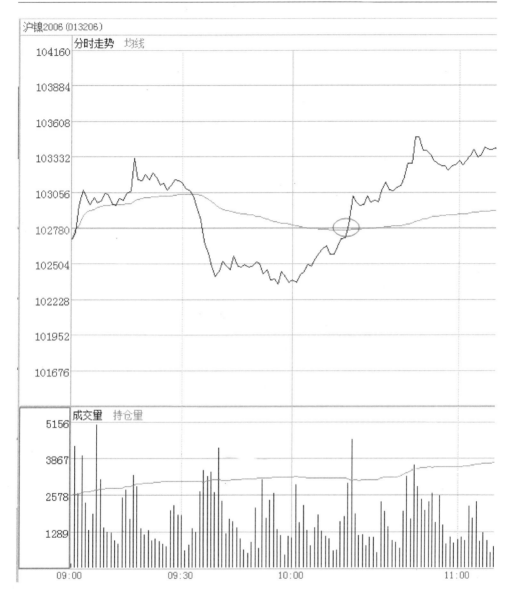

图 15 - 1 沪镍 2006 合约 2020 年 3 月 5 日上午做多建仓与止损点位设置示意

第二种情况，当期货价格下穿分时均价线开始往下走的第一时间建仓空单，止损设在分时均价线上方不远即可。图 15 - 2 是鸡蛋 2004 合约 2020 年 3 月 5 日上午的分时走势图，投资者可以在上午 9 点钟以后期货价格下穿分时均价线约 3176 点位（图中圆圈）的第一时间建仓空单，建仓以后立马把止损点设在 3176 点位上方不远的地方即可。

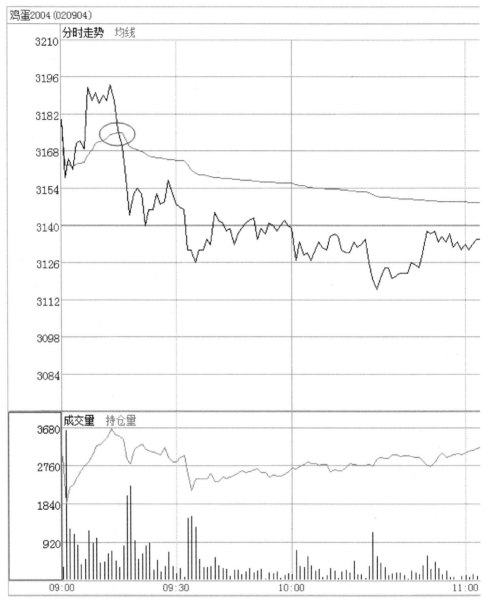

图 15-2　鸡蛋 2004 合约 2020 年 3 月 5 日上午做空建仓与止损点位设置示意

　　如果做波段交易的话，首先建议围绕分时均价线开仓并在均价线上下方不远的地方设置止损。然后再根据期货价格所处的位置和当天的走势情况决定以后的止盈止损问题。如果当天建仓空单，收盘时已大幅盈利，并远离了建仓成本区，而且第二天以后又低开低走，那就可以采取改止损为止盈的策略，将止盈逐步下移，一直拿到品种的价格走势转势为止，等待价格波段走完。图 15-3 是鸡蛋

2003 合约近期的周 K 线走势图，如果投资者在图中圆圈的地方建仓空单，建仓以后当天大幅盈利，以后几天又连续低开低走，则投资者可以采取改止损为止盈的策略，将止盈逐步下移，一直拿到品种的价格走势转势为止，等待做空波段走完为止，将做空利润最大化。这样操作一般没有风险。

图 15 - 3　鸡蛋 2003 合约做空建仓与止盈点位下移示意（周 K 线）

反之，如果当天建仓多单，收盘时已大幅盈利，并远离了建仓成本区，而且第二天以后又高开高走，那也可以采取改止损为止盈的策略，将止盈点位逐步上移，一直拿到品种的价格趋势转势为止，等待做多波段走完。图15－4是棕榈油2005合约近期的周K线走势图，如果投资者在图中圆圈的地方约4618点位建仓多单，建仓以后当天大幅盈利，以后几天又没有跌破建仓点位，则投资者可以采取设置好止盈点位的策略一直持仓，以后价格上攻的时候将止盈点逐步上移，一直拿到品种的价格走势转势为止，等待做多波段走完为止，将做多利润最大化。这样操作一般也没有风险。

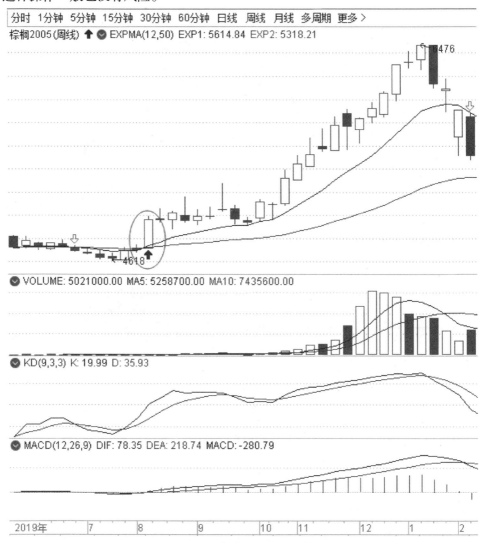

图15－4　棕榈油2005合约做多建仓与止盈点位上移示意（周K线）

上面讲的是期货投资者止损、止盈的具体方法，投资者可以参照使用，尽量将风险控制在自己可以接受的范围之内，而将盈利最大化。总之，只有进一步建立健全期货公司的内部管理制度，同时又督促客户养成止盈止损的交易习惯，才能有效防范期货的操作风险。

第十六章　期货投资心理

从事期货投资，除了要对所操作的期货品种的基本面和技术面有深入的研究了解外，还需要有过硬的心理素质才能盈利。有些期货投资者虽然对期货品种的基本面做了比较深入的研究，技术水平也不错，但操作起来还是亏损，其中一个重要的原因就是心理素质不好。因此，在对所操作的期货品种进行深入的基本面和技术面研究的同时，还需要深入研究影响期货投资者的心理因素，时刻保持良好的期货投资心态，才能在期货市场盈利。在期货投资中，导致亏损的不良心理主要有：

第一，盲目的尝试心理。尝试心理是一种本能心理，它也是期货投资者群体普遍存在的心理。这种心理的出现，从根本上说也是因为期货本身的高风险性造成的。尝试心理可以细分为以下几种：首先，抱着小投入试试看的尝试心理。这种尝试心理通常会滋生在初入期货市场投资者的心中，他们缺乏经验和操作技术，对期货投资的心理依赖程度也较轻，只是抱着小投入试试看的态度去尝试。还有另一类投资者是已经在期货市场投资了很长时间，但是参与投资的期货种类较少，而且在之前的期货投资中是亏损的，当他们进行新的期货品种投资时，也会抱着小投入试试看的心理，尝试新的期货品种能不能使他们扭亏为盈。这两类投资者在进行尝试时，通常没有很明确的目的性。但是，往往是小投入反而会酿成大亏损。盲目希望通过小投资去试水一个期货品种，很可能会因为尝试失败而进行追加投资。或者说，多次的尝试失败所积累的亏损，也能够触及到他们抗风险能力的警戒线。其次，期货投资者基于个人的经验判断，在心理上认为某期货品种一定会盈利，一定会持续走高或立刻反弹，就产生了投资此种期货的尝试心理。这种尝试心理通常会滋生在经验丰富的期货投资者群体内，他们通过常年、多次的交易，积累了大量的期货投资经验并且认为自己的经验行之有效。而期货价格的变化并没有特别准确的经验和规律可循。最后，随机的尝试心理。随机的尝试心理是指投资者通过偶然或者随机的渠道，看到了某个期货产品，并尝试进行投资的心理。这种心理是所有尝试心理中最盲目的尝试心理，对所投资的期货品种毫无准备，也没有深入研究，只是基于一种偶发性的刺激或者毫无逻辑的选择去随机投资。这种心理最容易造成投资者的亏损。

第二，盲目的从众心理。从众心理是期货投资市场最常见的心理表现，盲目的从众心理普遍发生在刚刚进入期货市场的个人投资者群体中。主要原因在于他们在进入期货投资市场之后，由于经验的缺乏和技术水平低下，基本都会选择跟随大众买卖期货。影响从众心理的因素很多，大体上可以分为以下几种：①这类个人投资者通常没有明确的主见，遇事从众是他们长期生活习惯形成的固化心理。这一类投资者，既有新手投资者，也有经验丰富的投资者，他们在对期货市场进行判断时，基本上不会主动分析价格走势，对交易的时期也没有明确的机会概念。只会通过群组信息、网络信息的方式，观察他人的投资行为和交易行为。当交易的人数达到一定规模时，他们就会认为是最佳的交易时期，就会从众选择交易。在期货个人投资者中，从众心理十分常见，特别是在期货价格波动较为剧烈，或者期货市场信息较为频繁时，投资者无法获得准确信息，这个时候的从众心理最为明显。②操作技术不高。这一类投资者，因为缺乏专业知识，或者个人分析能力不强。由于期货市场的价格瞬息万变，特别是在杠杆作用之下，任何价格的波动都会引起较大的收益或亏损，操作技术不高的投资人，自然而然会去主动寻找经验丰富的投资者，以图学习他们的操作技术，跟随他们买进卖出。其实，很多对期货了解不深，或者知识水平难以对期货价格做出准确判断的投资者，也时常会出现这种从众心理。③受他人引导。也有一些个人投资者，他们在进入期货投资市场的初期，就受到了一些交易机构、私人组建的群组等的引导，进而引起了他们的持续从众心理。他们跟随他人的引导进行交易，这种现象十分普遍。用于炒作期货的微信群、QQ 群很多。事实上，这些人组成的群体，并没有长期盈利。但是，在他们的长期交流之后，一起盈亏的投资行为就变得常态化了。

第三，过分的贪婪心理。贪婪心理是期货投资者中最为普遍，几乎所有期货投资者都会有的一种心理。在短期内看到巨大的收益之后，期货投资者往往会有这种心理。这种心理是最难克服的。首先，受阶段性涨跌的影响。期货市场阶段性的暴涨暴跌很容易引起两种极端状态下的过分贪婪行为，一种是某期货的价格持续上涨，另外一种是某期货价格的持续下跌。对于价格持续上涨的情况，一些投资者因为其持续上涨，看好其价格走势，盲目认为其价格还会继续上涨，他们就会有一种坐收盈利的贪婪心态，加大持仓量。而对于另外一种价格持续下跌的情况，一些投资者总是在价格暴跌一段时间后，因为贪婪而进行更大资金量的加仓。这两种心理都是受期货市场价格总会出现不规律波动的影响，在不同的时期，投资者的心理会随着期货价格阶段性的涨跌而发生变化。特别是在一个很短的周期内，期货的价格发生了大幅度的波动，投资者大额盈利就会引起他们的心理变化，过分贪婪的心理就是其中的一种。其次，他人盈利的影响。在期货交易中，投资者与投资者之间的联系通常比较紧密，而他们之间的联系，就会产生一种互相影响的效果。有的投资者在期货市场盈利，而亏损的投资者会对盈利的投资者产生一种羡慕的心理，这种羡慕的心理，会使他们跟随交易。当亏损的投资者看到有人在某种期货上大额盈利时，他们会认为盈利者是看准了的。在这种情况下，亏损的投资者就会盲目贪婪地认为盈利的投资者所选择的期货会有很大的上涨或下跌空间。于是，亏损的投资者就会效仿盈利的投资者，去买入或卖出他们投资的期货品种。最后，对走势判断的影响。因为价格走势而产生的盲目贪婪行为最为常见，这也是影响个人投资者判断的重要因素之一。有些投资者特别是在期货市场交易经验丰富的投资者，他们对期货交易的规则非常了解，也懂得从哪些角度去研究期货价格的走势，从而很容易产生过分自信，并过分贪婪地得出某期货品种在未来大涨或大跌的判断。而实际情况是，期货价格的变化并不是受一种因素的影响，而是多种因素互相作用和共同作用的结果，要想准确判断期货的走势是很难的。由于受过分贪婪心理的影响，本来是盈利的单子最后变成了亏损单子。

第四，过分的恐惧心理。恐惧心理主要是指在做多买进与做空卖出之后，期货投资者都会有的害怕亏损的心理。恐惧心理是因为期货市场无准确变动规律的客观风险引起的，即便是在期货价格走势明显有利于投资者时，投资者也会产生恐惧心理。恐惧心理可以进行细分。首先，日常恐惧心理。有些期货投资者会一直处在常态化恐惧之下，这是因为期货市场客观存在的风险并不总是呈现规律性的变化。特别是在一些政策信息较多的时候，期货市场就可能会出现反复的涨跌波动，这对投资人的心理是一种折磨。另外，有些投资人的抗风险能力较差，总会自然而然地担心他们所操作的期货价格会朝自己建仓相反的方向发展。还有一些投资者，投资数额占据个人可支配资产的比例较大，一旦出现亏损，对投资人的经济损失是巨大的，这类人也容易出现日常恐惧的心理，甚至还有一些投资者将自己的全部资金投资于期货，这种赌注式的投资很容易引起投资人的恐惧心理。他们投资之后，盈利还是亏损，就只能看这一个期货品种的涨跌了。日常恐惧心理是绝大多数投资者的心理常态，无法改变的期货风险和难以预测的价格涨跌会使得这种心理不断加重。其次，短期频繁交易造成焦虑心理，进而形成的恐惧心理。频繁交易是期货市场常见的交易习惯之一，它是区别于长线交易的一种方式，比例极大。因为一些投机者希望通过短期内的买进卖出获得盈利。频繁交易带来的弊端十分明显，那就是容易造成个人投资者的焦虑心理。在长线投资的情况下，投资者对价格的期望是长期的，心理波动的时间也较长，人的心理对期货价格波动的反应时间比较充足。但是，短期频繁交易就大大不同了，投资者需要在极短的时间内，对价格的波动做出心理反应，这很容易引起焦虑心理。事实上，当投资者时时刻刻盯着盘面时，无论是价格上涨还是价格下跌，抑或是在上涨和下跌之间来回波动，都很容易引起投资者的焦虑心理，长期的焦虑心理就会发展成为恐惧心理。最后，短期亏损造成的恐惧心理。对于一些心理素质相对较差，或者抗风险能力不强的投资者来说，短期的亏损会给他们带来恐惧心理。在长期亏损下，投资者的心理波动会逐渐趋于平缓。但是，在短期亏损下，无论投资者的抗风险能力是否够强，都很容易出现恐惧心理。

知道了上述不良心理会导致期货投资亏损，那么怎样才能克服这些心理问题呢？

第一，加强对期货交易技术的学习，熟练掌握期货投资基本的交易技术。期货投资并不是群体性的行为，也不遵循真理在大多数人手中的原理，有很大的随机成分。但是，这并不意味着期货投资不需要进行技术学习。期货投资者还是要通过加强个人的期货投资技术学习，对期货的基本原理、价格变化原理、交易技术细节有基本的掌握。当频繁交易时，就会体现出技术的优势。主动分析期货，培养自主判断期货价格走向的习惯，是期货投资成功的开端。盲目从众，与自身盈利并不成正比。学习期货的交易技术，主要是要对期货盘面有正确的认识。盘面可以通过数据反映期货品种价值，却不能决定期货品种的价值，更不能以此来判断期货品种未来的价值。投资者要能正确看待盘面的不可靠性，判断期货的价值，只能参考盘面，而不能完全依赖盘面。在随机漫步理论下，是多重因素的共同影响和随机影响共同决定了期货的价格，投资者要能从盘面上知悉期货价格的随机变化和整体价值，要从数据的角度去观察期货品种价值的历史高位在哪里，集中在什么时间段，该期货品种的剧烈震荡期有多少次，发生在什么时候。如果一个期货品种的历史价位出现过多次震荡，并且震动幅度很大，那么说明该期货品种很容易受到外在信息的影响。对抗风险能力较强的投资者来说，可以为追求高额的风险收益而进行投资。对于那些历史价格相对平稳的期货品种，震荡次数较少并且震荡幅度很小，说明该期货品种对外界信息的变化反应不敏感。个人投资者要能根据自身技术的判断，理性看待自己的抗风险能力，选择适合自己的期货品种。需要说明的是，通过盘面进行的每一步分析，都要结合其他因素进行，比如国家政策方面的信息，市场方面的信息等，分析在某个时期的价格，影响它的价格的第一因素是什么。必须参考盘面的数据，分析其他的影响因素。总之，个人投资者要对盘面有准确的理解，并且学习相关的交易技术。只有掌握了高超的交易技术，才不会盲目跟随他人，进行盲目投资。

第二，密切关注并理解与期货品种相关的政策信息和市场信息。盲目的尝试心理最容易引起期货投资的亏损，虽然期货市场本身就有很大的随机性。无论是什么原因引起的个人投资者对某种期货的盲目尝试，其结果大部分都是亏损。之所以会这样，是因为盲目的尝试会丧失对期货未来走势的基本判断。投资者在完全不了解该种期货品种的基本面和技术面，不了解国家相关政策，不了解现货市场的价格信息，就盲目尝试，没有明确的盈利目标，也不会有有效的止损手段。投资者要摒弃这种盲目尝试的心理。从理论上说，期货市场的价格变动具有一定的随机性和不可精确判断性，但是在期货市场对相关信息的了解却是必不可少的。投资者要能看到并理解所操作的期货品种的整体信息和市场环境，对其是否会大幅度上涨或者大幅度下跌有一个心理预期。虽然这种预期不一定是准确的，但是却是避免大比例亏损和争取更大收益的有效方法。

第三，根据自身的资金实力和抗风险能力理性投资。恐惧心理产生的根源还在于投资者的资金实力和抗风险能力，当亏损突破了投资者的抗风险能力警戒线时，投资者就会自然而然产生恐惧心理。解决恐惧心理的根本，还在于对自身的资金实力和抗风险能力要有充分的认识。期货市场的风险是客观存在的，是永远存在的，也是时刻存在的，无论期货市场有多么利好或利空的基本面，都不代表期货投资会100%盈利。恐惧心理是期货投资者面临的最严重的心理问题，也是很难在短时间内克服的，而恐惧心理的危害又很大，它能促使投资者不断进行非理性的错误的期货交易。投资者要预防和改善因恐惧心理而进行非理性投资的方法主要有以下两种：一种是当抗风险能力不强时，要避免频繁交易。日常的买进卖出使得投资者的精神状态时常处在亢奋和恐惧的状态。特别是当期货价格的涨跌比较频繁，波动的幅度较大时，这种恐惧心理会加重。无论是盈利还是亏损，频繁交易都会给投资者的心理带来恐惧的影响。当价格上涨时，他们担心价格会下跌，或者会猜想价格会上涨到什么水平。当价格下跌时，他们会更加担心跌破强制平仓线，并且期望价格能够反弹。事实上，频繁交易并不会给投资者带来更大的收益。合理的长线与短线的交易，才是明智的选择，也能够有效规避恐惧心理，进而防止更多的非理性交易。另一种是，要合理设置投资比例。合理设置投资比例，将投入期货市场的个人资金控制在自己能够承受全部亏损的范围之内，是解决恐惧心理的有效途径。有的投资者的恐惧心理来自所投资金是个人的全部家当或者大部分家当，因此每日提心吊胆，害怕巨额亏损影响到自己的生活。而这一类投资者最容易出现亏损后加仓的情况，因为他们很想立马把本金赚回来。为了避免这种状态下的恐惧心理，投资者要合理控制投入期货市场的资金量，投入期货市场的资金尽量不要超过个人可支配资金的1/3，这样即便全额亏损，也不至于影响正常的生活。

第四，一定要养成止盈止损的习惯，尤其要养成止损的习惯。养成止损的习惯非常重要，也是避免亏损进一步扩大的重要方法。期货市场价格瞬息万变，而且这种变化又没有精确的规律可循，出现亏损是常态化的。当亏损出现时，不能盲目乐观地认为其一定会反转，要设置止损线，当价格跌破止损线时，要果断斩仓出局。止损是防止投资者在期货投资中大比例亏损甚至破产的重要手段。有的投资者在面对一种期货品种持续反方向运行的情况时，依旧持有盲目乐观心态，盲目地认为其一定会强势反转。然而，在很多情况下却事与愿违，期货品种连续跌破或涨破预期线，给投资者带来巨额损失甚至被强行平仓出局的情况比比皆是。期货投资者要能对止损的比例进行理性的设定，无论是外部的信息多么有利，他人对期货价格的期望有多大，都要严格设置一个止损线，理性地看待建仓的期货品种不一定会反转的事实。止损能帮助新入市的期货投资者在进入期货市场的初期，就能够养成风险意识。止盈的道理同样如此，当手中投资的期货产品盈利时，不能盲目乐观地认为它的价格会一直按预期的方向走。投资者要能理性地设置一个止盈线，当价格上涨到止盈线时，要毫不犹豫地平仓出局，避免前期的盈利在后期转化为亏损。在期货市场，见好就收是有效保持盈利的有效手段。相比于止损，止盈的习惯更难养成，因为，当一个期货品种持续上涨或下跌时，投资者会盲目乐观地认为该期货品种价格会无上限地上涨或下跌，进而在高位或低位大举加仓，一旦该期货品种的价格大幅反转，前期投资所获得的收益很可能无法弥补高位或低位加仓带来的损失。如果说亏损能够通过具体的金钱损失给投资者敲响警钟，使他们养成止损的好习惯，不再盲目乐观的话，盈利则很难通过不断增加的收益去提醒投资者这些收益已经或者即将到达峰值。特别是对于刚刚进入期货市场的新手投资者和已经有了亏损的老手投资者来说，眼前疯长的收益数字会进一步使他们盲目乐观的心理膨胀起来，从而忽略及时止盈以至于导致最后亏损。总之，无论是止盈还是止损，都是防止投资者盲目乐观的重要手段。只是，相比于止损，止盈的习惯更难养成。投资者要对投资收益或亏损有一个明确具体的数字限制，一旦超过了这个数字，就要立刻平仓出局。至于具体的止盈止损方法，可以参考本书有关内容。

　　第五，一定要注意投资环境尤其是交易环境和交易设施对心理的影响。交易室要宽敞、安静，光线要好，要通风透气，电脑桌椅高矮要适度，椅子要有靠背有扶手，坐着要舒适，室内摆设要能让交易人心情舒畅，室内的颜色不能让交易人产生压抑感，空调等基本生活设施要齐全。尤其是电脑的配置要尽量高，必要的话可以设置几个显示屏同时看行情，有的看分时走势，有的看 K 线，有的看相关板块，有的看交易聊天信息，有的供专门下单用显示屏等，做到所有应看的信息同时尽收眼帘，还要一个鼠标能够控制所有显示屏，能够操作自如，网线的速度要快。一句话，不能让交易环境和交易设施影响交易、影响心情。为此，有条件的期货投资者可以请有关环境、装饰装修方面的专业人士，对交易室进行布局、设计和装修。

总之，在期货交易中，因为期货无准确规律可循的风险客观存在，在买卖期货的时候受到的心理影响是很大的。加之，很多人的投资不是理性的投资，而是感性的投资，这无疑使得原本就有很大风险的期货交易更加难以把握、难以盈利。而对于期货品种来说，影响其价格的，不仅有国家政策信息、现货市场信息、投资者之间交易情况的信息，而且受到多重因素的共同作用和随机作用。投资者在选择期货品种进行交易时，要能冷静理性地分析期货的未来价格走势，不能仅依靠效仿他人，或者盲目尝试交易，也不要对自己所操作的期货产品抱有盲目的恐惧或者盲目的乐观心理。感性地进行期货投资，很难精准地选到有盈利空间的期货品种。投资者应当冷静看待期货市场的风险和价格变化，在自己的抗风险能力范围之内，加强期货投资技术的学习，多关注并理解期货市场相关的各种信息，才能克服个人负面心理的影响，才能选到合适的期货品种进行交易，才能盈利。当然，鉴于期货市场的行情运行具有无准确规律的特征，任何方法都不可能确保是绝对可行的、是一定会盈利的，投资者还要做好止盈和止损的准备，及时止盈止损。只有这样才能成为期货市场的赢者，才能在期货市场立于不败之地。

第十七章　我国期货市场的发展

我国商品期货市场在过去一段时间内取得了比较快速的发展，市场规模不断扩大，期货品种不断增加。目前有农产品、有色金属、黑色金属、能源化工四个板块，共 56 种交易品种，其中上交所 16 种，大商所 19 种，郑商所 21 种（从截止到2020 年 1 月 27 日的文化交易软件统计而得）。首先农产品最多，且基本为种植业类，其次为有色金属板块，再次为能源化工板块，最后为有（黑）色金属板块。经过近几年的发展，我国的商品期货市场跟以前相比，现在已经比较规范。这种规范化发展使得商品期货市场在发挥风险规避作用的基础上，可以通过进一步优化服务来促进我国实体经济的发展。我国期货市场之所以有日新月异的变化，得益于我国向西方发达国家成熟的期货市场的学习，这种学习不是简单地对西方商品期货市场的复制，而是依据我国国情对这些制度和经验加以吸收利用，以更加适合我国商品期货市场的发展，并且形成了一系列基本特征，包括期货合约的标准化、双向交易、场内集中竞价交易、对冲了结、当日无负债结算、保证金交易、大户报告制度以及限仓制度等。

目前，我国的商品期货市场已经具有以下功能：第一，回避价格风险的功能。商品期货市场建立的基本功能便是为生产经营者提供一个套期保值场所，使其能够规避价格风险，利用商品期货市场来抵消由于现货市场中的价格变动而给生产商造成的损失，以至于经营者可以将生产经营成本控制在一定范围内，并实现预期的利润，弥补了现货市场的缺陷。第二，价格发现功能。一般来说，在市场经济条件下，市场价格是依据市场的供求关系形成的。交易者通过各个渠道获得供求信息，并在商品期货市场上通过买卖形成双方都能接受的价格，从而产生价格发现功能。第三，稳定市场供求关系。首先，期货合约能够使生产经营商依据商品期货市场上商品的价格，估计该商品未来的供求关系，以此来调节商品的供给和需求，有稳定供应和需求的功能。其次，由于投机者的参与，期货合约不断地进行转让，其价格的变动也受到了一定的约束，价格更加稳定，市场的供求关系也因此更加稳定。第四，促进资金利用。商品期货不仅能作为厂商套期保值的工具，同时也能给投资者提供一个投资渠道，此时商品期货是作为一种投资工具出现的，它具有便捷、快速、成本较低的特点。当商品期货市场作为一种投资市场时，可以将社会闲置资金利用起来。

任何一个市场在发展过程中，不仅有取得的成就，也必定有其在发展过程中所遇到的问题。我国的商品期货市场也不例外，因此，在分析我国商品期货市场的发展时不能只看到好的一面，还应该关注其在发展过程中所出现的问题，只有这样才能使我国商品期货市场朝着好的方向更加快速地发展。与国际上成熟的商品期货市场相比，现阶段我国商品期货市场也还存在一些亟待设法解决的问题，如过度投机、价格操纵等问题。

存在投机过度的现象。商品期货市场上形成的交易价格能够反映真实的市场价格，调节市场供给和需求，实现资金的合理利用，使市场经济良性有序发展。然而，现阶段在我国商品期货市场交易中，许多交易品种价格并不稳定，价格波动太大，使得许多生产经营者无法实现正常的套期保值。图 17 – 1 是鸡蛋 2002

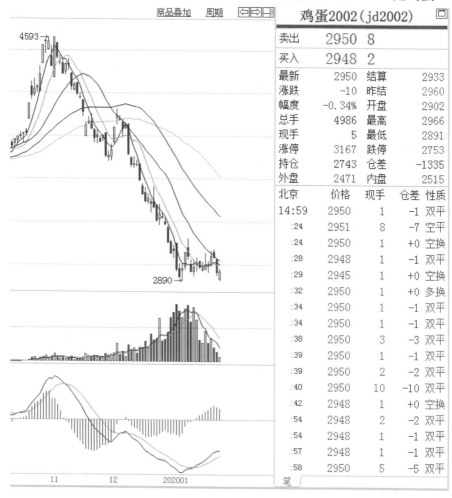

图 17 – 1　鸡蛋 2002 合约从 2019 年 10 月 30 日至 2020 年 1 月 6 日日 K 线走势

合约的走势图，从 2019 年 10 月 30 日的最高点 4593 点跌到 2020 年 1 月 6 日的 2890 点，只用了 2 个多月的时间，鸡蛋的杠杆一般情况下是 10 倍，可见短期跌幅之大。之所以短期跌幅这么大，除了基本面发生变化之外，其中一个重要的因素就资金的过度投机。

图 17-2 是棕榈油 2005 合约的周 K 线图，从该图可知，棕榈油 2005 合约从 2019 年 5 月 10 日的 4092 点涨到 2020 年 1 月 10 日的 6476 点，也只用了短短 36 周的时间。36 周涨了 2384 点，棕榈油的杠杆比鸡蛋更大，高达 12.5 倍，可见其涨幅之大。除了受棕榈油基本面的影响之外，资金的过度投机也是一个重要因素。

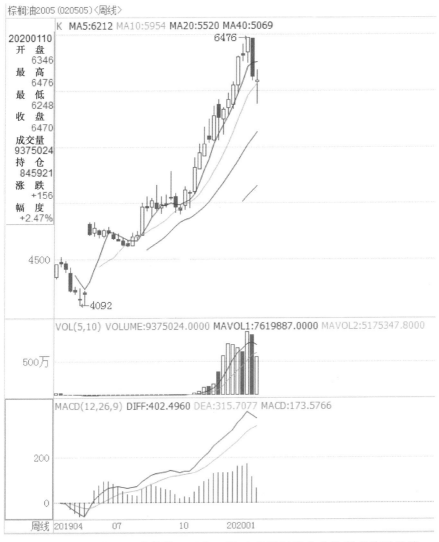

图 17-2 棕榈油 2005 合约从 2019 年 5 月 10 日至 2020 年 1 月 10 日的周 K 线

图 17 - 3 是苹果 2005 合约的月 K 线图，从该图可知，苹果 2005 合约从 2019 年 5 月 30 日的最高点 14534 点跌到 2020 年 1 月 23 日的 7242 点，也只用了短短 9 个月的时间。9 个月跌了 7292 点，跌了一半多，可见其跌幅之大。除了受苹果基本面的影响之外，资金的过度投机依然是一个重要因素。

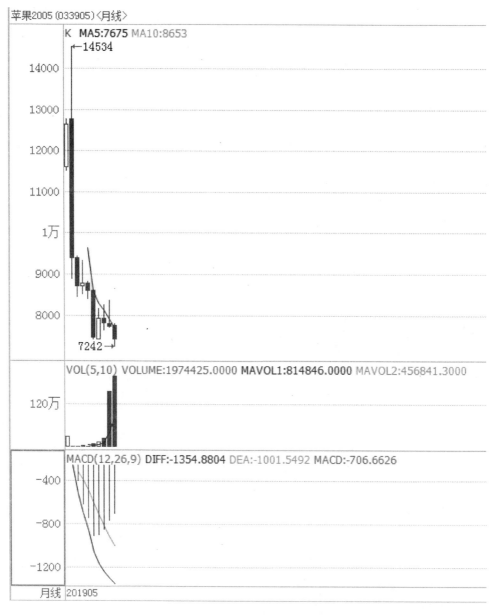

图 17 - 3　苹果 2005 合约从 2019 年 5 月 30 日至 2020 年 1 月 23 日的月 K 线

图 17 – 4 是沥青 2006 合约的周 K 线图，从该图可知，沥青 2006 合约从 2020 年 3 月 13 日至 3 月 19 日跌幅巨大。除了受国际原油价格下降的影响之外，资金的过度投机也是一个重要因素。

图 17 – 4　沥青 2006 合约从 2020 年 3 月 13 日至 3 月 19 日周 K 线

图 17 - 5 是白银 2006 合约从 2020 年 2 月 24 日至 3 月 19 日的日 K 线图，从该图可知，白银 2006 合约在这段时间内出现悬崖式下跌，跌幅巨大。其中一个重要原因就是资金过度投机。

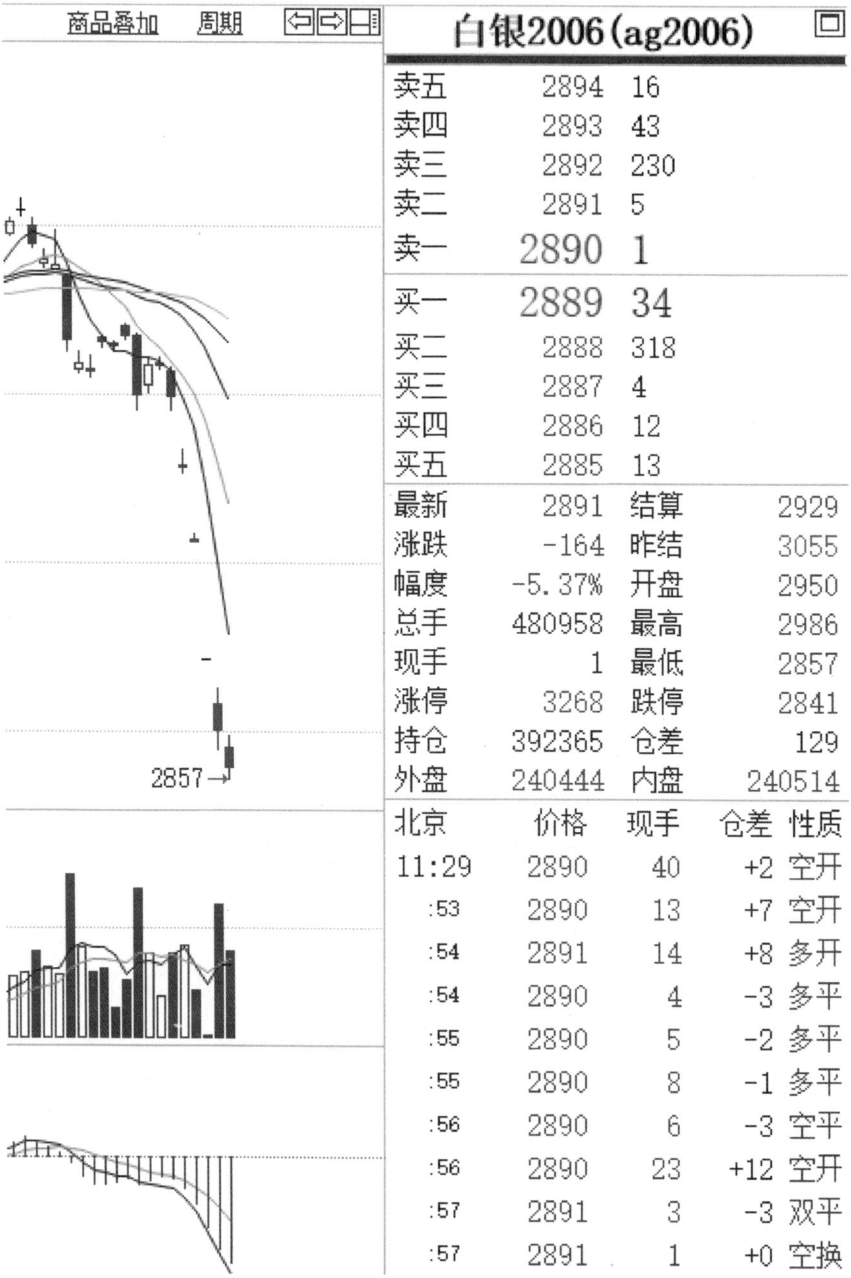

	白银2006 (ag2006)		
卖五	2894	16	
卖四	2893	43	
卖三	2892	230	
卖二	2891	5	
卖一	2890	1	
买一	2889	34	
买二	2888	318	
买三	2887	4	
买四	2886	12	
买五	2885	13	
最新	2891	结算	2929
涨跌	-164	昨结	3055
幅度	-5.37%	开盘	2950
总手	480958	最高	2986
现手	1	最低	2857
涨停	3268	跌停	2841
持仓	392365	仓差	129
外盘	240444	内盘	240514
北京	价格	现手	仓差	性质
---	---	---	---	---
11:29	2890	40	+2	空开
:53	2890	13	+7	空开
:54	2891	14	+8	多开
:54	2890	4	-3	多平
:55	2890	5	-2	多平
:55	2890	8	-1	多平
:56	2890	6	-3	空平
:56	2890	23	+12	空开
:57	2891	3	-3	双平
:57	2891	1	+0	空换

商品叠加　　周期

2857→

图 17 - 5　白银 2006 合约从 2020 年 2 月 24 日至 3 月 19 日的日 K 线

图 17 - 6 是原油 2005 合约的日 K 线图，从该图可知，原油 2005 合约从 2020 年 1 月 8 日至 3 月 19 日，油价从 519.9 点跌至 214.4 点，两个多月时间跌了近 59%，跌幅巨大。除了受国际油价下降的影响之外，资金过度投机是其中的重要原因。

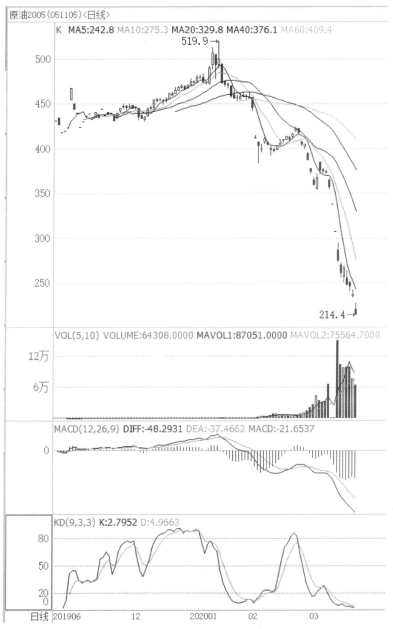

图 17 - 6　原油 2005 合约从 2020 年 1 月 8 日至 3 月 19 日的日 K 线

类似的例子还有很多，导致这种现象的出现，很大程度上是因为我国商品期货市场存在投机过度的现象，使得正常的套期保值交易难以实现，我国商品期货市场变成了投机市场，多数人为了投机获利而参与商品期货交易，而真正进行套期保值的市场参与者不多。

第一，这种交易行为和投机现象直接带来的后果有以下几点：首先，过度投机导致商品期货价格失真。当投机过度时，商品期货的价格将无法真实反映现货市场上商品的供求关系和价格的运动规律，而我国商品期货市场的价格已经发展成为与现货市场的价格相独立的另一套价格系统，其价格完全成了投资者凭借其资金实力在交易所竞价之后的结果，偏离了期货套期保值的本意和初衷，失去了规避现货价格风险的意义。除此之外，商品期货价格失真，对现货商品价格带来了一定的误导，影响了现货市场的价格运行规律，导致现货市场价格出现大幅波动，给市场上的生产经营商带来了更大的价格风险，在一定程度上破坏了我国商品经济的正常秩序。其次，商品期货市场上的价格与现货市场上的价格规律相脱离。由于投机过度，会使商品期货市场上的价格由投资者竞价所决定，而与现货市场上的价格运行规律相脱离，部分品种在期货市场上的价格经常与其在现货市场上的价格呈反向运动，侵害了需要在市场进行套期保值的生产经营者的利益，使其面临更大的风险。再次，影响了政府对市场的调控。由于商品期货价格的失真，政府无法直接通过价格机制，运用价格体系的渠道来调控市场的供求，无法利用商品期货市场来实现资源的合理配置。最后，信用风险增大。由于市场的过度投机，出现了一些机构操纵市场的行为，一旦这些机构破产将会导致连带信用危机。

第二，存在期货价格操纵行为。价格操纵是在期货市场上运用其本有的资金实力制造混乱，使原本符合市场规律的正常期货价格发生偏离，并从中获利的行为。我国商品期货市场此类现象时有发生，例如，2016 年在我国供给侧结构性改革的大背景下，黑色板块持续高涨，其他各板块也轮番出现各种涨停现象。然而在 11 月 11 日，商品期货市场却上演了一场崩盘大戏，短短几分钟内许多期货品种从涨停直线到达跌停，许多投资者前期获得的盈利就在这一短时间内化为乌有。这种不正常的价格大起大落的波动，便是某些投机分子为获得不正当利益而对价格进行操纵的结果。价格操纵行为是商品期货市场正常运行的障碍，严重违反了市场公平竞价的原则。

第三，缺乏期货品种退市机制。在我国营造出一个健全的商品期货市场显得尤为重要，这不仅可以更好地发挥商品期货市场规避现货价格风险的功能，也有助于促进我国市场经济体制的进一步改革和完善。优化资源配置是使市场朝着更好方向发展的基础，期货市场也需要对资源进行优化配置。任何一个市场的品种都有流动性和时间性，因此在商品期货市场的发展中总会出现一些不能适应市场继续运作的品种。加之，由于商品期货市场许多交易品种在当初上市只考虑了它们的价值和它们的可交易性，随着时间的推移和新情况的出现，难免会出现一些不适应我国市场经济进一步发展需要的品种。这类被市场淘汰的品种由于没有退市机制仍旧在期货市场上占用着资源，需要人力、财力、物力去维护它的继续存在，并影响期货市场和我国市场经济的进一步发展。因此，建立并健全一套合理的商品期货品种退市制度有利于我国商品期货市场的健康发展。而我国的商品期货市场没有退市机制。所以，建立一套合理的商品期货品种退市机制也是我国商品期货市场需要进一步完善的地方。

第四，投资者来源较为单一。现阶段参与我国商品期货市场的交易者主要为我国境内的投资者，其他方面的投资者不多。这不利于我国吸引外资，不利于与国际上比较成熟的期货市场进一步接轨，不利于我国期货市场和资本市场的进一步发展。

造成我国商品期货市场存在上述问题的主要原因有：①我国商品期货市场起步相对比较晚，运行的时间不长，还处在继续探索阶段。我国商品期货市场成立于1990年，距今只有30年的时间，晚于国外期货市场100多年。因此我国商品期货市场与国外商品期货市场相比还十分"年轻"，交易品种还有待于继续开发，国际化程度也不够。在交易品种上市审批方面及与国际上成熟的期货市场接轨方面，乃至相关的管理制度等方面与国外其他成熟的商品期货市场还存在一定差距，还有待于继续探索。在这一阶段难免会出现一些诸如交易品种偏少，参与者操纵市场价格，过度投机交易等问题。因此，要大力发展我国的商品期货市场，就必须借鉴国外成熟的商品期货市场的经验，才能使我国的商品期货市场不断走向成熟。②对我国商品期货市场的功能认知还有待进一步深化。我国对于商品期货市场的功能认知还不够，大多数投资者仅将商品期货市场视为投资市场或者投机市场，忽视了商品期货市场对商品的定价功能和套期保值功能及其他功能。而国际商品期货市场具有定价的功能，可以通过期货市场上期货品种的设立影响商品现货市场的价格。③投资者还不够成熟，投机氛围太浓，助长了期货市场的价格操纵行为。我国商品期货市场投资者的专业知识欠缺，获取并解读市场信息的能力不强，这就导致了许多投资者经常出现跟风的现象，并掉入一些投机陷阱，这也是为什么一些不法投机者会成功进行价格操纵的原因。④对期货市场监管还有不到位的地方，具体的法律、法规还需要进一步完善。期货市场中存在庄家坐庄行为，出现操纵价格现象，这对市场价格的正常运行带来了很大的负面影响，也使其他投资者的利益受到了侵犯，不利于市场的公平竞争。而目前的法律、法规并没有对这类现象出台明确具体的便于操作的细则，在一定程度上容忍了这类投机现象的存在，让投机分子钻了法律、法规的空子，导致商品期货市场出现了投机过度的问题，扰乱了我国的市场经济秩序。因此，为了保证我国商品期货市场的稳健发展，对我国商品期货市场的监管必须进一步加强，相关的法律、法规条文必须进一步细化和完善。

为了解决上述问题，进一步发展我国的商品期货市场，应该做到以下几点：

第一，要进一步加强对商品期货市场功能的认知。从我国商品期货市场发展的历史背景来看，从创立之初，人们一直对商品期货市场功能的认知存在一定的偏差，大多数人仍然仅将其作为一个投机市场，对期货市场在资源的优化配置方面、在避免市场经济风险和提高市场经济运行效率方面缺乏充分的认知。在全球商品期货市场越来越多，一些期货市场已成为全球商品定价中心的背景下，我国也应该进一步加强对商品期货市场功能的认知，进一步扩容与我国目前的经济状况及其发展目标相适应的商品期货市场，使我国商品期货市场能够充分发挥商品定价等功能。

第二，要继续加强对新的商品期货品种的研究、开发和培育。一个适应经济发展需要的好期货品种不仅能够吸引大量的市场参与者、更多的资金，而且能为更多的经营者提供更多套期保值的场所，维持市场的稳定，实现资源更合理的配置。

第三，要进一步发挥商品期货市场套期保值的避险功能和为实体经济服务的功能，提高商品期货市场的流动性。一方面，要进一步发挥商品期货套期保值的功能，为现货生产经营商提供规避价格波动风险的工具。因此，应该对参与期货市场的投资者进行辨别，对真正进行套期保值的投资者和现货生产经营者给予相应的优惠政策，如减少保证金比例等，以充分发挥期货市场为实体经济服务的作用。另一方面，要鼓励更多合格的机构投资者参与到市场中来，并根据未来市场的发展，看是否能在出台相应法规的基础上，成立期货投资基金来进一步活跃市场。

第四，要进一步完善我国商品期货市场的法律、法规体系，对有关的法律、法规条文进一步细化。我国商品期货市场在未来发展中将面临更多的变化和挑战，不仅将受到世界经济的影响，也会受到世界政治和其他因素的影响。我国的商品期货市场之所以出现上述问题，其中一个重要原因就是有关法律、法规体系还不够完善。因此，我们应该进一步完善我国商品期货市场的法律、法规体系。同时，还需要进一步加强期货相关机构的自律性，进一步明确期货相关机构的职责。此外，期货相关机构还应该各司其职，为我国商品期货市场的发展壮大共同努力，实现政府监管、行业自律和内部监督协调统一，以提高监管水平和监管效率，要确保商品期货市场监管体系和期货市场同步发展，以此来保持期货市场的稳定性和灵活性，使其在法律、法规的框架下稳健地发展。

第五，要加快与国际上成熟的商品期货市场进一步接轨的步伐。一方面，对于具有潜在竞争力的期货公司，应该为其进一步发展创造条件，使其更大更强，从而提高我国期货机构的国际竞争力。另一方面，要大力培养熟悉国际期货市场的高层次期货人才。只有具备了更多更高水平的期货人才，我国的期货市场才会具有更强的国际竞争力。

参考文献

［1］刘茂荣，孙戈．中国农产品期货市场效率实证研究——以鸡蛋期货为例［J］．金融与经济，2019（02）：42－64．

［2］庞金波，李炎．美国生猪期货发展对我国的启示［J］．价格月刊，2019（01）：82－87．

［3］王舟懿．正确看待股指期货与现货的关系［N］．证券日报，2019－05－14（B02）．

［4］常清．价格改革与建立期货市场——纪念价格改革40周年［J］．价格理论与实践，2018（11）：11－12．

［5］程安，李国景．贸易战背景下我国现货企业套期保值策略探讨［J］．现代商业，2018（32）：137－138．

［6］胡巧珍，周伟，寇爱青．中国白银期货市场的发展研究［J］．中国市场，2018（22）：32－33．

［7］胡俞越．2017年国内期货市场十大看点［N］．期货日报，2018－01－08（003）．

［8］毛海东．期货交易策略综述［J］．经济管理文摘，2018（09）：240－241．

［9］欧阳达．期货投资基金与期货市场发展探析［J］．时代金融，2018（29）：216．

［10］潘小军．我国期货市场存在问题及优化策略［J］．市场研究，2018（11）：60－61．

［11］秦蒙蒙．中国期货市场配对交易策略实证研究［D］．济南：山东大学，2018．

［12］王艳．浅析铝期货套期保值与会计处理［J］．中国商论，2018（31）：123－124．

［13］魏恺．我国大豆期货市场的套期保值分析［J］．财经界（学术版），2018（22）：14－15．

［14］杨毅．期货市场国际化进程持续推进［N］．金融时报，2018－12－04

（007）.

[15] 陈标金. 异质信念、投机均衡与农产品期货定价 [J]. 经济理论与经济管理, 2017 (06): 68 – 80.

[16] 范彩萍. 投机对沪深 300 股指期货价格的影响分析 [D]. 南京: 南京财经大学, 2017.

[17] 郭珊珊. 期货套期保值策略与风险研究 [J]. 现代企业文化, 2017 (17): 131 – 132.

[18] 李娟等. 我国鸡蛋现货价格与期货价格的动态关联性研究 [J]. 中国家禽, 2017, 39 (03): 41 – 45.

[19] 华贸黄金调研团队. 港交所黄金期货套利策略分析 [N]. 期货日报, 2017 – 07 – 12 (004).

[20] 贾瑞斌. 基于协整的甲醇与聚丙烯跨品种套利方案设计 [D]. 北京: 对外经济贸易大学, 2017.

[21] 马会武. 证券投资的止损研究 [J]. 产业与科技论坛, 2017, 16 (22): 235 – 236.

[22] 王金鑫. 商品期货的风险分散效果研究 [D]. 北京: 首都经济贸易大学, 2017.

[23] 王柯懿. 我国金属期货市场羊群行为的实证研究 [D]. 成都: 成都理工大学, 2017.

[24] 肖永志. 五种止损方式及其优缺点 [N]. 期货日报, 2017 – 02 – 22 (004).

[25] 薛志国. 波浪理论是对投资者心态的描述 [J]. 中国市场, 2017 (06): 30 – 31.

[26] 张振. 期货公司风险管理业务监管制度研究 [J]. 决策探索 (下半月), 2017 (10): 44 – 46.

[27] 陈强, 张海. 期货投机风险研究 [J]. 经济研究, 2016 (03): 53 – 17.

[28] 冯珏. 大宗商品期货风险的分解 [J]. 现代经济信息, 2016 (08): 290 – 311.

[29] 方飞红. 期货公司客户保证金结算风险与控制 [D]. 杭州: 浙江大学, 2016.

[30] 何燕玲. 股指套利交易的运用 [J]. 经营管理者, 2016 (21): 201 – 202.

[31] 江澈. 股指期货持仓量、交易量与股指变动的关系研究 [D]. 杭州:

浙江大学，2016.

[32] 潘伟君．技术指标的时间特性［N］．上海证券报，2016 - 05 - 03 (004)．

[33] 邱新国．关于期货交易所"中央对手方"法律地位问题的探讨［J］．上海金融，2016（10）：58 - 61.

[34] 司小东．浅析商品期货市场期现结合低风险套利［J］．金融经济，2016（16）：135 - 136.

[35] 田丹，秦露洁．我国期货套期保值近况和成长［J］．商，2016（18）：181.

[36] 吴训桢．期货投资基金与我国期货市场发展［J］．时代金融，2016（09）：306 - 306.

[37] 杨沁旎．中国商品期货市场历史、现状及未来［J］．财政金融，2016（41）：160 - 161.

[38] 张媛．期货投资策略研究［J］．时代经贸，2016（05）：58 - 59.

[39] 程琳清．期货价格走势的关联分析系统设计与实现［D］．大连：大连理工大学，2015.

[40] 冯毅锋．技术分析有效性研究［D］．广州：华南理工大学，2015.

[41] 胡飞雪．由伍子胥之"冤"说到波浪理论［N］．上海证券报，2015 - 08 - 29 (006)．

[42] 季晓刚．中央企业投资期货策略分析［J］．国有资产管理，2015（02）：13 - 15.

[43] 荆帅．沪深 300 指数套期保值的策略研究［D］．天津：南开大学，2015.

[44] 敬松．顺势交易与投资的安全性［J］．大众理财顾问，2015（10）：84 - 85.

[45] 涂伟华．CME 与 DCE 焦煤期货套利可行性分析［N］．期货日报，2015 - 04 - 07 (003)．

[46] 邹汉昌．铜期货的蝶式套利研究［J］．现代商业，2015（06）：186 - 187.

[47] 张逸茹．套期保值策略的理论研究［J］．品牌（下半月），2015（10）：177.

[48] 郑全喜，赵建波．鸡蛋期货价格与毛鸡价格的相关性分析［J］．肉类工业，2015（02）：3 - 4.

[49] 赵令．期货投资者心理账户的负面影响［J］．投资北京，2015（09）：

94 –95.

［50］韩春旭．K线分析中反转形态的归纳［J］．现代经济信息，2014，2（450）：116 –117.

［51］彭乐．螺纹钢期货市场价格发现功能与量化交易策略实证［D］．南昌：江西财经大学，2014.

［52］王先春．K线的秘密："好友反攻"莫杀跌［J］．股市动态分析，2014（35）：84.

［53］肖永志．期货套利交易中的误区及技巧［N］．期货日报，2014 –06 –18（003）．

［54］周奇凤，许勇．聚丙烯期货套期保值的方法和操作［J］．中国包装工业，2014（04）：48 –49.

［55］赵允贵．聚丙烯期货花开并蒂［J］．中国石油石化，2014（06）：50 –51.

后　记

笔者对期货的兴趣和研究由来已久，多年来一直对期货十分关注，以自己的方式全身心地投入到对期货投资理论和技术研究之中，并将它作为自己的主要研究领域之一，感觉与期货有一种不解之缘。

本书从构思到写作完成，除了得益于多年来一直在从事期货投资方面的研究，思考这方面的问题，脑袋里有比较充分的存量资源可供利用之外，"命运"造就了本人丰富的人生经历，也使笔者在本书写作过程中受益匪浅，正是这种经历培养了我吃苦耐劳的精神，使我能在预定的期限内，一个人在家夜以继日地完成这本书。

完成本书，本人满怀谢意。感谢湖南农业大学经济学院对本书的出版资助，感谢湖南农业大学经济学院刘辉院长、曾建英书记、吴玉宇副院长、唐浩副院长、高洁主任、张红云老师、郭焱芳老师、罗荷花副教授、陈容博士、翟中伟老师等领导和同事对本人的帮助，感谢湖南农业大学帮助过笔者的匡远配处长等各级领导，也感谢龙方教授、罗光强教授、周孟亮教授、黎红梅教授等专家和朋友对本人的帮助。本书在写作过程中还参考并吸收了近年来国内期货投资和期货交易方面的大量研究成果和经验，在此特向有关作者和期货投资者致以诚挚的谢意！

本书的完成，对本人而言，多了信心、多了期盼、多了责任，也多了许多宽容，更觉人生短暂和人生不易，在此对本人的父母、兄弟姐妹和所有亲人，对笔者在人生不同阶段、不同单位以不同方式培养、帮助、教育、爱护、鼓励、关心乃至善意批评过我的所有好心人、同事和朋友，新增了一份由衷的感激之情，并真诚地祝愿他们"好人一生平安"！本书完稿的 2020 年正是笔者儿子隆淇兆年满18 岁，面临高考升学之年，谨以此书献给我儿子作为成年礼物，希望他将来不忘根，不忘本，当好"隆"的传人，做一个对国家和社会有用的人。

隆宗佐

2020 年 5 月 5 日于湖南长沙